U0601410

类编长安志

中华书局

前　言

都城，是中国古人心目中的"天下之中"。"天下之中"，未必是地理上的中心，但一定是车马辐辏、熙熙攘攘的人群中心。

长安、洛阳、开封、杭州，这四个中国古代最繁华的都城，也是当时世界上最令人向往的地方。在那里，有庄严的宫殿、静谧的寺院、舞榭歌台、珠帘绣户，深宅大院中，皇亲贵胄钟鸣鼎食，街巷闾里间，市井百姓引车卖浆……

城市是柔软的，它像海绵一样吸纳着四面八方的人们和他们的希望。如果你在那里生活过，它将永远与你同在。即使有一天，昔日繁华不再，对城市的回忆与眷恋也在人们口中不断述说。

骆天骧是元代一个家住长安的世家子弟，留心身边的历史遗迹。七十多岁时，他编成《类编长安志》，把长安的宫殿、苑囿、馆阁、亭园、街市、寺观，从西周、汉唐一直讲到宋元，描绘出长安城千年的故事。

杨衒之目睹过北魏时期盛极一时的都城洛阳，那时

皇帝崇奉佛教，一城内外寺院千余所。东魏时，他再次经过战火之后的洛阳，追思往昔，在《洛阳伽蓝记》中对见证城市兴废的佛寺如数家珍，勾连起这个城市里生活过的人，发生过的事。

孟元老早年随父亲来到北宋的东京开封，他在州西金梁桥西夹道的南边一住二十多年。靖康之乱后，他南渡杭州，写下《东京梦华录》，追忆开封的巍峨宫城、街巷闹市、茶坊酒楼、饮食起居、岁时民俗。

周密南宋末年在京城杭州做官，宋亡后，他不再出仕。抱着遗民之痛，他在《武林旧事》中回顾南宋都城临安的城市风貌，细数那时的朝廷典礼、山川风俗、市肆经纪、四时节物。

《类编长安志》、《洛阳伽蓝记》、《东京梦华录》、《武林旧事》，这四部书是人们关于长安、洛阳、开封、杭州的记忆，我们将它们汇集在一起，名为《都城风物》。

翻开《都城风物》，让生活在现代城市中的你，窥见四个古代都城的繁华风物，听到千年前城市居民的隐隐喧嚣。

中华书局编辑部

2020 年 7 月

目　录

京
城

长安城·大兴城·皇城·京城外郭

长安城

《汉书》：高帝七年，修长安长乐宫，自栎阳徙都之。本秦之离宫，初狭小，惠帝元年，增筑之。正月，发近长安六百里男女一十四万六千人，三十日罢。六月，发徒隶二万人常役。又五年，复发十四万五千人，三十日罢。

城高三丈五尺，阔一丈五尺，上阔九尺，雉高三板，周回六十五里。

《汉旧仪》曰：长安城中经纬各长三十二里一十八步，地方九百九十三顷，八街，九陌，三宫，九府，三庙，十二门，九市，十六桥。

其地本黑壤，今赤如火，父老传云凿龙首山土为城。城下有池，周绕广三丈，深二丈。

城开门一十二，曰：

东：霸城门、清明门、宣平门。南：覆盎门、鼎门、便门。西：章城门、直城门、雍门。北：洛门、厨城门、横门。

汉城门皆有门候，主候门，谨启闭。

《三辅决录》曰：长安城面三门，四面一十二门也。皆通达九逵，以相经纬，衢路平直，可并列车轨，往来行者，升降有上下之别。

《西都赋》云：披三条之广路，立十二之通门。

大兴城

按《通鉴》：隋文帝厌嫌长安故城制度狭小，又宫内多妖异，纳言苏威劝帝迁都，帝以初受命难之。夜与威及高颎共议，明旦通直散骑庾季才奏曰："臣仰观玄象，俯察图记，必有迁都之事。且汉营此城，将八百岁，水皆咸卤，不甚宜人。愿陛下协天人之心，为迁都之计。"帝愕然，谓颎、威曰："何神也。"

太师李穆亦上表请迁都，帝省表曰："天道高明，已有应征，太师人望，复抗此请。"乃诏高颎等创建新都于龙首山，以太子左庶子宇文恺有巧思，领营新都副监。

将作大匠刘龙、工部尚书巨鹿郡公贺娄子干、太府少卿高龙又并充使营造，左仆射高颎总领其事。

其地在汉故城之东南，属杜县，周之京兆郡万年县界，南值终南山子午谷，北据渭水，东临灞、浐，北枕龙首原，创筑京城曰大兴城。

自开皇二年六月十八日，始诏规建制度。三年正月十五日，又诏用其月十八日移入新邑。所司依式先筑宫城，次筑皇城，亦曰子城，次筑外郭城。

皇城

俗呼为子城。在宫城之南，东西五里一百五十步，南北三里一百四十步。

南面三门：正南曰朱雀，东曰安上，西曰含光。

东面二门：南曰景风，北曰延喜。

西面二门：南曰顺义，北曰安福。

自两汉之后，宫阙之间，并有人家。隋文帝以为不便于事，皇城之内，唯列府寺，不使杂人居止，公司有办，风俗齐肃，盖隋文帝之新意也。

皇城内南北七街，东西五街，并列台、省、寺、卫如左：

尚书省　殿中省　内侍省　秘书省　中书外省　门下外省　东宫朝堂　詹事府　左清道率府　左卫率府　左监门率府　左内率府　右清道率府　右卫率府　右监门率府　右内率府　左骁卫卫　左武卫　左司御卫　左卫　右骁卫卫　右武卫　右司御卫　右卫　左千牛卫　左春坊　左领军卫　左监门卫　右千牛

卫　右春坊　右领军卫　右监门卫　左威卫　吏部选院　东将作监　尚舍局　右威卫　礼部南院　西将作监　尚辇局　光禄寺　太仆寺　大府寺　少府寺　司农寺　大理寺　宗正寺　家令寺　鸿胪寺　东宫仆寺率更寺　大府监　少府监　都水监　司天监　太庙署中宗庙　太庙　元献皇后庙　郊社署　御史台　御史推事院　大社　废石台　司农寺草坊　鸿胪客馆　骅骝马坊

京城外郭

本隋之大兴府，唐改曰长安城。

《京城记》曰：外郭城东西一十八里，南北一十五里一百七十五步，周六十七里，其崇高一丈八尺。

隋文帝开皇二年创筑。唐永徽四年，率天下口税一钱，更增筑之。

南面三门：正中曰明德，南抵石鳖谷八十里，东曰启夏，西曰安化。

东面三门：北曰通化，中曰春明，南曰延兴。

西面三门：北曰开远，中曰金光，南曰延平。

北面二门：皇城东北曰芳林，皇城西北曰光化。

郭中南北十四街，其间列诸坊。炀帝改坊为里，司官从九品。京兆府、万年、长安所治，寺观、邸第、编户杂居焉。

皇城南面朱雀门有南北大街朱雀门街，东西广百步，朱雀门至南外郭明德门九里一百七十五步。万年、长安以此街为界。

城外郭朱雀门街东至明德门五十五坊，万年县治之。其名曰：

兴道坊　开化坊　光福坊　静善坊　兰陵坊　开明坊　安义坊　务本坊　崇义坊　长兴坊　靖安坊安善坊　大业坊　昌乐坊　安德坊　永兴坊　崇仁坊平康坊　宣阳坊　亲仁坊　永平坊　永崇坊　昭国坊进昌坊　通善坊　通济坊　安兴坊　胜业坊　安邑坊宣平坊　升平坊　修业坊　修政坊　青龙坊　道政坊常乐坊　靖恭坊　新昌坊　升道坊　广德坊　新宁坊常和坊　教化坊　修德坊　立政坊　客户坊　永昌坊光宅坊　翊善坊　来庭坊　长乐坊　大宁坊　永嘉坊兴宁坊　安仁坊

外郭朱雀门街西至明德门五十五坊，长安县治之。其坊名曰：

善和坊　通化坊　丰乐坊　安业坊　安善坊　永达坊　道德坊　光行坊　延祚坊　太平坊　通义坊兴化坊　崇德坊　怀真坊　宣义坊　丰安坊　昌明坊安乐坊　大安坊　大通坊　敦义坊　永安坊　延福坊崇贤坊　延康坊　光德坊　延寿坊　布政坊　颁政坊辅兴坊　善政坊　安定坊　休祥坊　金城坊　醴泉坊

怀远坊　长寿坊　嘉会坊　永平坊　通执坊　归义坊

昭行坊　永阳坊　常安坊　和平坊　淳化坊　待贤坊

丰邑坊　崇化坊　怀德坊　群贤坊　居德坊　宁义坊

普宁坊　修真坊

宫
殿
室
庭

未央宫·椒房殿·宣室·华清宫

酆宫

文王宫也。文王伐崇，乃迁都于酆。

《诗》云：既伐于崇，作邑于酆。

郑氏云："酆邑在酆水之西。"

《春秋左氏传》：康王有酆宫之朝。

其宫在鄠县酆亭，今俗呼丰城堡，三里之城也。

《春秋左氏传》：夏有观、扈。

杜预注曰："始平郡有鄠县扈乡甘亭，殷为崇国。"

乃此也。

阿房宫

《史记》曰：始皇三十五年，以为咸阳人多，先王之宫庭小，吾闻周文王都丰，武王都镐，丰、镐之间，帝王之旧都，乃营作朝宫于渭南上林苑中。

先作阿房前殿，东西五百步，南北五十丈，上可以坐万人，下可以建五丈旗。周驰为阁道，自殿下直抵南山之颠以为阙。为复道，自阿房渡渭，属之咸阳，以象天极。以磁石为门，铁甲人者吸之不得过，为阿房北阙门也。

《三辅黄图》曰：阿房前殿，木兰为梁。庭中可受十万人，车行酒，骑行炙，千人唱，万人和，铸金人十二。

《史记》曰：始皇大收天下兵器，聚之咸阳，销为钟鐻，铸金人十二。"重二十万斤，坐高三丈，其铭曰："帝二十六年，初兼天下，改诸侯为郡县，一法律，同度量，大人来见临洮，其长五丈，足迹六尺。

铭李斯篆。董卓后悉椎破以为小钱。

《英雄记》曰：昔大人见临洮而铜人铸，临洮生卓而铜人毁，天下大乱卓身灭，抑有以也。

余二人，魏明帝欲徙洛阳，至霸城，重不可去，今在霸桥东铜人原。

蓟子训摩挲铜鋀。曰："见铸此今五百年矣。"

甘泉林光宫

《史记》：秦始皇二十七年，作甘泉宫及前殿，筑甬道自咸阳属之。

《汉宫殿疏》曰：甘泉林光宫，秦二代造。

祈年宫

《史记》曰：始皇初居之宫。

《汉书》：祈年宫，惠公起。

棫阳宫

秦穆王作，在岐州扶风县东北三十里。

橐泉宫

《皇览》曰：秦穆公冢，在橐泉宫下。

梁山宫

《三秦记》：梁山宫城皆文石，名织锦城。

在好畤县。

望夷宫

《史记》：胡亥三年，梦白虎啮其左骖，卜泾水为祟，乃斋于望夷宫，欲祠泾水。赵高使阎乐杀二世于望夷宫。

在泾水上。

长乐宫

《关中记》：长乐宫，有鱼池台、酒池台，秦始皇造。

蕲阳宫

秦文王所起，在鄠县西南二十三里。

宫观二百七十

《史记》云：卢生说始皇曰："人主为微行，所居而人知之，则害于神。愿上居毋令人知，则不死之药殆可得也。"乃令咸阳之旁二百里内，宫观二百七十，复道甬道相连，帷帐、钟鼓、美人充之，所幸，有言其处者罪死。

长信宫

《史记》：始皇二十七年，作长信宫于渭南，通骊山。

曲台宫

《邹阳传》：秦倚曲台之宫，悬衡天下，画地而不犯，兵加胡、越。

应劭曰：始皇帝所治处也，若汉未央宫。

城阳宫

始皇母迁于城阳宫。

高泉宫

宣太后起，在美阳城。

兰池宫

秦始皇为微行咸阳，与武士四人俱，夜出逢盗兰池宫，见窘，使武士击杀盗，关中大索二十日。

《地理志》：渭城县有兰池宫。

《三秦记》曰：始皇引渭水为长池，东西二百里，南北三十里，筑为蓬莱山，刻石为鲸鱼，长二百丈，亦曰兰池陂。

长乐宫

本秦之兴乐宫也。高帝始居栎阳，七年，长乐宫成，始居之。

《汉宫殿疏》曰：兴乐宫，秦始皇造，汉重修。周回二十里，前殿东西四十九丈七尺，两杼中三十五丈，深一十二丈。

高帝居此宫，后太后常居之。五凤二年，鸾凤集长乐宫东阙树上。王莽改长乐宫为常乐宫。

未央宫

《汉书》：高帝七年，萧何治未央宫，立东阙、北阙、前殿、武库、太仓，上见其壮丽甚，怒谓何曰："天下匈匈，苦战数岁，成败未可知，是何治宫室过度也？"何曰："天下方未定，故可因以就宫室。且夫天子以四海为家，非今壮丽，亡以重威，且无令后世有以加也。"上悦。

潘岳《关中记》曰：未央宫，周旋二十三里，街道十七里，有台三十二，池一十二，土山四，宫殿门八十一，掖门十四。

又曰：未央宫殿及台皆疏龙首山土以作之。殿基出长安城上，非筑也。又取山土以为城。山之余尾，今在城西南，数里乃尽也。

其前殿东西五十丈，深十五丈，高三十五丈，以木兰为棼橑，文杏为梁柱，金铺玉户，华榱璧珰，雕楹玉磶，重轩镂槛，青锁丹墀，左城右平，黄金为璧带，间以和氏珍玉，风至，其声玲珑也。未央宫有宣室、麒麟、金华、承明、武台、钩弋等殿。又有殿阁三十二，又有寿城、万岁、广明、永寿、玉堂、通光、白虎。

《宫殿疏》曰：未央宫有麒麟阁、天禄阁、金马门、青琐门、玄武、仓龙二阙。

《三辅旧事》：武帝于未央宫起高门、神明。王莽改未央宫寿成室。

按《旧图》，渐台、织室、凌室、弄田皆在未央宫。

建章宫

《汉书》曰：武帝太初元年十一月，柏梁台灾。二月，起建章宫。

文颖曰：越巫名勇，谓帝曰："越国有火灾，即复大起宫室以厌胜之。"故帝作建章宫。

度为千门万户，在未央宫西。今长安故城西俗所呼贞女楼者，即建章宫之阙也。跨池作飞阁通，建章辇道以上下。宫之正门曰阊阖，高二十五丈，亦曰璧门，左凤阙，高二十五丈，右神明台。门内北起别风阙，高五十丈，对峙井干楼，高五十丈，辇道相属焉，连阙皆有罘罳。前殿下视未央，其西则广中，殿受万人。

《三辅旧事》云：建章宫周回三十里，东起别风阙，乘高以望远。又于宫门北起圆阙，高二十五丈，上有铜凤凰，赤眉贼坏之。

《西京赋》云"圆阙耸以造天，若双碣之相望"是也。

《庙记》云：建章宫北门，高二十五丈，北阙门也。

又有凤凰阙，高七十丈。

繁钦《建章序》云：秦、汉规模，廓然泯毁，唯建章凤阙，耸然独存，虽非象魏之制，亦一代之巨观。

古歌云：长安城西有双阙，上有双铜雀，一鸣五谷生，再鸣五谷熟。

《汉书》又云："建章宫南有玉堂。"璧门三层，台高三十丈。玉堂内殿十二门，阶陛尽玉为之。铸铜凤，高五尺，饰黄金，上有转枢，向风若翔，椽首薄以璧玉，因曰璧门。

又有神明台，蔬圃、鸣銮、奇华、铜柱、函德二十六殿。

桂宫

汉武帝造，周回十余里。

《汉书》云：桂宫有紫房，复道通未央宫。

《关辅记》曰：桂宫在未央宫北，中有明光殿土山，复道从宫中西上城，至建章神明台蓬莱山。

《三秦记》：未央宫渐台西有桂宫，中有明光殿，皆金玉珠玑为帘箔，处处明月珠，金陛玉阶，昼夜光明。

《西京杂记》：武帝为七宝床、杂宝案、厕宝屏风、列宝帐，设于桂宫，时人谓之四宝。

北宫

在长安城中，近桂宫，俱在未央宫北，周回十里，高帝制度草创，孝文增修。中有前殿，广五十步，珠帘玉户如桂宫。

甘泉宫

一曰云阳宫。

《史记》曰：秦始皇二十六年作甘泉宫及前殿，筑甬道，自咸阳属之。

《关辅记》曰：林光宫前殿，秦所造，一曰甘泉宫，因其甘泉山名。宫周回十余里，武帝建元中增广之，周十九里。

去长安三百里，望见长安城。黄帝以来圆丘祭天处。武帝造阙于南，更置前殿，始造宫室。有芝生甘泉殿房中，芝有九茎，金色，绿叶朱实，夜有光，乃作《芝房之歌》。

帝又起紫殿，雕文刻镂，以玉饰之。成帝永始四年，幸甘泉，郊泰畤，神光降于紫殿。甘泉又有高光、林光、长定、竹宫等宫，又有通天台、迎风馆，山后有露寒、储胥二馆，西起仿徨观，后筑甘泉苑。建元中，作石阙、封峦、鳷鹊观于苑内。南有棠梨宫。

汉未央、长乐、甘泉，四面皆有公车司马门。凡言司马者，宫垣之内，兵卫所在，司马主武事，故宫之外门为司马门。

按《汉宫卫令》，诸出入殿门、公车司马门者皆下，不如令，罚金四两。王莽改公车司马门曰王路四门，分命谏大夫四人受章疏，以通下情。

钩弋宫

《三辅黄图》曰：在城外。

《汉武故事》曰：在直门南也。

《列仙传》曰：钩弋夫人，姓赵，河间人。少好酒，卧病六年，右手钩拳，饮食少。望气者云："东北有贵人。"推而得之，见召，姿色佳丽，武帝反其手，得玉钩，而手寻展。有宠，生昭帝，妊娠十四月，上曰："闻昔尧十四月而生，钩弋亦然。"乃命所生门曰尧母门，所居宫曰钩弋宫，自夫人加婕妤。及得罪，掖庭狱死，及殡，尸香一月。昭帝即位，追尊皇太后，更葬之，发六十二万人葬云陵，观其棺但有彩履。

王褒《云阳记》：钩弋夫人从至甘泉，卒，尸香闻十里，葬云阳，起云陵。

扶荔宫

在上林苑中。汉武帝元鼎六年，破南越，起扶荔宫，以植所得奇草异木。菖蒲百本，山姜十本，甘蕉十二本，留求子十本，桂百本，蜜香指甲花百本，龙眼、荔枝、槟榔、橄榄、千岁子、甘橘皆百本。土木南北异宜，岁时多枯瘁。

荔枝自交趾移植百株于庭，无生者，连年犹移植不息，后数岁，偶三二株稍茂，终无华实，帝亦珍惜之，一旦萎死，守吏坐诛者数十人，遂不复莳矣。其实则岁贡，邮传者疲毙于道，极为生民之患。至汉安帝时，交趾郡守特陈其弊，遂罢贡。

五柞宫

汉之离宫也，在扶风盩厔。宫中有五柞树，皆连抱上，覆荫数亩，因以为名。

长杨宫

秦之宫也，在上林苑中。

《汉书》云：盩厔县。

宣帝幸长杨宫属玉观。成帝元延二年，幸长杨宫。有长杨千株，以为名。

长门宫

离宫，在长安城。孝武陈皇后得宠，颇妒，居长门宫。

鼎湖宫

在湖城县界。昔黄帝采首阳山铜以铸鼎，其鼎成，有龙下迎帝仙去，小臣攀龙髯而上者七十二人。汉武帝于此建鼎湖宫。

步寿宫

　　秦亦有步寿宫。汉步寿宫，在役祤县，宣帝神爵三年，凤凰集处得玉宝，乃起步寿宫。

回中宫

　　《史记》：秦始皇二十九年，巡陇西，过回中。
　　《汉书》：武帝十四年，幸回中，建王母祠。

首山宫

汉武帝元封元年，封禅后，梦高祖坐明堂朝群臣，于是祀高祖于明堂以配天，还，作首山宫。

万岁宫

武帝造。元康四年，幸万岁宫，有神爵集，以神爵纪元。

明光宫

汉武帝求仙,起明光宫,发燕、赵美女二千人充之,率取二十以下。十五以上,年满三十者出嫁之,掖庭令总其籍,时有死出者,随补之。

麒麟殿

在未央宫。

《汉书》:帝燕董贤父子于麒麟殿,哀帝视贤曰:"吾欲法尧禅舜,如何?"王闳曰:"天下乃高皇帝天下,非陛下之天下。陛下奉承宗庙,当传之无穷,安可妄有所授?帝业至重,天子无戏言。"上默然不悦。

金华殿

在未央宫。

《汉书》曰：成帝初，方向学，郑宽中、张禹朝夕人说尚书、论语于金华殿中。

承明殿

在未央宫中。承明殿，著述之所也。

《西都赋序》云：内有承明著作之庭。

《汉书》谓：帝谓严助曰："君厌承明之庐。"

成帝鸿嘉二年，有雉集承明殿。

椒房殿

在未央宫中，以椒和泥涂壁，取其温而芬芳。

武帝时后宫八区，有昭阳、飞翔、增城、合欢、兰林、披香、凤凰、鸳鸯。成帝赵皇后居昭阳，号飞燕。班婕妤居增城。

高门殿

《汉书》：汲黯请见于高门。

哀帝时鲍宣谏曰："陛下擢臣岩穴，诚冀有益毫毛。岂欲臣美食太官，重高门之地。"

在未央宫中。

奇华殿

在建章宫旁。

《汉书》云：四海夷狄器服珍宝、火浣布、切玉刀、巨象、狮子、宛马，充塞其中。

临华殿

在长乐宫中前殿后，武帝造。

《汉书》：成帝永始四年，长乐宫临华殿灾。

清凉殿

在未央宫中，夏居之清凉，亦曰延清室。

《汉书》："清室则中夏舍霜。"即此也。

董偃常卧延清之室，以画石为床，以紫玉为盘，如屈龙，皆用杂宝饰之。侍者于外扇偃，偃曰："玉石岂须扇而后凉邪？"

又以水晶为盘，贮冰于膝前，玉晶与冰同絜，侍者谓冰无盘，必融湿席，乃拂玉盘坠，冰玉俱碎。玉晶，千涂国所贡也，武帝赐偃，惜哉！

猗兰殿

在未央宫中。

《汉武故事》曰：王美人七月七日旦生武帝于猗兰殿。

《洞冥记》：武帝未生之时，景帝梦一赤彘，从云中直下崇芳阁，帝觉而坐于阁，果见赤气如林木蔽牖户，望阁上有丹霞蓊郁。既而遂改崇芳阁为猗兰殿。

白虎殿

在未央宫中。

《汉书》曰：河平四年，单于来朝，引见白虎殿，丞相商坐未央庭中，单于前拜谒商。

又杜钦诣白虎殿对策。

成帝时，赵思王衍来朝，供张白虎殿。

玉堂殿

在未央宫中。

《汉书》：扬雄历金门，上玉堂。

晋灼曰：《三辅黄图》有大玉堂，小玉堂殿。

李寻曰：久污玉堂。

大夏殿

《三辅故事》：秦作铜人，立在阿房殿前。汉徙于长乐宫大夏殿前。

宣室

未央宫前殿正室也。

《淮南子》曰:"武王杀纣于宣室。"汉取旧名也。

《汉书》:"文帝受釐宣室,夜半前席,问贾生鬼神之事。"即此也。

又王莽地皇四年,少年朱弟、张鱼等烧宫,莽避宣室前殿,火随之。

温室

武帝建，在未央宫，冬处之温暖也。

《西京杂记》曰：温室，以椒涂壁，被之文绣，香桂为柱，设火齐屏风，鸿羽帐，规地以罽宾氍毹。

孔光为尚书令，归休，与兄弟妻子燕语朝省政事，或问温室省中树何木，光不应。

掖庭

《汉官仪》曰：婕妤以下皆居掖庭。

《西京杂记》：汉掖庭有云光殿、九华殿，开襟阁、丹景台。

《杂记》曰：汉彩女常以七月七日夜穿七孔针，皆繁华窈窕之所栖宿。又有鸣鸾殿、开襟阁。

西内宫城

南面六门：当正殿南曰承天门，隋开皇二年作，唐武德元年，改顺天门。承天门东曰长乐门，次曰广运门，次东重明门，次东永春门。承天门西曰永安门。若元正、冬至，大陈设宴会，赦过宥罪，万国之朝贡，四夷之宾客，则御承天门以听政。

东面一门：曰凤凰门。

西面二门：南曰通明门，北曰嘉猷门。

北面三门：正北曰玄武门，次东曰安礼门，东宫北门曰玄德门。

当承天门内，其北曰太极门，本隋大兴门，唐改为太极门。

太极殿

　　西内正殿也。乃隋之大兴殿，唐武德元年，改为太极殿，朔望则坐而视朝焉。东有东上阁，西有西上阁，盖古之中朝也。太极门正南承天门。左延明门东南门下省。右延明门西南中书省。弘文馆在门下省东。史馆在门下省北。贞观三年，置秘书内省，以修国史。

两仪殿

　　在太极殿后。隋之中华殿，贞观五年，改为两仪殿，常日听政而视事，盖古之内朝也。

千秋殿

在两仪殿西。献春门在两仪殿之左。宜秋门在两仪殿右。百福门在宜秋门之右。

百福殿

宣宗时，神策军奏百福殿成，赐名曰雍和殿，会诸王子孙。百福殿，承庆门内。

甘露殿

在两仪殿北门外。有东西永巷，东出有东横门，又东有日华门。西出有西横门，又西有月华门。殿院北有东西千步廊。东至宫城，西至掖庭宫。

明皇自蜀回，还居西内甘露殿。东有武德殿、延恩殿、万春殿、千秋殿、承恩殿、立政殿、大吉殿。

凝阴殿

在紫云阁西。

《异闻集》曰：天宝七载，秦中旱，明皇于此令叶法善祠镜龙，遂得甘雨。

承香殿

在延嘉殿北。西有昭庆殿、长乐殿、景福殿、神龙殿、安仁殿、淑景殿、延嘉殿、咸池殿、鹤羽殿。

弘文殿

　　贞观初，于弘文殿收贮图籍二十余万卷，虞世南选充直殿。

观德殿

　　在玄武北门外。侯君集平高昌国，俘其君臣，献于观德殿。

嘉寿殿

太宗宴突厥贺鲁于嘉寿殿。

紫微殿

贞观末，阿史那社尔平龟兹，献俘于紫微殿。又有兴仁、宣猷、崇道、惠训、昭德、正礼、宣光、通福、光昭、华光、辉仪、寿安、绥福等门。内又有薰风、就日、翔凤、临照、望仙、乘龙等殿。

雍和殿

懿宗幸雍和殿、飞龙殿、骥德殿，又于兴德殿以会诸王及王子、王孙等赐宴。

大安宫

太宗初居承乾殿。武德五年，高祖以秦王有克定天下之功，特降殊礼，别建此宫以居之，号弘义宫。八年，帝临幸，朕以秦王有大功，故于宫中立山林胜景，雅好之。至贞观三年，徙居之。在宫城之西。

《马周传》：伏睹大安宫在宫城之西，其墙宫阙之制，尚为卑小。东宫太子之宅，犹处城中。大安宫至尊所居，更在城外。臣愿营筑雉堞，修起门楼，务从高显，以称万方之望。

文殿

　　贞观七年四月，宴王公亲属于文殿，酒阑，徙翠华殿。

翠华殿

　　在大安宫东北垣上，遗址尚存，俗云祭酒台。

掖庭宫

在宫城东西四里，即皇城，北抵苑，西即掖庭宫。

《两京记》及《六典》：皇城东西五里百一十五步。

今除宫城，四里外即是掖庭宫，东西广一里
一百一十五步。大安宫东西里数同。

掖庭西门

贞观二年，左丞戴胄于掖庭房西门简宫人出之。
今皇城内亦有掖庭街。

明德殿

本名嘉德殿。东内廊左嘉善门，西内廊有右嘉善门。按高祖传位，太宗即位于明德殿。

崇教殿

在明德殿北，宫内殿也。本名弘教，长安二年，改为崇教殿。

丽正殿

在崇教殿之北。高宗降诞此殿。开元初，诏此缮写古今图籍统记。开元中，改为集仙殿。

光大殿

在丽正殿北。明皇始诏沙门一行禅师于光大殿撰《大衍历》，后徙就丽正殿。

承恩殿

　　在光大殿院内，明皇居春宫造。开元八年，敕一行禅师于院内注《易》。

宜春北院

　　《谭宾录》：天宝中，玄宗命宫女数百又为梨园弟子，皆居宜春北院。

东内大明宫

在禁苑之东，南接京城之北面，西接宫城之东北隅。贞观八年，置永安宫。九年，曰大明宫，以备太上皇清暑，百官献贽以助役。龙朔二年，大加兴葺，曰蓬莱宫。咸亨元年，曰含元宫。长安元年，复曰大明宫。

初，高宗染风痹，以宫内湫湿，屋宇拥蔽，乃此置宫，司农少卿梁孝仁充使制造。北据高原，南望爽垲，每清天霁景，视终南山如指掌，宫城坊市，俯而窥焉。

其宫南北五里，东西三里。南面五门：正南曰丹凤门，东曰望仙门，次东曰延政门。丹凤门西曰建福门，门外百官待漏院。次西曰兴安门。东面一门：曰太和。西面一门：曰曰营。北面一门：曰玄武。

含元殿

　　丹凤门内当中正殿。阶高于平地四十余尺。南至丹凤门四百余步，中无间隔，左右宽平，东西广五百步。

　　东南有翔鸾阁，西南有栖凤阁，与殿飞廊相接。又有钟楼、鼓楼。

　　殿左右有砌道盘上，谓之龙尾道。夹道东有通乾门，西有观象门。

　　阁下即朝堂、肺石，一如承天之制。又有金吾左右仗院。

宣政殿

　　东有东上阁门，西有西上阁门，即正衙殿也。殿前东廊曰日华门，殿前西廊曰月华门。

紫宸殿

　　在宣政殿北紫宸门内，即内衙之正殿也。肃宗乃崩于紫宸殿。

蓬莱殿

在紫宸北。敬宗时,蓬莱殿会沙门、道士四百余人,赐食,给茶、绢。

延英殿

肃宗时梁上生玉芝,一茎三叶。苗晋卿相代宗时,年老蹇甚,乞间日入政事堂,帝忧之,听入阁不趋。后改灵芝殿。

长安殿

在金銮殿之西南。肃宗收京师,作新九庙主,于长安殿安置。

至德二载,收复京城,宫省门有"安"字者改之,为长乐殿。

金銮殿

在金銮门里。顺宗召学士郑絪至金銮殿,立宪宗为皇子。

宣和殿

敬宗宴三日于宣和殿。又宝历三年，御宣和殿，对内人亲属一千五百人，赐宴，仍各赐锦彩。

延英殿

相对有思政殿、含凉殿、绫绮殿、珠镜殿、还周殿、承欢殿、仙居殿。

麒麟殿

在仙居殿之西北，东南、西南皆有殿阁，东、西皆有楼，相连各有障日阁，内宴多于此殿。

又有大福殿、拾翠殿、三清殿、含冰殿、凝霜殿、紫兰殿、玄武殿，明义殿、承云殿、修文等殿。

又有碧羽、紫箫、承云、修文等阁。

又有翰林门，内有翰林院。至德以后，军国务繁，其入直者以文词共掌诏敕，自此翰林院始有学士之名。其后置东翰林院于金銮殿之西，随上所在而迁，取其便。

南内兴庆宫

距外郭城东垣。武后大足元年，睿宗在藩，赐五王子宅，明皇始居之。宅临大池，望气者云："此池有天子气。"故数宴游，上巳泛舟以厌之。

南街东出春明门。开元二十二年置宫，因本坊为名。十四年，又取永嘉坊、胜业坊之半增广之，谓之南内。宫之正门西向，曰兴庆门。南曰通阳门。北曰跃龙门。

西南隅曰勤政务本楼，南向，开元八年，每岁中秋节，酺饮于楼前。

其西曰花萼相辉楼。宁王宪、申王㧑、岐王范、薛王业邸第相望，环于宫侧，明皇因题花萼相辉之名。帝时登楼，闻诸王音乐，咸召升楼，同榻宴谑。

兴庆殿

在通阳门北，即正衙殿也。其后曰文泰殿，天宝十载作。前有瀛洲门，内有南薰殿。

北有龙池，在跃龙门南，本是平地，自垂拱后因雨水流潦成小池。后又引龙首渠水支分溉之，日以滋广，至景龙中弥亘数顷，澄澹皎洁，深至数丈。常有云气，或有黄龙出其中，本以坊名池，俗亦呼为五王子池，置宫后谓之龙池。拾遗蔡孚作《龙池篇》以赞其事，公卿多和之。后为景龙池，今俗语讹呼为九龙池。

大同殿

在勤政楼北大同门内，殿前左右有钟楼、鼓楼。

天宝七载，大同殿柱产玉芝，有神光。殿大和三年修。

《宫殿疏》曰：大同殿十三间。

长庆殿

在通阳门东明义门内。

《唐杂说》曰：明皇为太上皇，居兴庆宫，每置酒长庆楼，南俯大道，裴回观览。

积庆殿

《唐杂记》：萧太后徙居兴庆宫积庆殿，中书门下奏，准义安殿太后故事，号积庆皇太后。

冷井殿

懿安郭太后崩于是殿。又有新射、飞仙、同光、荣光等殿。其内有龙堂、五龙坛。沉香亭、金花落在池东。

长春宫

《三辅会要》：长春宫在朝邑县梁原上。保定元年，宇文护所筑。隋文帝增修殿宇。炀帝大业十三年，唐高祖起义兵，自太原赴京师，于此休养士卒，西定长安。

龙跃宫

在高陵县西十四里，唐神尧旧宅。武德六年，以奉义宫建龙跃宫。德宗改为修真观。内有神尧真容、御井、灵柏。

庆善宫

在武功县南一十八里，神尧旧第也，太宗降诞之所，南临渭水。武德元年，建武功宫。六年，改庆善宫。贞观六年，太宗临幸，燕群臣，赋诗。后废为慈德寺。

有诗曰：

昔时高祖宅，今日梵王宫。

塔耸白云外，僧行绿树中。

真容唐列圣，墨迹宋坡公。

半日休心处，烹茶话祖风。

望贤宫

　　在咸阳东数里。唐明皇自蜀还京，肃宗至望贤宫迎，明皇上马，帝亲拢马行数十步，执鞭弭，道引明皇入开远门。

华清宫

　　在临潼县南。贞观十八年太宗诏左屯卫大将军姜行本、将作少匠阎立德营造殿，御赐名汤泉宫，太宗因幸制碑。咸亨二年，名温泉宫。

　　天宝六载，改华清宫，骊山上下，益治汤井池，台殿环列山谷，明皇岁幸焉。又筑会昌罗城，即于汤所置百司及公卿邸第。禄山乱后，天子罕复游幸。唐末圮废。晋天福中，改灵泉观，赐道士居之。

万全宫

在蓝田县东四十五里。开耀二年，诏新造凉宫为万全宫。高宗遗诏万全、芳桂、奉天等宫并停废。武后诏奉天宫置道士观，芳桂、万全置僧寺，以旧宫为名。

游龙宫

在渭南县西一十一里。

《两京道里记》：唐开元二十五年敕："两京行宫，远近不等，宜令将作大匠康辩与州县均融修葺。"

取黑龙饮渭名之。有遗址。

玉华宫

贞观二十一年，于宜君县凤凰谷置玉华宫。永徽三年，县废，宫亦废。今隶坊州，西四十里有故基，为佛寺。

杜诗云：

> 溪回松风长，苍鼠窜古瓦。
>
> 不知何王殿，遗构绝壁下。
>
> 阴房鬼火青，坏道哀湍泻。
>
> 万籁真笙竽，秋色正萧洒。
>
> 美人为黄土，况乃粉黛假。
>
> 当时侍金舆，故物独石马。
>
> 忧来藉草坐，浩歌泪盈把。
>
> 冉冉征途间，谁是长年者。

翠微宫

《唐余》曰：贞观二十年，营太和宫于终南山上，改翠微宫。北门曰云霞门，朝殿曰翠微，寝殿曰含风。

太宗崩于含风殿。废为翠微寺。

诗云：

翠微寺本翠微宫，楼阁亭台几十重。

天子不来僧又去，樵夫时倒一株松。

鱼藻宫

《会要》曰：鱼藻宫，去宫城十三里，在禁苑神策军后。宫中有九曲山池。贞元十三年，诏鱼藻池先深一丈，更淘四尺。穆宗初，又发神策六军二千人浚之。又观竞渡。

王建《宫词》曰：

鱼藻宫中锁翠娥，先皇幸处不曾过。

而今水底休铺锦，菱角鸡头积渐多。

望春宫

《长安志》：望春宫，去京城东北一十二里，在唐禁苑内高原之上，东临浐水西岸。

《道里记》曰：隋文帝初置望春亭，改为望春宫。炀帝改为长乐宫。大业初，炀帝夜见太子勇领十余人，各持兵器，问杨广何在，帝惧之，走长乐宫，文武宿卫不知乘舆所在，比明，方移仗此宫。炀帝去洛阳，终大业不敢都长安。

九成宫

《唐会要》曰：九成宫，在凤翔麟游山，即隋之仁寿宫也。贞观年，改九成宫。

中有醴泉铭碑。

太平宫

《长安志》：隋太平宫，在鄠县东南三十里，对南山太平谷。

云阳宫

　　《封禅书》所谓谷口是也。其山出铁，有冶铸之利，因以为名。入谷便洪潦沸腾，飞泉激射，两峰皆峭壁孤竖，横盘坑谷。凛然凝沍，常如八九月，朱明盛暑，当昼暂暄，凉秋晚候，缊袍不暖，所谓寒门者也。

　　又曰：入冶谷二十里，有百里槐树，北有泉名金泉，谷中有毛盘监。

苑囿池台

上林苑 · 昆明池 · 曲江池 · 柏梁台

灵囿

周文王囿也，在长安西四十五里沣水西。

《诗》云：王在灵囿，麀鹿攸伏。麀鹿濯濯，白鸟翯翯。

毛苌注：囿，所以域养禽兽，天子百里，诸侯四十里。灵者，言文王有灵德也。灵囿，言德行于苑囿也。

《孟子》曰：文王之囿，方七十里，刍荛者往焉，雉兔者往焉，与民同其利，民以为小也。

上林苑

《汉书》：武帝建元三年，开上林苑。

本秦之离宫旧苑也。东至蓝田、宜春、鼎湖、御宿、昆吾，旁南山而西，长杨、五柞，北绕黄山，濒渭而东。周袤三百里，离宫七十所，皆容千乘万骑。

《汉宫殿疏》云：方三百四十里。

《汉旧仪》云：上林苑，方三百里。苑中养百兽，天子秋冬射猎取之。

帝初修上林苑，群臣远方，各献名果异卉三千余种植其中，亦有制为美名，以标奇异。

《关中记》曰：上林苑，门十二，中有苑三十六，宫十二，观二十五。长杨宫、昭台、储元、葡萄、犬台、承光、卷阳、望庭、宣曲、鼎湖、步高、存神等宫，有昆明观、平乐、远望、燕升、观象、便门、白鹿、三爵、阳禄、阴德、鼎郊、樛木、椒唐、鱼鸟、元华、茧观、柘观、上兰、郎池、当路、豫章、明光、走狗、博望、象观。

《旧仪》曰：上林苑有令有尉，禽兽簿记其名数。

上林苑中禽兽宫馆之事属水衡。苑中有六池、市郭、宫殿、鱼台、犬台、兽圈。又有射熊馆、平乐馆、涿沐馆、建章馆、当路馆、鹿馆。又有东陂池、西陂池、郎池、牛首池、蒯池、当路池、麋池、积草池。又有龙台观、细柳观、飞廉观、属玉观、白鹤观、霸城观、云林观、集灵观，临山观。

甘泉苑

《汉书》：“武帝置。”因甘泉山名，在云阳，去长安三百里，凡周回五百一十里。苑中起宫殿台阁百余所，有仙人观、鸡鹊观、石阙观、封峦观、通仙观、通天台，台上望见长安。

思贤苑

汉文帝为太子立思贤苑，以招宾客。苑中有堂室六所，其馆皆广庑高轩，屏风、帏、褥甚丽。

博望苑

汉武帝立子据为太子，开博望苑以通宾客。

《汉书》：武帝年二十九，乃得太子，甚喜。
太子冠，为立博望苑以通宾客，从其所好。

博望苑在长安城南五里。

西郊苑

《汉书》：西郊苑，有苑囿、林麓、薮泽连亘，
缭以周垣四百余里，余宫别馆三百余所。

乐游苑

宣帝神爵三年春起，在长安东南杜陵之西北，本秦之宜春苑也。宣帝起乐游庙，因苑为名，在唐京城内高处。

每正月晦日、上巳、重九，京城士女咸以此登赏祓禊。任氏、郑生相遇之地也。

御宿苑

武帝置离宫别馆，禁御人不得入，往来游观，上宿其中，故曰御宿苑。在长安南御宿川。

禁苑

按《唐书》：在宫城之北，本隋之大兴苑。东西二十七里，南北三十三里，东接灞水，西接长安故城，南连京城，北枕渭水。苑西即太仓，又北距中渭桥，与长安故城相接。故城东西十三里，南北十三里，亦隶苑中。其苑中有四监，南面为长乐监，北面以领汉故城，谓之旧宅监，东西面各以本方为名，分掌宫中种植及修葺园苑等事，又置苑总监都统之，皆隶司农寺。苑中宫亭凡二十四所。

南面三门：中曰景曜门，东曰芳林门，西曰光化门。

东面二门：南曰光泰门，北曰昭远门。

西面二门：南曰延秋门，北曰玄武门。

北面三门：中曰启运门，东曰内苑门，西曰重玄门。其东曰东云龙门，其西曰西云龙门。

苑内有南望春亭、北望春亭、坡头亭、柳园亭、月坡亭，又有青城桥、龙鳞桥、栖云桥、凝碧桥、上阳桥、广运潭、九曲宫、鱼藻池、玄沼宫、神皋亭、七架亭、青门亭、桃园亭、临清亭、咸宜宫、未央宫、南昌国亭、北昌国亭、流杯亭、明水园。

内苑

　　《唐书》云：在玄武门外，北至重玄门约二里，东西与宫城齐。中有观德殿，在重玄门外之北，永徽三年，大射观德殿。又永安殿，穆宗御新城永安殿观百戏。东西外垣门曰日营门、月营门，其北重玄门。

　　《旧图》：内苑，南直抵玄武门，北直鱼粮门，苑之正北门也。

东内苑

南北三里，与大明宫城齐。南即延政门，北即银台门，东即太和门。中有龙首殿。又有凝晖殿、会昌殿、含光殿、昭德殿、光启宫、云韶院。中有蓬莱殿、凝碧池、梨园、樱桃园、东西葡萄园。又有龙首池、灵符池、应圣院、内园小儿坊、仗内教坊。

《旧图》云：旁有看乐殿，东下马桥，东头御马坊。

芙蓉苑

在曲江之西南，乃秦宜春苑地。

杜诗：

城上春云覆苑墙，芙蓉别殿谩焚香。

又曰：

江上小堂巢翡翠，苑边高冢卧麒麟。

又曰：

六龙南下芙蓉苑，十里飘香入夹城。

沙苑

李吉甫《郡国图》：沙苑，一名沙阜，在同州冯翊县南十二里，东西八十里，南北三十里。

内有牧马，监牛，畜卧沙小耳羊，蒲萄园，桃杏园、梨园、木瓜、石榴、异果，至今不绝。

滮池

《图经注》曰：在长安城西四十里。

《诗》云：滮池北流，浸彼稻田。

郑玄注：在沣、镐之间，水北流。

灵沼

按《旧图记》："在长安城西四十里沣水之西，真花硙北。"今为水泊。

《诗》云：王在灵沼，于牣鱼跃。

昆明池

按《旧图记》云：在长安县丰邑乡鹳鹊庄，周回四十里。

武帝元狩九年，欲伐昆明国，穿池以习水战，因名昆明池。

《三辅旧事》：昆明池地三百二十顷，中有戈舟各数十，楼船百艘，船上建戈矛，四角垂幡旄麾盖。

池中作豫章大船，可载万人，上起宫室，以为游戏。养鱼以给诸陵祭祀，余付长安厨。又刻鲸鱼，长三丈，每风雷，常鸣吼，鬐尾皆动。立石牵牛、织女于池之东西，以象天汉。池中有龙首船，帝御，张凤盖，建华旗，作棹歌，杂以鼓吹，宫女泛舟。初穿池，得灰，上问西域胡人，曰："乃劫烧余之灰也。"今为民田。

太液池

《关辅记》：长安故城西，建章宫北，有太液池，以象北海。刻石鲸鱼，长三丈。

池中起三山，以象蓬莱、瀛洲、方丈。刻金石为鱼龙鸟兽奇怪之状。

《庙记》云：太液池周四十顷。

昭帝元始元年春，黄鹄下太液池。成帝常以秋日与赵飞燕戏于太液池，以沙棠木为舟，以云母饰于鹢首，名曰云母舟。又刻大桐木为蚪龙，雕饰如真，夹云舟而行，以紫桂为柂柑。

及观云棹水，玩撷菱藕，帝每忧轻荡以惊飞燕，命佽飞之士以金锁缆云舟于波上。每轻风时至，飞燕殆欲随风入水，帝以翠缨结飞燕之裾。今太液池边尚有避风台。

镐池

《水经注》：在昆明池北三里。

《庙记》曰：镐池，即周武王之故都镐京也。武帝穿昆明池，水北流，浸镐京之地而为池，故曰镐池也。

百子池

在建章宫西。

《岁时记》：正月上辰，池边灌濯，食蓬饵以祓邪。三月上巳，张乐于池上。七月七日，临百子池，作于阗乐，乐阕，以五色缕相羁，谓之连爱。八月四日，出雕房，下围棋，胜者终年有福，负者终年疾病，求北辰乃免。

影娥池

在建章宫。武帝凿以玩月，其傍起望鹄台以眺月，影入池中，使宫人乘舟弄月影。又起眺蟾台。

琳池

昭帝元始元年，穿琳池，广千步，池南起桂台以望远，引太液池水。池中植分枝荷，一茎四叶，状如骈盖，日照则叶低荫根茎，若葵之卫足，名曰低光荷。实如玄珠，可以饰佩，花叶虽萎，芬馥之气彻十余里，食之令人口气常香，益脉治病。宫人贵之，每游宴必含嚼之。

沧池

在长安城中。

《旧图》云：未央宫有沧池，言其水苍色，故曰沧池。

酒池

《庙记》曰：长安故城中，有鱼池、酒池，池上有肉炙树，秦始皇造。汉武帝于池北起台，天子于上观牛饮者三千人。

又曰：武帝作此，以夸羌、胡，饮以铁杯，重不能举，皆抵牛饮。

《西征赋》云："酒池监于商辛，追覆车而不悟"也。

十池

　　上林苑中有初池、麋池、牛首池、蒯池、积草池、东陂池、当路池、犬台池、郎池、外池。蒯池生蒯草以织席。积草池有珊瑚树，高一丈二尺，一本三柯，上有四百六十二条，南越王赵佗所献，号为烽火树，至夜光明焕然。

太液池

《宫殿仪》曰：在大明宫含凉殿，周十数顷。池中有蓬莱山，崭绝，上自然有奇草异卉，鱼鸟所集。

卢多逊《应制诗分得些子儿韵》，诗曰：

太液池边看月时，好风吹动万年枝。

谁家宝镜新开匣，露出清光些子儿。

凝碧池

在东内苑。禄山陷长安，引梨园弟子数百人，大会凝碧池。乐工雷海清掷乐器于地，西向哭，被贼支解而死。时王右丞为贼拘于僧寺，乃赋诗曰：

万户伤心生野烟，百官何日再朝天。

秋槐叶落深宫里，凝碧池头奏管弦。

书于壁。贼平，维以诗免罪。

兴庆池

《景龙文馆》记：在隆庆坊。本是平地，垂拱后因雨水流潦成小池，近五王宅，号为五王子池。后因分龙首渠水灌之，日以滋广。至景龙中，弥亘数顷，澄泓皎洁，有云气，或见黄龙出其中。

其兴庆宫后谓之龙池。拾遗蔡孚作《龙池篇》以赞其事，公卿多和之。改为景龙池，语讹为九龙池。

《明皇杂录》：取洞庭湖鲫鱼养于池，以为鲙，日以游宴。杜甫诗："三月三日天气新，长安水边多丽人。"禄山陷长安，天子幸蜀，盛事遂寝。

新说曰：兴庆宫，经巢寇、五代，至宋湮灭尽净，唯有一池。至金国，张金紫于池北修众乐堂、流杯亭，以为宾客游宴之所，刻画楼船，上巳、重九，京城仕女，修禊宴燕，岁以为常。正大辛卯东迁后，遂为陆田。兵后，为瓜区、蔬圃。庚子岁，复以龙首渠水灌之，鲫鱼复生。旧说有千岁鱼子，信不诬矣。

九曲池

在兴庆池西。唐宁王山池院，引兴庆池水西流，疏凿屈曲连环，为九曲池。筑土为基，叠石为山，上植松柏，有落猿岩、栖龙岫，奇石异木、珍禽怪兽毕有。又有鹤洲、凫渚，殿宇相连。前列二亭，左沧浪，右临漪。王与宫人宾客，宴饮、弋钓其中。禄山乱后，有人题诗曰："数座假山侵殿宇，九池春水浸楼台。群花不识兴亡事，犹倚朱栏取次开。"

定昆池

本安乐公主西庄也，在京城 延平门外。景龙初，命司农卿赵履温为公主疏园植果，中列台榭，凭空架回，栋宇相属，又敕将作少监杨务廉引水凿沼，延十数顷，时号定昆池。

《通典》曰: 安乐公主恃宠，请昆明池，中宗不与，公主怒，自以家财别穿池，号曰定昆。

景龙，中宗幸焉。侍臣毕从，赋诗，御为之序。

宗楚客诗曰:

> 玉楼银榜枕严城，翠盖红旗列禁营。
>
> 日映层岩图画色，风摇杂佩管弦声。
>
> 水边重阁如飞动，云里孤峰类削成。
>
> 幸陪七叶游昆阆，无劳万里访蓬瀛。

鱼藻池

深一丈，在城北禁苑中。贞元十三年，诏更淘四尺，引灞河天濠水涨之。在鱼藻宫后。穆宗以观竞渡。

王建《宫词》曰：

鱼藻池边射鸭，芙蓉园里看花。

日色赭黄相似，不着红鸾扇遮。

曲江池

在雁塔东南，以水流屈曲，谓之曲江。

《剧谈录》：本秦之隑州，唐开元中，疏凿为胜境。中和、上巳，自宰臣至都人皆游焉，倾动皇州，以为盛观。

欧阳詹《曲江记》，其略曰：苑之沼，囿之池，力垦而成则多，天然而有则寡，兹池者其天然欤！循原北峙，回冈旁转，圆环四匝，中成坎窞，窐窍港洞，生泉潴源，东西三里近。当大邑别卜，缭垣空山之泺，旷野之湫。然黄河作其左堑，清渭为其后洫，褒、斜右走，太一南横，崇山浚川，钩结盘护，不南不北，湛然中停。又导其流，荡恶含和，厚生蠲疾，涵虚灵景，气象澄鲜，延欢涤虑，有栖神育灵之功焉。

杜甫诗曰：

少陵野老吞声哭，春日潜行曲江曲。

江头宫殿锁千门，细柳新蒲为谁绿。

文宗时，曲江宫殿十废之九。帝读甫诗，慨然有意复升平事，发左右神策三千人淘曲江，修紫云楼、彩霞亭，内出二额，左军仇士良以百戏迎之，帝御日华门观之。仍敕诸司，如有创亭馆者，官给与闲地，任修造。又引黄渠水以涨之。

罗隐《曲江春感》诗曰：

> 江头日暖花又开，江东行客心悠哉！
>
> 高阳酒徒半零落，终南山色空崔嵬。
>
> 圣代也知无弃物，侯门未必用非才。
>
> 满船明月一竿竹，家在五湖归去来。

又韩退之诗曰：

> 漠漠轻阴晓自开，青天白日映楼台。
>
> 曲江水满花千树，有底忙时不肯来。

昭宗东迁，宫殿扫地尽矣。俗说：旧有汉武泉，农民以大石塞其窦而埤之土，泉遂不流。积雨后池中自有水，若导黄渠灌之，曲江之景，亦可渐复矣。

龙首池

在东内苑。支分龙首渠水，自长乐坡西北流入苑中，灌龙首池。

灵符池

会昌元年造，在龙首池西北。水又西北流入太液。

鹤池

在长安城西，本定昆池，后干涸为民田。今其地为军寨，曰鹤池寨，本是涸池。

灵池

《长安志》：在渭南县东南二十五里。后魏永熙元年，水自涌出，因而成池。周八十步。

灵台

《关中记》云：在长安西北四十里。

《诗》云："经始灵台，经之营之。庶民攻之，不日成之。"《诗序》曰："灵台，民始附也。文王受命，而人乐其有灵德以及鸟兽昆虫焉。"郑玄曰："天子有灵台者，所以观祲象察气之妖祥也。文王受命，而作邑于丰，立灵台。"《正义》："灵台所处，在国之西郊。"

刘向《新序》曰：周文王作灵台，及为池沼。掘地得死人之骨，吏以闻于文王，文王曰："更葬之！"吏曰："此无主矣。"文王曰："有天下者，天下之主也。有一国者，一国之主也。寡人固其主也，又安求主？"遂令吏以衣棺更葬之。天下闻之，皆曰："文王贤矣，泽及朽骨，又况于人乎！"

《水经注》曰：丰水，北经灵台西，文王又引水为辟雍、灵沼。

《括地志》曰："今悉无复处所，唯灵台孤立。"今案台高二丈，周回百二十步。

老子说经台

新说曰：在楼观南三里。《楼观内传》云："说经台，又曰升天台。老君传道既毕，于宅南小阜上乘云驾景，升入太微。"《华阳子录记》："秦始皇好神仙，于此建老子庙。晋惠帝元康五年重修，莳木万株，南北连亘七里，给户三百供洒扫。隋文帝开皇元年复修。"金末荒废。大元至元中增修，构殿建碑，倍加畴昔。

鸿台

《汉书》：惠帝四年三月，长乐宫鸿台灾。

《三辅黄图》曰：长乐宫有鸿台。

渐台

《汉书》曰：文帝梦上天不能，有一黄头郎推上，觉而之渐台，以梦中阴目求推者郎，见邓通。

师古曰：未央殿西南有苍池，池中有渐台。

又王莽为元后置酒未央宫渐台，大纵众乐。

《关中记》曰：未央宫中有苍池，池中有渐台，王莽死于是也。

《括地志》曰：既云就车而之渐台，与未央、建章复道相属，但汉兵既迫，不应驾车逾城，此即非建章之渐台矣。然则未央、建章，似各有渐台，非一所也。

柏梁台

《汉书》曰：武帝元鼎元年春起。

服虔曰：用百头梁作台，因名焉。

师古曰：《三辅旧事》云："以香柏为之。"今书字皆作栢，服说非。

《汉武故事》曰：以香柏为之，香闻数十里。

《郊祀志》曰：武帝铸柏梁铜柱。

《五行志》曰：太初元年十一月乙酉，未央宫柏梁台灾。先是，大风发其屋，夏侯始昌先言其灾日。

《庙记》曰：柏梁台，汉武帝造。在北阙内道西。

《三秦记》曰：柏梁台上有铜凤，名凤阙。

《汉武帝集》：武帝作柏梁台，诏群臣二千石有能为七言者乃得上坐。帝曰："日月星辰和四时。"梁王曰："骖驾驷马从梁来。"大司马曰："郡国士马羽林才。"丞相曰："总领天下诚难治。"大将军曰："和抚四夷不易哉。"御史大夫曰："刀笔之吏臣执之。"太常曰："撞钟击鼓声中诗。"宗正曰："宗室广大日益滋。"

卫尉曰："周御交戟禁不时。"光禄勋曰："总领从官柏梁台。"廷尉曰："平理请谳决嫌疑。"太仆曰："修饰舆马待驾来。"大鸿胪曰："郡国吏功差次之。"少府曰："乘舆御物主治之。"司农曰："陈粟万石扬其箕。"执金吾曰："徼道宫下随讨治。"左冯翊曰："三辅盗贼天下尤。"右扶风曰："盗阻南山为民灾。"京兆尹曰："外家公主不可治。"詹事曰："椒房率更领其财。"典属国曰："蛮夷朝贡常会期。"大匠曰："柱枅欂栌相枝持。"太官令曰："枇杷橘栗桃李梅。"上林令曰："走狗逐兔张罝罘。"郭舍人曰："啮妃女唇甘如饴。"东方朔曰："迫窘诘屈几穷哉。"

兰台

《汉书·百官表》：御史中丞，在殿中兰台，掌图籍秘书。

《西京赋》曰：兰台、金马，递宿迭居。

凉风台

《关中记》云：在建章宫北。积木为楼，高五十余丈。

露台

《汉书》：文帝于骊山欲起露台，召匠计之，费百金，帝曰："百金，中人十家之产。"乃罢。

寻真台

《汉武帝内传》：帝起寻真台，斋至七月七日夜半，西南如白云起，有顷，西王母降。

通天台

《史记》：公孙卿曰："仙人好楼居。"于是上令长安则作蜚廉、桂观，甘泉则作益寿、延寿观，使卿持节设具，而候神人。乃作通天茎台，置祠具其下，将招来神仙之属。于是甘泉更置前殿，始广诸宫室。夏，有芝生殿房内中。

徐广曰：通天茎台，在甘泉。

《汉书》曰：武帝元封二年，作甘泉通天台。

师古曰：言此台高，上通于天。

《汉旧仪》曰：通天台高三十丈，望云雨悉在其下，去长安三百里，望见长安城。黄帝已来祭天圆丘处。武帝祭天，上通天台，舞八岁童女三百人。置祀祠，招仙人。祭天已，令人升通天台以候天神。天神既下祭所，若大流星。乃举烽火而就竹宫，望拜神光。

《汉仪注》：上有承露仙人，掌擎玉杯，承云表之露。元凤间，台自毁，椽桷皆化为龙凤，随风雨飞去。

《西京赋》曰：通天眇而竦峙，经百常而茎擢，上班华以交纷，下刻峭其若削。

　　《关中记》曰：左右通天台，高三十余丈，祭天时，于此候天神下也。

灵台

《关中记》云：在长安西北八里。始曰清灵，本为候者观阴阳天地之变，更名曰灵台。

郭延生《述征记》曰：长安城南有灵台，高十五仞。上有浑仪，张衡所制。又有相风铜乌。千里风至，其乌乃动。又有铜表，高八尺，长一丈三尺，广尺二寸，题云太初四年造。

神明台

《汉书》：建章宫有神明台，武帝造。

上有承露盘，有铜仙人，舒掌捧盘玉杯，以承云表之露，以露和玉屑服之，以求仙道，仙人掌大七围，以铜为之。魏文帝徙铜盘，折，声闻数十里。

众艺台

《长安志》云：在掖庭宫，宫人教艺之所。

斗鸡台

《长安记》云：在长安宫中。又有走狗台。

长杨榭

《汉书》云：在上林苑中。

天子秋冬校猎，命武士搏射禽兽，帝于其上观焉。

祈仙台

《三秦记》曰：坊州桥山，有汉武帝祈仙台，高
百尺。

李钦止题诗云：

> 四方祸结与兵连，海内空虚在末年。
>
> 谩筑此台高百尺，不知何处有神仙。

果台

《汉旧志》云：未央宫中有果台、商台，又有著
室台。

通灵台

《汉武帝内传》曰：钩弋夫人既殡，香闻十余里，帝哀悼，疑非常人，乃起通灵台于甘泉，常有一青鸟，集台上往来。

望鹄台

《三辅故事》：汉长安建章宫北太液池中，有望鹄台、眺蟾台。

曲台

如淳曰：行礼射于曲台，后仓为记，故名曰曲台记。

《汉官》：大射于曲台。

晋灼曰：射宫也。

东山台

《三辅故事》曰：未央宫前有东山台、西山台、钓台。

《三辅黄图》又曰：未央宫有果台、东山台、西山台、钓台。

波若台

　　《西征记》曰：姚兴起波若台，作须弥山，四面
岩岭，重嶂峭崖，神禽怪兽，靡不毕有，仙人佛像，
变化万端，灵木嘉草精奇，一代无有也。

景福台

　　《长安志》云：在太极宫延嘉殿之西北。

祭酒台

《长安志》云：在大安宫之东北垣上，基址尚存。

望仙台

《东观奏记》：望仙台，高一百尺，势侵天汉。

《武宗旧记》：神策奏修望仙台及廊舍五百余间。

大中八年，复命葺之。补阙陈嘏上疏谏，遂罢以
为文思院。

御史台

《御史记》曰：御史台门北开，取肃杀就阴之义。

《邺都故事》：御史台在宫城西南。

龙朔中，为东朝宪府。元和中，御史台佛舍火灾，罚御史李膺俸一月。

司天台

《地理志》云：在长安外郭城内东南八里永宁坊。乾元元年，改太史监为司天台。

浑仪台高百二十尺，前有太岁庙。台虽摧崩，犹高五六十尺。

按歌台

在斗鸡殿之南，台南临东缭墙，在临潼县骊山上。

北榭

京兆省衙后有北榭。

（馆阁楼观）

崇玄馆 · 凌烟阁 · 花萼相辉楼 · 昆明观

射熊馆

秦昭王起，在鼇厔。

迎风馆

《汉书》曰：武帝因秦林光宫。元封二年，复增通天、迎风、储胥、露寒。

平乐馆

《汉书》曰：武帝元封六年夏，京师民观角抵于上林平乐馆。

薛综注《西京赋》：平乐观，大作乐处。

涿沐馆

成帝许美人居上林涿沐馆，数召入饰室中若舍。

茧馆

王莽请元后幸茧馆，率皇后、列侯夫人桑。

师古曰：《汉宫阁疏》："上林苑有茧观。"盖蚕茧之所。

建章馆

王莽坏彻城西苑中建章、承光、包阳、大台、储元宫及平乐、当路、阳禄馆，凡十余所，取其材瓦，以起九庙。

师古曰：自建章以下至阳禄，皆上林苑中馆。

鹿馆

《外戚传》：成帝许美人在上林鹿馆，数召入饰室。

白鹤馆

元帝初元三年，茂陵白鹤馆灾。

云林馆

宣帝霍皇后废处昭台宫，徙云林馆。

高灵馆

《汉武故事》曰：上自封禅后，梦高祖坐明堂，群臣亦梦想。于是祀高祖于明堂以配天，还，作高灵馆。

昭灵馆

霍光茔，起三出阙，筑神道，北临昭灵，南出承
恩馆。

服虔曰：昭灵、承恩皆馆名。

来宾馆

前秦苻健永和十年，西虏乞没浑邪遣子入侍，置
来宾馆于平朔门以怀远人，起灵台于杜门。

崇文馆

本曰崇贤馆，唐贞观十三年置，后避章怀太子讳，改焉。

东史馆

开元二十五年，李林甫奏移于中书省北，以旧尚药院充馆。

崇玄馆

　　武宗以刘玄静为崇玄馆学士，号广成先生，入居灵符殿，帝就传法箓。初，明皇天宝中，用尹愔为崇玄馆学士，自后乱离，馆宇寝废，至是，特诏营创，仍置吏、铸印。

凌云阁

　　《汉宫殿疏》曰：凌云阁，秦二世造，在咸阳。阁与南山齐。

麒麟阁

《汉书》曰：萧何造，以藏秘书。甘露三年，单于来朝，上思股肱之美，乃图画霍光等一十二人，霍光第一，苏武第十二。

张晏曰：武帝获麒麟时作。

《黄图》曰：即扬雄校书处。

白虎阁

《三秦记》：未央宫有白虎阁，有尧阁、属车阁。

天禄阁

《三辅故事》云：在未央大殿北，以藏秘书。

石渠阁

《汉宫殿疏》曰：在未央殿北，以藏秘书图画。

甘露中，五经诸儒杂论于石渠阁。

曝衣阁

《汉官仪》云：太液池西有武帝曝衣阁，每七月七日，宫女出后衣，登阁而曝之。

澄源阁

《汉书》曰：武帝祀太一于终南山太一谷。

元封五年，澄源湫池上起澄源阁以避暑。

开襟阁

《杂记》曰：汉彩女常以七月七日夜穿七孔针于开襟阁，俱以习之，在未央宫中。

凌烟阁

《隋唐嘉话》：凌烟阁，在太极殿东。贞观十七年，太宗于阁上图画太原幕府及功臣之像二十四人，太宗为赞，褚遂良书，阎立本画。

重明阁

华清宫有重明阁，临高瞰渭川如在诸掌。

功臣阁

卜子阳《园苑疏》：功臣阁，在太极殿东，阁上亦图功臣及藏秘书。

紫云阁

《异闻集》曰：紫云阁，在嘉政殿之东，前有池。天宝年，秦中大旱，明皇于此殿令叶法善祠镜龙，遂得甘雨。

清辉阁

《景龙文馆记》：中宗登清辉阁，遇雪，令学士赋诗。宗楚客曰："太一天为水，蓬莱雪作山。"

紫阁

新说曰：紫阁在御宿川南紫阁山。唐御史薛昌朝诗曰：

> 阁下寒溪涨碧湍，阁前苍翠数峰环。
>
> 危梯续蹬穿松外，细竹分泉落石间。
>
> 好鸟喝啾争唤客，乱云开合巧藏山。
>
> 独来应为禅僧笑，少有人能伴我闲。

章惇诗曰：

> 我生山水乡，习得山中乐。
>
> 每观唐人诗，梦寐思紫阁。

杜甫有诗云："紫阁峰阴入渼陂。"

翔鸾栖凤阁

新说曰：含元殿前，东曰翔鸾，西曰栖凤，其飞檐与含元殿廊相接。至今基址尚存。

朝元阁

新说曰：朝元阁，在华清宫南骊山上。《明皇杂录》："天宝二载，起朝元阁。"黄裳诗云："东别家山十六程，晓来和月到华清。朝元阁下西风急，都入长杨作雨声。"《津阳门诗》："朝元阁成老君现。"改降圣阁。

奎钩庆赐阁

新说曰：京兆府衙后有宋种太尉宅。宅有赐书，构庆赐阁以贮御书。

紫阳阁

新说曰：乃河南转运使紫阳先生书阁，在鄠郊终南山下。自题诗曰："碧瓦朱甍动紫烟，清风吹袂纱翩翩。梦回忆得三生事，悔落黄尘六十年。"先生姓杨，名奂，字涣然。

井干楼

《汉宫殿疏》：神明台，高五十丈，上有九室，常置九天道士百人。然则神明、井干，俱高五十丈也。井干楼积木而高为楼，若井干之形。井干者，井上木栏也，其形或四角、八角。

《西京赋》："井干叠而百层。"谓此楼也。

马伯骞楼

《汉宫殿仪》曰：长安有马伯骞楼，又有贞女楼。

云和楼

《周地图记》曰：连珠殿，六栿五架。又有云和楼，九间重阁。

竹楼

《长安志》：贞元三年，上御竹楼观迎神策军额。在东内。

百尺楼

《长安志》：长庆元年，禁中造百尺楼二，构飞桥以往来。

勤政务本楼

《唐实录》：勤政楼在兴庆宫南，开元八年造。每岁千秋节，酺饮于楼前。

花萼相辉楼

《天宝遗事》：宁王宪、申王撝、岐王范、薛王
业邸第相连环于兴庆侧，明皇因题花萼相辉之名，取
诗人棠棣之义。帝时登楼，闻诸王音乐，咸召升楼，
设五花账，同榻饮宴。

《金石录》：《花萼楼诏》，李白撰碑文，徐浩书丹。

乔岷诗曰：

花萼楼空有故基，行人空读火余碑。

可怜兴庆池边月，曾伴宁王玉笛吹。

望春楼

《唐拾遗记》：天宝元年，明皇升望春楼，召群臣临观广运潭。

楼在浐水西岸，下有广运潭。

紫云楼

《唐实录》：文宗大和九年，发左右神策军三千人淘曲江，修紫云楼、彩霞亭，内出二额，仇士良以百戏迎，帝御日华门临观。

晨晖楼

《春明退朝录》：唐元和十二年，筑夹道至修德坊，开门曰玄化，造楼曰晨晖。

羯鼓楼

《天宝遗事》：明皇御华清宫羯鼓楼，打遍凉州，群花皆坼。

古词曰：羯鼓楼声，打开蜀道，霓裳一曲，舞破潼关。

斜阳楼

《明皇杂录》：开元三年，玄宗建斜阳楼于骊山上。
古词云：斜阳楼上凭栏杆，望长安。

望京楼

《明皇十七事》：明皇岁幸华清宫，发冯翊、华
阴丁夫，筑罗城缭墙，南开辇道上骊山，以通望京楼。

瑶光楼

《明皇杂录》：华清宫津阳门，天宝六载诏建瑶光楼。

观风楼

华清宫外东北隅，属夹城而达于内，前临驰道，因视山川。大历中，鱼朝恩毁拆，修章敬寺。

秦楼

新说曰：长安旧有秦楼。古词云："秦楼东风里，燕子还来寻旧垒。"又云："吞汉武之金茎沆瀣，吹弄玉之秦楼凤箫。"又曲名有《秦楼月》。

青楼

新说曰：古老相传，秦楼、青楼，俱在画桥东平康坊，烟脂、翡翠，两坡相对。古诗："种花满西园，下有青楼道。花下一茎禾，去之为恶草。"

结麟楼

在大明宫中。

《七圣纪》曰：郁华赤文，与日同居。结麟黄文，与月同居。郁华，日精。结麟，月精也。

又《太上黄庭内景之经》。曰：高奔日月吾上道，郁仪、结邻善相保。

梁丘子注曰：郁仪，奔日之仙。结邻，奔月之仙。一作结绮，非是。

《六典》作结鳞阁。

鳞、邻、麟未知从何字为是。

叡武楼

宣宗诏修右银台门楼、屋宇及南面城墙，至叡武楼。翰林学士赴宴归院，过叡武楼。

仙人观

《三辅黄图》曰：甘泉起仙人观，缘山谷行至云阳三百八十里入右扶风，周回五百四十里。

昆明观

又有昆明东观。

《三辅黄图》曰：上林苑，有昆明观，盖汉武帝所置。

桓谭《新论》曰：元帝被病，远求方士，汉中送道士王仲都。诏问所能，对曰："能忍寒暑。"乃以隆冬盛寒日，令袒，载驷马车，于上林昆明池上环水而驰，御者厚衣狐裘，寒颤，而仲都独无变色，卧于池台上，晔然自若。夏大暑日，使曝坐，环以十炉火，不言热，又身不汗。池台，即观也。

阳禄观

《长安志》：在上林苑。班婕妤生子阳禄柘观。

上兰观

王莽请元后校猎上兰。

《三辅黄图》曰：上林有上兰观。

青梧观

　　见《西京杂记》，曰：观前有碧梧桐树。下有石
麒麟二枚，刊其胁为文字，是秦始皇骊山墓上物。头
高一丈二尺，东边者左脚折，折处赤如血，父老谓有神，
皆含血属筋焉。

飞廉观

元封二年，作甘泉通天台、长乐飞廉馆。

应劭曰：飞廉，神禽，能致风气。明帝永平五年，至长安迎取飞廉并铜马，置上西门外，名平乐馆，董卓悉销以为钱。

晋灼曰：身似鹿，头如爵，有角而蛇尾，文如豹文。

属玉观

服虔曰：以玉饰，因名焉，在右扶风。

李奇曰：属玉，音鸩鹙，其上有此鸟，因以为名。

晋灼曰：属玉，水鸟，似鸹鸼，以名观也。

师古曰：晋说是也。属，之欲反。

兰池观

《三辅黄图》曰：在城外。

又《杨仆传》：兰池宫在渭城。

李善注《文选》：咸阳县东南三十里周氏陂，陂南一里有汉兰池焉。

临山观

《汉宫殿名》曰：长安有临山观、渭桥观、九华观、鸿雀观、昆明观、华光观、天梯观、瑶台观、流渠观、相思观、华池观、射熊观、当市观、白渠观、三雀观、温德观、豫章观。

霸昌观

《王莽传》：王寻发长安，宿霸昌厩。

师古曰：霸昌观之厩也。《三辅黄图》曰："在城外。"

甲观

元帝在太子宫，生成帝甲观画堂。

应劭曰：甲观，在太子宫甲地，主用乳生也。画堂，画九子母。

如淳曰：甲观，观名。画堂，堂名。

《三辅黄图》云：太子宫有甲观。

师古曰：甲者，甲乙丙丁之次也。《元后传》言"见于丙殿"，此其例也。而应劭以为在宫之甲地，谬矣！画堂，即画饰耳，岂必九子母乎？霍光止画堂中，是则宫殿中通有彩画之堂室。

凭云观

《长安志》：西魏大统七年十二月，御凭云观，引见诸王，叙家人之礼。

逍遥观

西魏帝尝登逍遥观，望嵯峨山，因谓左右曰：望此令人有脱屣之意。见《长安志》。

堂宅亭园

合欢堂 · 十六王宅 · 沉香亭 · 乐游园

玉堂

《汉书 · 扬雄传》：历金门，上玉堂。

晋灼曰：《三辅黄图》有大玉堂、小玉堂。

又李寻曰：久污玉堂。

师古曰：殿在未央宫。

东堂

后秦姚兴听政之暇，引姜龛等于东堂讲论道艺，错综名理。

西堂

车师前部王弥置、鄯善王林密駖朝于苻坚，坚赐以朝服，引见西堂。真等观其宫宇壮丽，仪卫严肃，甚惧，因请年年贡献，坚不许。

咨议堂

王缋《见闻录》：姚兴常临咨议堂，听断疑狱，当时号无冤滞。

澄玄堂

王縝《见闻录》：姚兴引诸沙门，于澄玄堂听鸠摩罗什演说佛经。

偃月堂

《长安志》：平康坊，有唐右相李林甫宅。内有偃月堂，林甫欲排构大臣，即处之，思所以中伤者，若喜而出，即其家瓦解矣。

德星堂

　　《大唐遗事》：吏部尚书崔邠与弟浙西观察使郾、金吾大将军鄩、淮南观察使郸皆显贵，同居构堂。宣宗叹曰："崔氏一门孝友，可为士族之法。"题其堂曰德星。宅在光宅坊。

合欢堂

《天宝遗事》：虢国夫人，杨贵妃之姊也。于永昌坊构堂，曰合欢，费万金。堂成，召匠污漫，以二十万偿其直，匠者不顾，复与红罗五千段，工者又不顾。

虢国问其由，匠曰："某平生之能，殚于此矣！苟不信，愿得蝼蚁、蝎蜥、蜂虿之类，数其目，没之堂中，有闲隙亡一物，即不论工直也。"于是复与金盆二、瑟瑟二斗、缯彩为赏。

后有暴风拔树，委于堂上，略无所损。既撤瓦而观，皆承以木瓦。其精妙制作，有如此者。

成德堂

新说曰：长安府学成德堂，七间八椽，高敞雄壮，至今犹存。

采芹堂

在成德堂后，收贮官书文籍。

匪懈堂

新说曰：长安省衙正堂匪懈堂，遭正大火焚，丙申年田侯重修。

青莲堂

新说曰：青莲堂，在省衙莲池，宋陈尧咨建，至今犹存。今为总库。

众乐堂

新说曰：众乐堂，在兴庆池北，金朝金紫光禄大夫张仲孚所建，与宾客宴游。

颐真堂

新说曰：张金紫宅，在长安将相坊，正堂扁曰颐真，兵后犹存。

空翠堂

　　新说曰: 空翠堂, 在鄠县渼陂堤上, 宾客游宴之地, 堂中杜工部《渼陂行》石刻在焉。

读书堂

　　新说曰: 鄠县南有柳塘, 中有读书堂, 乃紫阳先生讲学之所。商左山诗曰:

　　　　牙签声散绛帷风, 人在参乎一唯中。

　　　　名教会心真乐在, 区区应笑事雕虫。

双桂堂

新说曰：双桂堂，在京兆景风里。正大甲申，张浩然二子琚、珪同榜及第，长安令王公一题诗曰：

双飞兄弟古难全，雁塔题名间后先。

谁似二公方巨庆，不离一榜在同年。

得官虽自文章力，教子都因父母贤。

泉下吕公何命薄，不能双桂慰生前。

吕咨议，乃二公之师。

十六王宅

　　《唐政要》：先天之后，皇子幼则居内。东封后，以年渐长，乃于安国寺东附苑城同为大宅，分院居之，令中官押之，于夹城中起居，每日家令进膳。

　　十王，谓庆、忠、棣、鄂、荣、光、仪、颖、永、济也。其后盛、寿、陈、丰、恒、凉六王，又封入内宅。天宝中，十四王居内，而府幕列于外坊，岁时通名起居而已。外诸孙成长，又于十宅外置百孙院。

　　十王宫人每院四百人，百孙院三百人。又于宫中置维城库，诸王月俸物纳之给用。诸孙婚嫁，亦就十宅中。

　　太子不居于东宫，但居于乘舆所幸别院。太子之子，亦分院而居。婚嫁则同亲王、公主，于崇仁坊会礼院也。

尚书左仆射令狐楚宅

按《酉阳杂俎》：楚宅在开化坊，牡丹最盛。
而李商隐诗多言“晋阳里第”，未详。

赠尚书左仆射刘延景宅　汝州刺史王昕宅

延景，即宁王宪之外祖。昕，即薛王业之舅。皆
是亲王外家。

前中书侍郎同中书门下平章事元载宅

《谭宾录》曰：元载，城中开南北二甲第，又于近郊起亭榭，帷帐、什器，皆如宿设，城南别墅凡数十所，婢仆曳罗绮三百余人。

《杜阳编》曰：载宅有芸辉堂。芸辉，香草名也，出于阗国。

《唐实录》曰：毁元载祖及母坟墓，斫棺弃柩，及焚毁载私庙木主，并毁大宁、安仁里二宅，充修葺百司廨宇，污宫之义也。又贬同州刺史宋晦为澧州员外司马，晦尝任虢州刺史，率百姓采卢氏山木，为载造东都私第故也。

尚书左仆射窦易直宅

　　《明皇杂录》曰：本中书令崔圆宅。禄山盗国，王维、郑虔、张通皆处于贼庭，洎克复，俱囚于宣阳里杨国忠之旧宅。

　　崔圆因召于私第，令画，各有数壁。当时皆以圆勋贵无二，望其救解，故运思精巧，颇极能事。其后皆得宽典，至于贬谪，悉获善地。其第鬻于易直。大和中，画尚存。

侍中驸马都尉杨师道宅

其地后分裂，左监门大将军韩琦、尚书刑部侍郎崔玄童、荆府司马崔光意等居。

中书令张嘉贞宅

本太常少卿崔日知宅。

《唐书》曰：贞元中，裴延龄为德阳郡主治第，时将降郭鏦，延龄令嘉贞之子徙所治庙，德宗不许。

按韦述《记》载嘉贞宅于此，延龄所徙乃是庙，而嘉贞碑宅在思顺里，今无思顺坊，未详。

邠宁节度使马璘宅

《德宗实录》曰：大历十四年七月，毁元载、马璘、刘忠翼之第。自天宝中，京师堂寝已极宏丽，而第宅未甚逾制，然卫国公李靖庙已为嬖人杨氏厩矣。及安、史二逆之后，大臣宿将，竟崇栋宇，无复界限，力穷乃止，人谓之木妖。

而马璘之堂尤盛，计钱二十万贯，他室称是。璘卒于军，以丧归，京师士庶欲观之，假名于故吏，投刺会吊者数十百人，故命撤毁之。自是京师楼榭之逾制者皆毁。

丞相燕国公张说宅

本侍中王德真宅，说大加修葺焉。

《常侍言旨》曰：泓师与说买永乐东南第一宅有永巷者，戒曰："此宅西北隅最是王地，慎勿于此取土。"越月，泓又至，谓燕公曰："此宅气候，忽然索漠甚，必恐有取土于西北隅者。"公与泓偕行至宅西北隅，果有取土坑三数，坑皆深丈余，泓大惊曰："祸事！令公富贵一身而已，更二十年外，诸郎君皆不得天年。"燕公大骇曰："填之可乎？"泓曰："客土无气，与地脉不相连。今欲填之，亦犹人有疮痍，纵以他肉补之，终无益也。"燕公子均、垍皆为禄山委任。克复后均赐死，垍长流之。

司徒中书令晋国公裴度宅

《唐实录》曰：度自兴元请朝觐，宰相李逢吉之徒，百计壅沮。有张权舆者，既为嗾犬，尤出死力，乃上疏云："度名应图谶，宅据岗原，不召而来，其旨可见。"盖常有人与度作谶词云："非衣小儿坦其腹，天上有口被驱逐。"言度曾征讨淮西平吴元济也。又帝城东西横亘六岗，符易象乾卦之数，度永乐里第偶当第五岗，故权舆以为词。尽欲成事，然竟不能动摇。

太子太师郑国公魏征宅

本隋安平公宇文恺宅。

封演《见闻录》曰：征所居室屋卑陋，太宗欲为营构，辄谦让不受。洎征寝疾，太宗将营小殿，遂辍其材，为造正堂，五日而就。开元中此堂犹在，家人不谨，遗火烧之，子孙哭临三日，朝士皆赴吊。后裔孙暮相宣宗，居旧第焉。

右相李林甫宅

本尚书左仆射卫国公李靖宅。景龙中，韦庶人妹夫陆颂所居。韦氏败，靖侄孙散骑常侍令问居之。后为林甫宅。有堂如偃月，号月堂，每欲排构大臣，即处之，思所以中伤者，若喜而出，即其家碎矣。

又说：其宅有妖怪，东北隅沟中，至夜，每火光大起，有小儿持火出入，林甫恶之，奏分其宅东南隅，立为嘉猷观。

前司空兼右相杨国忠宅

虢国夫人居坊之左，国忠第在其南。

尚书右仆射燕国公于志宁宅

后并入相府，闲地置庙。后敕赐贵妃豆卢氏。后左金吾大将军程伯献、黄门侍郎李暠等数家居焉。

叛臣安禄山宅

《禄山故事》曰：旧宅在道政坊。玄宗以其隘陋，更于亲仁坊选宽爽之地，出内库钱更造，堂皇院宇，䆫牖周匝，帷帐幔幕，充牣其中。天宝九载，禄山献俘至京，命入新宅。

《谭宾录》曰：禄山入朝，敕于亲仁坊南街造宅，堂皇三重，皆象宫中小殿，房廊䆫牖，绮疏诘曲，无不穷极精妙，什物充牣，以金银织傍筐、笊篱等。每欲赏赐之，明皇皆谓左右曰："禄山眼孔大，勿令笑人。"

尚父汾阳郡王郭子仪宅

《谭宾录》曰：宅居其地四分之一，通永巷，家人三千，相出入者，不知其居。

又曰：亲仁里大启其第。里巷负贩之人，上至公子簪缨之士，出入不问。或云：王夫人赵氏爱女方妆梳对镜，往往公麾下将吏出镇去，及郎吏皆被召，令汲水持帨，视之不异奴隶。

他日，子弟集列，启谏。公三不应，于是继之以泣曰："大人功业已成，而不自崇重，以贵以贱，皆游卧内，某等以为虽伊、霍不当如此也。"公笑而谓曰："尔曹固非所料。且吾官马食粟者五百匹，官饩者一千人，进无所往，退无所据。向使崇垣扃户，不通内外，一怨将起，构以不臣，其有贪功害能徒，成就其事，则九族虀粉，噬脐莫追。今荡荡无间，四门洞开，虽谗毁是兴，无所加也。吾是以尔。"诸子皆伏。

其西本于志宁宅。

赠太尉祁国公王仁皎宅

本礼部尚书郑善果宅。后临江王嚣贸之。神龙初，宗正卿李晋居焉，缮造廊院，称为甲第。晋诛后，敕赐仁皎。

前司空兼门下侍郎同中书门下平章事王涯宅

乃杨凭故第。家书与秘府侔，名书画以金玉为夋轴，凿垣贮之，重复秘固，若不可窥者。及被诛，为人破垣，剔取夋轴金玉，而弃其书画于道，籍田宅入于官。

195

司徒兼中书令李晟宅

兴元元年，赐晟永崇里甲第，诏宰臣、诸节将会送。是日，特赐女乐八人，锦彩银器等，令教坊、太常备乐，京兆府供具，鼓吹迎导集宴，京师以为荣观。

尚书右丞庾敬休宅

《国史补》曰：敬休宅，屋壁有画奏乐图。王维尝至其处，维熟视而笑。或问其故，维曰："此霓裳羽衣曲第三叠第一折。"好事者集乐工验之，无一差者。

叛臣朱泚宅

建中中，群盗夜分数百骑取泚于进昌第。泚号其宅为潜龙宫，徙珍宝实之。人谓潜龙勿用，亡兆也。

银青光禄大夫薛绘宅

绘兄弟子侄数十人，同居一曲，姻党清华，冠冕茂盛。坊人谓之薛曲。

左卫大将军范阳公张延师宅

延师兄大师银青光禄大夫华州刺史，次兄植金紫光禄大夫营州都督，兄弟三人，同时三品，甲第宏敞，高门洞开，一宅之中，棨戟齐列。时人荣之，号"三戟张家"。其地景龙中司农卿赵履温居焉。

中书侍郎同中书门下平章事赵国公李吉甫宅

《卢氏杂说》曰：李吉甫宅，泓师谓其地形为玉杯，牛僧孺宅为金杯，云"玉杯一破无复全，金杯或伤重可完。"

僧孺宅在新昌里，本天宝中将作大匠康辩宅。辩自辨图皁，以其地当出宰相，每命相，辩必引颈望之。宅卒为僧孺所得。吉甫宅至德裕贬，其家灭矣。

尚书右仆射裴遵庆宅

　　《国史补》曰：遵庆罢相知选，朝廷优其年德，令就第注官，自宣平坊榜引士子，以及东市两街，时人以为盛事。

　　遵庆子向为吏部尚书，致仕，所居内外支属百余人，所得禄俸必与同费，称其孝睦。

兵部尚书柳公绰宅

　　公绰子仲郢，自拜谏议大夫后，每选官，群乌大集于第之庭木，戟架皆满，比五日而散，家人以为候。唯除天平军节度，乌不复集，遂卒于镇。

尚书左仆射致仕杨于陵宅

　　于陵子嗣复相文宗，嗣复子损官平卢军节度使。其第与宰相路岩居相接。岩以狭，欲易损马厩广之，损兄弟在朝者且十数，曰："时相可拒之邪！"损曰："凡尺寸地非吾等所有，先人旧业，安可以奉权臣。"岩不悦，自殿中侍御史命鞠狱黔中。

秘书监颜师古宅

贞观、永徽间，太常少卿欧阳询、著作郎沈越宾亦住此坊。殷、颜即南朝旧族，欧阳与沈又江左士人。时人呼此坊为吴儿坊。

中书令阎立本宅

后申王傅符太玄居之。西亭有立本所画山水。

黄门监卢怀慎宅

怀慎居官清俭，宅在陋巷，屋宇殆不蔽风雨。

光禄少卿窦瑗宅

昭成太后之从父弟。按咸通中河中节度使窦璟与弟河东节度使瀚同居崇贤第，家富于赀，疑是瑗之后。

武三思宅

　　本驸马都尉周道务宅。神龙中，三思以子崇训尚安乐公主，大加雕饰。三思诛后，主移于金城坊。开元中，道务子励言复居之。

同昌公主宅

懿宗女，降宰相韦保衡。

《杜阳编》曰：其宅，房栊户牖，以众宝饰之，金银为井栏，水精、火齐、琉璃、玳瑁等床，悉楮以金龟银鳖，合百宝为圆案。

大会韦氏一族于广化里，暑气特甚，公主命取澄水帛以蘸之，挂于南轩，满坐则皆思挟纩。澄水帛似布，明薄可鉴，其中有龙涎，故能消暑。

按保衡宅在昌化里，此云广化误也。

虢国夫人杨氏宅

《明皇杂录》：贵妃姊虢国夫人，恩倾一时，于宣阳坊大治第宅，栋宇之盛，世无其比。所居本韦嗣立旧宅，韦氏诸子亭午方偃息于堂庑间，忽见一妇人，衣黄帔衫，降自步辇，有侍婢数十，笑语自若，谓韦氏诸子曰："闻此宅欲货，其价几何？"韦氏降阶言曰："先人旧庐，未忍所舍。"语未毕，有工数百，登房摽其瓦木，韦氏诸子既不能制，乃率家僮，挈其琴书，委于衢路，而叹曰："不才为势家所夺，古人之戒，将见于今日矣！"而与韦氏隙地十余亩，其他一无所得。

虢国夫人于此盖合欢堂，所费二千万。

太子少保崔琳宅

张注曰：琳祖义玄、父神庆、伯神基皆为相，其父昆弟之子，洎出参朝宴者数十人，鸣玉启道，自兴宁里谒大明宫，冠盖相望，一时荣之。

孙思邈宅

《大唐遗事》：华原县东北五里流惠坊玉罄山有孙思邈旧宅，有石洞，洞中塑像犹存。

宋丞相寇莱公宅

新说曰：府城掖庭街有莱公宅，中有山池、熙熙台。后为寺，号安众禅院，中有莱公祠堂。

宋种太尉宅

新说曰：府城衙后街有种太尉宅，中有奎钩庆赐之阁，下东壁绘晋王羲之兰亭图，西壁绘庐山远公白莲社图。

戏亭

《史记》曰：戏亭，在新丰县东南骊山半原。

苏林曰：褒姒不好笑。幽王为烽火、大鼓，有寇至，举烽火，诸侯悉至，无寇，褒姒乃笑。欲悦之，数举烽火，诸侯不信。犬戎共攻幽王，征兵不至，遂杀幽王于骊山下。

潘岳《西征赋》曰：履犬戎之侵地，疾幽王之诡惑。举伪烽以沮众，淫嬖褒而纵慝。军败戏水之上，身死骊山之北。赫赫宗周，灭为亡国。

杜邮亭

《咸阳记》曰：杜邮亭，在县西十八里，白起自刎处。

《水经注》曰：咸阳城西十八里有杜邮亭，今为孝里亭，西有白起墓。

汉鸿门亭

《两京道里记》：鸿门亭，在新丰县，即汉高帝会项羽处。北有鸿陵，南有坂口，故曰鸿门。

曲邮亭

《汉书》曰：曲邮亭，在新丰县西二里，乃张良追高帝处。

唐望春亭

去京城一十一里，据苑之东南高原之上，东临浐水西岸。

《两京道里记》曰：隋文帝初置，以作送客亭。炀帝改为长乐宫。大业初，夜见太子勇领徒十人，各持兵仗，问杨广何在，帝惧，走长乐宫，文武宿卫不知乘舆所在，比明，方移仗此宫。炀帝遂幸洛阳，终大业不敢都长安。

李晟葬，德宗御望春门临送，疑亭有门。按《长安图》及《杂记》。多云望春宫。

真兴亭

文宗时，真兴门外野鹊巢冢上。疑亭外有门构。

青门亭

去宫城十三里，在故城东门之外，即邵平种瓜之所。

太液亭

《唐逸史》：穆宗初，侍讲韦处厚入太液亭，分讲《毛诗》、《尚书》。文宗纂集君臣事迹，命图写于太液亭，朝夕观览。

含春亭

《唐实录》：宣宗召学士令狐绹对含春亭，赐莲花炬送归院。

沉香亭

《明皇杂录》：开元间，初种木芍药，得四本，上移于兴庆池东沉香亭前。

振旅亭

《谭宾录》：天宝六载，于开远门外作振旅亭，以待兵回。

东亭

《唐书》：德宗贞元十二年二月，宴宰相于麟德殿东。帝令于宰相坐后施屏风，图画汉、魏以来名臣，并列善言、美事于其上。

会庆亭

《唐书》：贞元十二年，宪宗御会庆亭，宴田弘正及宰臣三品以下。

白雨亭

《长安志》：太平坊，有御史大夫王鉷宅。天宝中，鉷有罪赐死，官簿录太平坊宅财物，数日不能遍。宅内有白雨亭，檐上飞流四注如白雨，当盛夏处之，凛若高秋，皆思挟纩。

宋桂林亭

亦曰三桂亭。

新说曰：桂林亭，在长安城南杜城、潏水之阳，乃宋谏议陈公之别墅。三子尧叟、尧佐、尧咨同登科，扁其亭曰三桂，绘其像，仍各书所试程文题于板，示不忘其本。大中祥符尧咨知永兴军府事，书诗于碑，至今犹存。

诗曰：

> 不夸六印满腰间，二顷仍寻负郭田。
>
> 当日弟兄皆刷羽，如今鸿雁尽摩天。
>
> 扶疏已问新栽竹，清浅犹寻旧漱泉。
>
> 大户今来还又去，夕阳旌旆复翩翩。

长乐亭

新说曰：长乐亭，在京兆通化门东十里长乐坡上。尧咨自序云：

青门路长乐坡，古离别之地。大中祥符七年，予为京兆守，作亭于坡侧。东出迎饯，必至斯亭，但见颓垣坏址，草色依依，徘徊亭上，感而长歌曰："古人别离增愁悲，今人别离多吁戏。古今人物自迁变，唯有别离无尽期。南山峨峨在天半，灞水鸣鸣流不断。应见古今别离人，一番才去一番新。落日危亭悄无语，览今念古堪伤神。"歌毕，因命笔书之，复存其叹古之意，载之篇首，刻石立于亭中，命曰《长乐亭记》。

绿野亭

新说曰：绿野亭，在武功县。张氏懿族也，有园在县之西南隅。庆历中，自叔美君筑亭于其园，名曰绿野，以为游息之所。

后横渠先生过而悦之，乃寓居以讲学，士大夫从之者甚众，由是亭名益重。后岁久弗葺，贤士大夫登其亭而悯焉。此横渠先生讲学之处，忍使废之。族人复增饰之。

绍圣三年，张闳中为之记。政和改元重阳日，承事郎知京兆武功县事刘乾立石。

流杯亭

新说曰：兴庆池北众乐堂后有宋太尉张金紫所构流杯亭，砌石成风字样，曲水流觞，以为祓禊宴乐之所。傍有禊宴诗碑。

仙桃园

《汉书》：武帝元封三年七月七日，西王母降于承华殿。母出桃七枚，自啖其二，以五枚与帝。帝留核种之于仙桃园。

今长安县苑西乡有仙桃园。

戾后园

《汉书》：戾太子史良娣也，宣帝祖母，悼皇考母也。遇害。宣帝即位，号戾后，改葬长安白亭东，为戾后园。

逍遥园

姚兴如逍遥园，引诸沙门于澄玄堂听鸠摩罗什演说佛经。又逍遥宫，姚兴时殿庭，左右有楼，各高百尺，相去四十丈，以麻绳大一围两头系楼，正会日二人各从楼内出，相逢绳上过。

新说曰：逍遥园，今圭峰草堂是也。

芳林园

武成二年三月，明帝会群臣于芳林园。

梨园

旧园在通化门外正北禁苑之南。

中宗令诸学士自芳林园入集于梨园球场，分朋拔河。

文宗幸左军，因幸梨园。

又《唐书》曰：文宗欲闻古乐，命太常卿王涯取开元时雅乐，选乐童按之，名曰云韶乐。乐曲成，涯与太常丞李廓献于梨园亭，帝按之于会昌殿。

又《天宝故事》：华清宫骊山上亦有梨园，明皇选宫人为梨园弟子，制梨园雅曲。

乐游园

在京城清龙坊，有宣帝乐游庙基址。

《开元天宝遗事》：明皇同二相以下宴乐游园，
赐诗曰：

> 拱日岩廊起，需云宴乐初。
>
> 万方朝玉帛，千品会簪裾。
>
> 地入南山近。城分北斗余。
>
> 林塘垂柳密，原隰野花疏。
>
> 帘幕看余暗，歌钟听自虚。
>
> 兴阑归去后，还奏弼危书。

左相张说以下各有赐。

芙蓉园

《长安志》云：在曲江之西南，旧名曲江园，隋文帝改为芙蓉园，即秦之宜春苑之地，乃唐之南苑也。杜诗：

> 城上春云覆苑墙，芙蓉别殿谩烧香。

王建《三台词》曰：

> 鱼藻池边射鸭，芙蓉园里看花。
> 日色赭黄相似，不着红鸾扇遮。

杏园

《城南记》：杏园，在慈恩寺正南，唐进士宴集于此。

《会要》曰：大中元年敕："今后放新进士榜，依旧宴于杏园，所司不得禁制。"

唐人尤贵进士，开元、天宝之盛，新进士以泥金帖子附家书中，用报登科之喜，而乡曲亲戚，例以声乐相庆，谓之喜信。

刘禹锡诗曰：

> 礼闱新榜动长安，九曲人人走马看。
> 一日声名满天下，满城桃李属春官。

张籍《赠刘郎中》诗曰：

> 怪君把酒空惆怅，同是贞元花下人。
> 自别花来多少事，春风二十四回春。

贾岛《下第》诗曰：

下第唯空囊，如何住帝乡。

杏园啼百舌，谁醉在花傍。

泪落故山远，病来春草长。

知音逢岂易，孤棹负三湘。

又唐人下第诗云：

十载长安未是安，杏花常是看人看。

葡萄园

《景龙文馆记》：中宗召近臣骑马入樱桃园，马上口摘樱桃，遂宴东葡萄园，奏以官乐。

奉诚园

司侍兼侍中马燧宅，在安邑里。燧子少府监畅以赀甲天下，畅亦善殖财。贞元末，神策中尉杨志廉讽使纳田产，遂献旧第，为奉诚园。

街市里第

章台街·柳市·戚里·董贤第

八街九陌

《三辅旧事》曰：长安城中，八街九陌。

张衡《西京赋》曰：观其城郭之制，则旁开三门，参涂夷庭，方轨十二，街衢相经，廛里端直，甍宇齐平。

华阳街

《汉书》曰：丞相刘屈氂妻枭首华阳街。

章台街

《汉书》曰：京兆尹张敞无威仪，罢朝，走马会章台街。

臣瓒曰：在长安建章台下街也。

香室街

《郡国志》曰：雍州司天台西北有香室街。

又曰：夕阴街，在右扶风南。

太常街

在长安城门中，东有汉高帝庙。

藁街

《汉书》曰：陈汤斩郅支王首，悬于藁街。

师古曰："藁街，街名，蛮夷邸在此中。"

九市

《庙记》曰：长安市有九所，各方二百六十六步。
六市在道西，三市在道东。四里为一市。凡九市，致
九州之人。在突门，夹横桥大道。

又曰：旗亭楼，在杜门大道南。

又有当市楼。

张衡《西京赋》曰：廓开九市，通阛带阓，旗亭
五重，俯察百隧。

四市

《汉书·刘屈氂传》曰太子引兵去，驱四市人已数万众，至长乐西阙下。

又《百官表》：内史，长安四市四长丞皆属焉。

柳市

《汉书》：长安炽盛，街闾各有豪侠，万章在城西柳市。

师古曰："《汉宫阙疏》云：细柳仓有柳市。"

《郡国志》曰：长安大侠万子夏居柳市。司马季主卜于东市。西市在醴泉坊。隋曰利人市。直市在富平津西南十五里，即秦文公所造，物无二价，故以直市为名。

东市

《汉书》曰：晁错斩东市。

西市

惠帝六年六月，起长安西市。

尚冠里

《三辅黄图》曰：长安闾里百六十。

潘岳《西征赋》曰：尚冠、修成，黄棘、宣明，建阳、昌阴，北焕、南平。

李善曰：皆里名。汉宣帝舍长安尚冠里。

又霍光第门自坏，兄孙云尚冠里宅中门亦坏。

又曰武帝同母姨金王孙女号修成君。余未详。

戚里

高祖召石奋姊为美人，徙其家长安中戚里。

师古曰："于上有姻戚，故名其里为戚里。"

函里

在长安西出南头第三门。

大昌里

《列女传》：节女，长安大昌里人。

楚王邸

王莽加九锡，以楚王邸为安汉公第。

萧何第

《汉书》曰：萧何置田宅，必居穷僻处。

王莽号安汉公，以故萧相国甲第为安汉公第。

北第

惠帝赐夏侯婴北第一，曰近我，以尊异之。

师古曰："北第者，近北阙之第，婴最第一也。"

霍光甲第

赠霍光甲第一区。

《音义》曰：有甲乙次第，故曰第。

王根第

曲阳侯王根大治第室，起土山、渐台，洞门、高廊，阁道连属弥望。

百姓歌之曰："五侯初起，曲阳最怒，坏决高都，连竟外杜，土山、渐台，象西白虎。"其奢僭如此。

成帝微行，见园中土山、渐台似类白虎殿，上怒，责问司隶校尉、京兆尹，知根骄奢僭上，赤墀青琐，附纵不举奏。

王商第

　　成都侯王商，穿长安城，引内丰水，注第中大陂，以行船，立羽盖，张周帷，辑濯越歌。成帝幸商第，见穿城引水，意恨，内衔之。

董贤第

　　哀帝诏将作大匠为贤起大第北阙下，重殿洞门，土木之功，穷极技巧，柱槛衣以绨锦，又并合三第，尚以为小，复坏暴室。

　　师古曰："帝以三第总为一第赐贤，犹嫌狭小，复取暴室之第以增益之。"

寺
观

大慈恩寺·崇圣禅院·重阳宫·太平女冠观

大慈恩寺

《三辅会要》：隋无漏寺之地。武德初，废。贞观二十二年，高宗在春宫，为文德皇后立为寺，故以慈恩为名。乃选林泉形胜之所，寺成，高宗亲幸。佛像、幡华，并从宫中所出，太常九部乐送额至寺。寺南临黄渠，水竹森邃，为京都之最。

《酉阳杂俎》：寺凡十余院，总一千八百九十七间，敕度三百僧。初，三藏玄奘自西域来，诏太常卿江夏王道宗设九部乐，迎像入寺，彩车凡千余辆，上御安福门观之。太宗尝赐三藏衲，直百余金，其工无针缝之迹。

殿庭大婆罗树，大历中，安西进其木桩，赐此寺四橛，橛皆灼因其木，大德行逢自种之，一株不活。

寺西院浮图六级，崇三百尺，永徽二年沙门玄奘所立。初唯五层，一百九十尺，砖表土心，仿西域窣堵波制度，以置西域经象。后浮图心内卉木钻出，渐以颓之。长安中，更拆改造，依东夏刹表旧式，特崇于前。有辟支佛牙，大如升，光采焕烂。浮图下东立太宗皇帝撰《三藏圣教序》及高宗皇帝《述圣教记》二碑，并褚遂良书。

元和中书舍人李肇《史补》：进士既捷，列名于慈恩寺塔，谓之曰题名。

杜甫《同诸公登慈恩寺塔诗》曰：

高标跨苍天，烈风无时休。

自非旷士怀，登兹翻百忧。

方知象教力，足可追冥搜。

仰穿龙蛇窟，始知枝撑幽。

七星在北户，河汉声西流。

羲和鞭白日，少昊行新秋。

泰山忽破碎，泾渭不可求。

俯视但一气，焉能辨皇州。

回首叫虞舜，苍梧云正愁。

惜哉瑶池饮，日晏昆仑丘。

黄鹄去不息，哀鸣何所投。

君看随阳雁，各有稻粱谋。

又章八元诗：

十层突兀在虚空，四十门开面面风。

却讶鸟飞平地上，自惊人语半天中。

回梯暗踏如穿洞，绝顶初攀似出笼。

落日凤城佳气合，满城春树雨蒙蒙。

大安国寺

《大唐遗事》：睿宗在藩旧宅。景云元年，立为寺，以本封安国为名。宪宗时，吐突承璀盛营安国寺，欲使李绛为碑文，绛不肯撰。后浸摧圮，宣宗欲复修，未克而崩。咸通七年，以先帝旧服御及孝明太皇太后金帛，俾左神策军再建之。

《酉阳杂俎》曰：红楼，睿宗在藩时造。元和中广宣上人住此院，有诗名，时号为《红楼集》。

大兴善寺

初曰遵善寺，隋文承周武之后大崇释氏，以收人望，移都先置此寺，以其本封名焉。神龙中，韦庶人追赠父玄贞为酆王，改此寺为酆国寺。景云元年，复旧。

《酉阳杂俎》曰：寺取大兴、靖善二坊名一字为名。不空三藏塔前多老松，岁旱时官伐其枝，为龙骨以祈雨，盖以三藏役龙，意其枝必有灵也。

东廊素和尚院，庭有桐四株。元和中，卿相多游此院，桐至夏有汗污人衣，如輮脂，不可浣。昭国郑相恶其汗，谓素曰："弟子为伐此树，各植一松也。"及暮，素戏祝曰："我种汝三十余年，汝以汗为人所恶，来岁若复有汗，我必薪之。"自是无汗。

素公不出院，转《法华经》三万七千部，夜常有貊子听经，斋时乌鹊取掌中食。

天王阁，长庆中造，本在春明门内，与南内连墙，其形高大，为天下之最。大和二年，敕移就此寺。拆时腹中得布五百端，漆数十筒。

寺殿崇广，为京城之最，号曰大兴佛殿，治之与太庙同。总章二年，火焚之，更营建，又广于前十二亩之地。

大庄严寺

在永阳坊。隋初,置宇文氏别馆于此坊。仁寿三年,文帝为献后立为禅定寺。宇文恺以京城之西有昆明池,地势微下,乃奏于此寺建木浮图,崇三百二十尺,周回一百二十步,大业七年成。武德元年,改为庄严寺。天下伽蓝之盛,莫与为比。

寺内有佛牙,长三寸,宋时沙门法献从乌缠国取以归,豫章王睐自扬州持入京,隋文令置此寺。大中六年,改圣寿寺。

崇圣寺

在崇德坊。寺有二门：西门本济度尼寺，隋秦孝王俊舍宅所立。东门本道德尼寺，隋时立。

至贞观二十三年，徙济度寺于安业坊之修善寺，以其所为灵宝寺，尽度太宗嫔御为尼以处之。徙道德寺额于休祥坊之太原寺，以其所为崇圣宫，以为太宗别庙。

仪凤二年，并为崇圣僧寺，《辇下岁时记》：进士樱桃宴，在崇圣寺佛牙阁上。

保寿寺

《酉阳杂俎》曰：翊善坊保寿寺，本高力士宅。天宝九载，舍为寺。初铸钟成，力士设斋庆之，举朝毕至，一击百千，有规其意，连击二十杵。经藏阁规构危巧，二塔火珠受十余斛。

河阳从事李琢性好奇古，与僧善，尝俱至此寺，观库中旧物，忽于破瓮中得物如被幅，裂污坌触而尘起，琢徐视之，乃画也，因以州县图三及缣三十换之，令家人装治，大十余幅。访于常侍柳公权，方知张萱所画《石桥图》也，玄宗赐力士，因留寺中。后为鬻画人宗牧言于左军，方有小使领军卒二十人至宅，宣敕取之，即日进入。文宗好古，见之大悦，命张于云韶院。

章敬寺

大历元年，作章敬寺于长安之东门，总四千一百三十余间，四十八院。内侍鱼朝恩请以通化门外庄为章敬皇后寺，故以章敬为名。

《代宗实录》曰：是庄连城对郭，林沼台榭，形胜第一，朝恩初以恩赐得之。及是造寺，穷极壮丽，以为城市材木，不足充费，乃奏坏曲江亭馆、华清宫观风楼及百司行廨，并将相没官宅，给其用焉，土木之役，仅逾万亿。

《会要》曰：因拆哥舒翰宅及曲江百司堂室及华清宫之观风楼造焉。

报圣寺

在兴宁坊。

《东观奏记》：宣宗出内藏缯帛建大中报圣寺，
奉宪皇圣容，曰介福殿，又以休憩之所为虔恩殿，由
复道出造于寺。

兴福寺

在修德坊。本右领军大将军彭国公王君廓宅。贞观八年，太宗为太穆皇后追福，立为弘福寺。神龙中，改为兴福寺。

寺北有果园，复有万花池二所。太宗时，广召天下名僧居之。沙门玄奘于西域回，居此寺西北禅院翻译。

寺内有碑，面文贺兰敏之写金刚经，阴文寺僧怀仁集王羲之写太宗《圣教序》及高宗《述圣记》，为时所重。

《政要》：元和十二年，诏筑夹城，自云韶门过芳林门西至修德坊，以通兴福佛寺。

大荐福寺

在开化坊。寺院半以东，隋炀帝在藩旧宅。武德中，赐尚书左仆射萧瑀而为园。后瑀子锐尚襄城公主，诏别营主第，主辞以姑妇异居，有乖礼则，因固陈请，乃取园地充主第，又辞公主荣戟，不欲异门，乃并施瑀之院门。襄城薨后，官市为英王宅。

文明元年，高宗崩后百日，立为大献福寺，度僧二百人以实之。天授元年，改为荐福寺。中宗即位，大加营饰。自神龙以后，翻译佛经，并于此寺。

寺东院有放生池，周二百余步，传云即汉代滮池陂也。南至浮图院，门北开，正与寺门隔街相对，景龙中宫人率钱所立。

楚国寺

在进昌坊。本隋兴道寺之地。大业七年，废。高祖起义并州，第五子智云在京，为隋留守阴世师等所害，后追封为楚哀王，因此立寺。水竹幽静，类于慈恩。

《酉阳杂俎》曰：寺内楚哀王身金铜像，哀王绣袄半袖犹在。长庆中，赐织成双凤夹黄袄子，镇在寺中。门内有放生池。大和中，赐白氎黄袴衫。

招福寺

在崇义坊。乾封二年，睿宗在藩立。本隋正觉寺。寺南北门额并睿宗所题。

《酉阳杂俎》曰：正觉寺，国初毁之，以其地立第赐诸王，睿宗在藩居之。乾封二年，移长宁公主佛堂，重建此寺。长安二年，内出等身金铜像一铺，并九部乐、南北门额，上与岐、薛二王亲送至寺，彩乘、象舆，羽卫四合，街中余香，数日不散。景龙二年，诏寺中别建圣容院，是睿宗在青宫真容也。先天二年，敕出内库钱二千万、巧匠一千人重修之。寺在崇义坊。

资圣寺

在崇仁坊。本太尉赵国公长孙无忌宅。龙朔三年，为文德皇后追福，立为尼寺。咸亨四年，改为僧寺。长安三年七月，火焚之，灰中得经数部，不损一字，百姓施舍，数日之间，所获巨万，遂营造如故。寺额申州刺史殷仲容所题，楷法端妙，京邑所称。

《酉阳杂俎》曰：净土院门外，相传吴生一夕秉烛醉画，就中戟手，视之恶骇。院门里，卢棱伽画。卢常学吴势，吴亦传以手诀，乃画总持三门寺，方半，吴大赏之，谓人曰："棱伽不得心诀，用思大苦，其能久乎？"果画毕而卒。

光宅寺

在光宅坊。仪凤二年，望气者言此坊有异气，敕令掘得石函，函内有佛舍利骨万余粒，遂立光宅寺。武太后始置七宝台，因改寺额焉。

《酉阳杂俎》曰：宝台甚显，登之，四极眼界。其上层窗下尉迟画，下层窗下吴道玄画，皆非其得意也。丞相韦处厚自居内庭至相位，每归辄至此塔焚香瞻礼。普贤堂，本天后梳洗堂。

净域寺

在宣阳坊西南隅。隋文帝开皇五年立。恭帝禅位，止于此寺薨焉。

《酉阳杂俎》曰：本太穆皇后宅。寺僧云："三阶院门外是神尧皇帝射孔雀处。"佛殿内西座蕃神甚古质，贞元已前西蕃两度盟，皆载此神立于坛而誓，相传当时颇有灵。

按此寺兴造与韦述《记》不同。

崇济寺

在昭国坊西南隅。本隋慈恩寺，开皇三年，鲁郡夫人孙氏所立。贞观二十三年，以尼寺与慈恩僧寺相近，而胜业坊甘露尼寺又比于崇济僧寺，敕换所居焉。本弘字，神龙中改。

《酉阳杂俎》曰：寺内有天后织成蛟龙被、袄子及绣衣六事。

玄法寺

在安邑坊街之北。本隋礼部尚书张颖宅，开皇六年，立为寺。

《酉阳杂俎》曰：安邑坊玄法寺者，本里人张颖宅。颖尝供养一僧，僧念《法华经》为业。积十余年，张门人谮僧通其侍婢，因以他事杀之。僧死后，阖宅尝闻经声不绝。张寻知其冤，惭悔不及，因舍宅为寺。

宝应寺

在道政坊。

《代宗实录》与《会要》曰：本王缙宅。缙为相，溺于释教，妻李氏，实妾也，大历四年，以疾请舍宅为寺。代宗嘉之，锡以题号。每有节度使至，辄讽令出钱助之。

《酉阳杂俎》曰：韩干，蓝田人。少时常为酒家送酒。王右丞兄弟未遇，每贳酒漫游。干尝征债于王家，戏画地为人马。右丞精思丹青，奇其意趣，乃岁与钱二万，令干画十余年。今寺中释梵天女，悉齐公妓小小等写真也。寺弥勒殿即齐公寝堂。

青龙寺

在新昌坊。本隋灵感寺，开皇二年立。文帝移都，徙掘城中陵墓，葬之郊野，因置此寺，故以灵感为名。至武德四年，废。龙朔二年，城阳公主复奏立为观音寺。

初，公主疾甚，有苏州僧法朗诵观音经乞愿，得愈，因名焉。景云二年，改为青龙寺。北枕高原，南望爽垲，为登眺之美。

静法寺

　　在延康坊东南隅。隋开皇十年，左武侯大将军陈
国公窦抗所立。寺门拆抗宅棨戟门所造。西院有木浮
图，抗弟琎为母成安公主建，重叠绮丽，崇一百五十尺，
皆伐抗园梨木充用。其园本西魏大统寺，周武帝废佛
教，以其寺赐抗为宅焉。

云经寺

在怀远坊东南隅。本名光明寺，隋开皇四年，文帝为沙门法经所立。时有延兴寺僧昙延，因隋文赐以蜡烛，自然发焰，隋文奇之，将改所住寺为光明寺，昙延请更立寺以广其教，时此寺未制名，因以名焉。

武太后初幸此寺，沙门宣政进大云经，经中有女主之符，因改为大云经寺，遂令天下每州置一大云经寺。

此寺当中宝阁，崇百尺，时人谓之七宝台。寺内有二浮图，东西相值。东浮图之北佛塔，号三绝塔，隋文帝所立，塔内有郑法轮、田僧亮、杨契丹画迹，及巧工韩伯通塑作佛像，故以三绝为名。

总持寺

在永阳坊。隋大业七年，炀帝为文帝所立，初名大禅定寺，寺内制度与庄严寺正同。武德元年，改为总持寺。庄严总持，即隋文献后宫中之号也。寺中常贡梨花蜜。

《景龙文馆记》曰：隋主自立法号，称总持，呼萧后为庄严，因以名寺。

菩提寺

在南平康坊。隋开皇二年，陇西公李敬道及僧惠英所奏立寺。

《酉阳杂俎》曰：寺之制度，钟楼在东，惟此寺缘李右座宅在东，故建钟楼于西。寺内有郭令玭瑠鞭及郭王夫人七宝帐。

大中六年，改为保唐寺。

开元寺

在府城草场街北，景风街南。中有大殿，乃祝圣万寿戒坛。后殿，乃开元皇帝御容。兵后仅存北三门、戒坛、御容等殿，其余堂殿并南三门皆摧毁。至元辛卯，琼公讲主重建南三门。其山亭、青龙、兴国、定光、隆兴、寿圣、泗州，皆开元房廊院也。

福昌宝塔院

在其东。三门面西。其中觉皇大殿后法堂壁贤僧正画，上悬祇应待诏画，福昌宝塔碑额次后。五教三乘甚深。法藏东西观音、大悲，尽平阳贾家雕造，皆巧绝一时。兵后唯此院完全。

太平兴国寺

在府城九耀街。宋太平兴国年建。寺摧颓。俗呼九耀寺。

香城寺

在本府草场街，乃宋善感禅院。内有经藏。大元甲辰岁八月，火灾焚毁，止存大悲殿、东殿、前三门。金刚乃汾州刘名塑，尚存。

宋驸马王诜题诗：

不到香城二十年，长松怪柏忆森然。

身留绛阙乡关杳，千里唯将梦寐传。

卧龙寺

在本府草场街，宋龙泉院也。前三门乃汾州刘所塑，善神严毅，号为奇绝。

安众禅院

在本府掖庭街。本寇莱公花圃熙熙亭，后舍为寺。中有莱公祠堂，前立诗刻。俗呼西禅院。

崇圣禅院

在府城水池街。中有毗卢阁，上有吴说书十方崇圣院额。兵后湮没。俗呼经塔寺。

香严禅院

在水池街。宋时修建。正殿龙岩任询君谋所书香严禅寺碑尚在。

广教禅寺

在指挥西街。宋时修造。旧有大钟经楼，规置甚大。至辛卯，兵火焚尽。

天宁寺

在指挥东街北。亦是大寺。中有李商隐《三教赞》、僧梦英篆书碑犹存。

仁王院

在景风街北，乃荐福寺下院。中有临坛大戒荐福寺德律师碑，唐韩择木八分书，史惟则篆额，碑尚存。

开福寺

在含光街西。宋日创建。至元十年，僧统王公重修。

杜光寺

在城南杜光村。俗呼为杜光寺，本唐义善寺，贞观十九年建，盖杜顺禅师所生之地。顺解《华严经》，著《法界观》，居华严寺，证圆寂。大师坐化肉身，连环灵骨，葬樊川华严塔，至今呼樊川为华严川。

长兴中，王仁裕题诗曰：

上尔高僧更不疑，梦乘龙驾落沉辉。

寒暄晕映琉璃殿，晓夜摧残毳衲衣。

金体几生传有漏，玉容三界自无非。

莓苔满院人稀到，松畔香台野鹤飞。

香积寺

《城南记》张注曰：乃唐永隆二年建。石像尚多。

太平兴国三年，改为开利寺。交水在香积寺之西南。旧有香积堰，水入城中，泚贼之乱，坏龙首、香积二堰，以治其流，龙首复流，香积堰废。中有万回砖塔。中裂。

据记，沙门玄奘尝游西竺，有寺空一室，问其人，是僧方生中国，其号万回，盖自此而往者万回矣。万回言语悲喜不常如狂者，所为多异，高宗延之禁中。中宗号之玄通大居士，封法灵公。玄宗为营居室于醴泉里，后追赠司徒，封号国公。开元二十五年，万回弟子沙门还源建塔立碑。

澄襟院

《城南记》:"唐左街僧录遍觉大师智慧轮之院也。在万年县孙村。"殿前后庭中有凌霄花、八柏树。"引北岩泉,架竹落庭,注石盆,莹澈可挹,使人不觉忘虑。"

华严寺

　　在樊川孙村之西。有华严塔，有东阁，为登眺游胜之所。

　　张茂中诗曰：

　　　　迢迢云外寺，飞阁倚晴空。

　　　　秋静门常闭，苔深路不通。

　　　　寒山千里翠，霜木万家红。

　　　　谁问林居士，幽窗生暮风。

　　孟郊《登华严寺楼望南山赠林校书兄弟》诗，有：

　　　　青莲三居士，昼景真赏同。

兴教寺

樊川兴教寺，总章三年建。有玄奘、慈恩、西明三塔，三藏差高。

蒲人胡子金诗曰：

白塔月移山宇影，青松风唱海潮音。

龙泉寺

《城南记》：龙泉寺，直玉案之北。

孟郊诗云：

> 鸟飞不到处，僧房绕山巅。
>
> 龙在水常碧，雨开山更鲜。
>
> 步出白日上，坐倚清溪边。
>
> 地硗松桂短，石险道途偏。
>
> 晚磬送归客，数声落遥天。

今龙池二塔尚在。

三像寺

张注曰："三像寺，开元建，倚北原，高数百尺。寺依坡刻三大像，故曰三像寺。"贞顺皇后墓在彼，为守坟寺。

姚嗣宗题诗曰：

朝游南山南，暮宿北冈北。

安心虎豹穴，垂耳龙蛇谷。

稻铺韦曲碧，木锁樊川黑。

行尽大和乡，似得非所得。

圆光寺

　　《辨疑志》曰：长安城南六十里，终南山入谷五里，有惠炬寺。缘崖侧上山，一十八里至峰，谓之灵应台。台上置塔，塔中观音铁像，是六军散将安太清铸造。应台并下院九处，并在终南山上，俗呼为南五台。

翠微寺

本唐太和宫。贞观二十一年，改翠微宫。后废。元和中，改为翠微寺。

诗云：

翠微寺本翠微宫，楼阁亭台几十重。

天子不来僧又去，樵夫时倒一株松。

百塔兴教禅院

在长安城南御宿川楩梓谷口。本唐信行禅师塔院，唐大历二年建。慕信行者，皆窆于信行塔之左右，谓之百塔。

草堂禅寺

《长安志》：在御宿川圭峰下。本姚兴草堂逍遥园，鸠摩罗什译经是园，什死，焚之，其舌不坏，塔今存焉。其徒僧肇著《肇论》。唐圭峰禅师于此著《禅源诸诠》。

重云禅寺

在御宿川圭峰直北。本五代王彦超舍宅为寺。

灵感寺

在长安县御宿川沣河东岸江留村。唐宣律师修行持律处。有净土坛，开四门八窗。景龙中建殿阁皆存。宋改为大宁寺。

三会寺

《长安志》云：在长安县宫张村。中有苍颉造字台。景龙中，中宗幸其寺。有诗，群臣唱和。

石瓮寺

《两京道记》云：本福严寺，在骊山华清宫东，半山下有石瓮谷，故名之。

开元中造华清宫，余材修缮佛殿，中有玉石像，幽州所进，精巧无比。叩之如磬，余像皆杨惠之所塑，脱空像皆元伽儿制，能妙纤丽，旷劫无俦。红楼在佛殿之西岩，下临绝壁，楼中有玄宗题诗，真、草、八分，每体一篇，有王维画山水两壁。

保庆寺

在万年县北通政坊。唐景龙中建。值五代焚毁尽，唯舍利塔岿然独存。中统改元，僧录忠公率其徒重修，不数年，殿堂廊庑，塔之缠腰，焕然再新。

法寿尼寺

在开化坊。隋开皇六年立。

资敬尼寺

在永乐坊内横街之北。隋开皇三年，太保薛国公长孙览为其父立。

崇敬尼寺

在靖安坊西南隅。本僧寺，隋文帝所立。大业中，废。龙朔二年，高宗为长女定安公主薨后改立为尼寺。

修慈尼寺

在胜业坊街北之西。本弘济僧寺，隋开皇七年立。贞观二十年，以与甘露尼寺相近，初自昭国坊换居之。

甘露尼寺

同上。隋开皇五年立。

法云尼寺

在宣平坊西南隅。隋开皇三年，太傅郧国公韦孝宽所立。初名法轮寺。睿宗升储，改法云寺。景龙二年，韦庶人改翊圣寺。景云元年，复旧。

龙华尼寺

在升道坊西北隅。高宗立，寻废。景龙二年，复置。

法界尼寺

在丰乐坊西南隅。隋文献皇后为尼华晖、令容所立。有连阶双浮图，各崇一百三十尺。

资善尼寺

在安业坊西南隅。隋兰陵公主舍宅立。

济度尼寺

在安业坊东南隅。隋太师申国公李穆之别宅，穆妻元氏立为修善僧寺。其济度尼寺本在崇德坊，永徽中置宫，乃徙于此。其额太子少詹事殷令名所题。

兴圣尼寺

在通义坊西南隅。高祖龙潜旧宅。武德元年，以为通义宫。贞观元年，立为寺。

万善尼寺

在休祥坊东南隅。本在故城中，周宣帝大象二年置。开皇二年，移于此，尽度周氏皇后、嫔御以下千余人为尼以处之。

乐善尼寺

在金城坊街南之东。本名舍卫寺，隋开皇六年，尉迟迥孙大师为其祖所立。景龙元年，改为温国寺。二年，又改为乐善寺。

太清宫

在大宁坊。

《礼阁新仪》曰：开元二十九年，始诏两京及诸州各置玄元皇帝庙一所，依道法醮。天宝元年正月，陈王府参军田同秀上言，玄元皇帝降见于丹凤门之通衢，以："天下太平，圣寿无疆"之言，传于玄宗，仍告赐灵符尹喜之故宅。上遣使就桃林县函谷关令尹台西得之。于是置庙于大宁坊，东都于积善坊。九月，改庙为太上玄元皇帝宫。二年正月，加号大圣祖。三月，敕西京改为太清宫，东都为太微宫，诸州为紫极宫。十二载二月，加号大圣祖高上大道金阙玄元天皇大帝，每岁四时及腊，修朝献之礼。

初建庙，取太白山白石为真像，衮冕之服，当宸南向，玄宗、肃宗真容侍立于左右，皆朱衣朝服。宫垣之内，连接松竹，以像仙居。殿十二间，四柱，前后各两阶，东西各侧阶一。其宫正门曰琼华，东门曰九灵，西门曰三清。御斋院在宫之东，公卿斋院在宫之西，道士杂居其间。

　　天宝五载，诏刻石为李林甫、陈希烈像，列侍于圣容之侧，林甫犯事，又刻杨国忠之形，而磨瘗林甫之石，及希烈、国忠败，又尽毁之。八载，立文宣王像，与四真人列侍左右。

唐昌观

在安业坊。

《剧谈录》曰：观有玉蕊花，花每发若琼林瑶树。元和中，春物方盛，车马寻玩者相继。忽一日，有女子年可十七八，衣绿绣衣，垂髻双环，无簪珥之饰，容色婉娩，迥出于众，从以三女冠、三小仆，仆皆卝髻黄衫，端丽无比，既下马，以白角扇障面，直造花所，异香芬馥，闻于数十步之外。观者疑出自宫掖，莫敢逼而视之。伫立良久，令小仆取花数枝而出，将乘马，过谓黄冠者曰："曩有玉峰之期，自此可以行矣。"时观者如堵，或觉烟飞鹤唳，景物辉焕，举辔百余步，有轻风拥尘，随之而去，须臾尘灭，望之已在半天，方悟神仙之游。余香不散经月余。

时严休复、元稹、刘禹锡、白居易俱有诗。

休复曰：

> 终日斋心祷玉宸，魂销眼冷未逢真。
>
> 不如满树琼瑶蕊，笑对藏花洞里人。

又曰：

羽车潜下玉龟山，尘世何由睹蕣颜。

唯有无情枝上雪，好风吹缀绿云鬟。

元稹曰：

弄玉潜过玉树时，不教青鸟出花枝。

的应未有诸人觉，只是严郎卜得知。

刘禹锡曰：

玉女来看玉树花，异香先引七香车。

攀枝弄雪时回首，惊怪人间日易斜。

又曰：

雪蕊琼枝满院春，羽衣轻步不生尘。

君平帘下徒相问，长伴吹箫别有人。

白居易曰：

嬴女偷乘凤去时，洞中潜歇弄琼枝，

不缘啼鸟春饶舌，青琐仙郎何得知。

玄都观

在崇业坊。隋开皇二年，自长安故城徙通道观于此，改名玄都，东与大兴善寺相比。初，宇文恺置都，以朱雀街南北尽郭有六条高坡象乾卦，故于九二置宫殿，以当帝主之居；九三立百司，以应君子之数；九五贵位，不欲常人居之，故置此观及兴善寺以镇之。

刘禹锡《元和十年自朗州承召至京戏赠看花诸君子》诗曰：

> 紫陌红尘拂面来，无人不道看花回。
> 玄都观里桃千树，尽是刘郎去后栽。

又《再游玄都观绝句》曰：余贞元二十一年为屯田员外郎时，此观未有花。是岁出牧连州，贬朗州司马，居十年，召至京师，人人皆言有道士手植仙桃，满观如红霞，遂有前篇，以志一时之事。旋又出牧，今十有四年，复为主客郎中，重游玄都，荡然无复一树，唯兔葵燕麦，动摇于春风耳。因再题二十八字，以俟后游，时大和二年三月日。

　　百亩中庭半是苔，桃花净尽菜花开。

　　种桃道士归何处，前度刘郎今又来。

兴唐观

　　在长乐坊西南隅。本司农园地，开元十八年，造观。其时有敕令速成之，遂拆兴庆宫通乾殿造天尊殿，取大明宫乘云阁造门屋楼，白莲花殿造精思堂屋，拆甘泉殿造老君殿。

　　元和八年，命中尉彭忠献帅徒三百人修兴唐观，赐钱千万，使壮其旧制。其观北拒禁城，因是开复道，为行幸之所。以内库绢千匹、茶千斤，为夫役之赐，庄宅钱五十万、杂谷千石，充修醮之费。

乾元观

在长兴坊。

《代宗实录》曰：大历十三年七月，以泾原节度使马璘宅作乾元观，置道士四十九人。其地在皇城南长兴里。

璘初创是宅，重价募天下巧工营缮，屋宇宏丽，冠绝当时，璘临终献之。代宗以其当王城形胜之地、墙宇新洁，遂命为观，以追远之福，上资肃宗，加乾元观之名。乾元，肃宗尊号也。然则与《德宗录》之言相戾。

白鹿观

新说曰：在临潼西南一十里骊山中。本骊山观，中有老子升天台，有蟾井，贺兰食肉芝得仙。唐高祖武德七年，幸温泉宫，傍观川原，见白鹿，遂改观曰白鹿。宋加封神德洞天，有白鹿书院，陈希夷所撰碑具载其详。

太玄观

《两京道记》：唐武德二年置，在骊山温泉宫畔。开元二十七年，以宫墙逼近，乃令谏议大夫道士尹愔徙之宫北一里。

楼观宗圣宫

新说：在盩厔县东南三十五里。本尹喜宅也。《楼观内传》云：“周康王时，喜为大夫，尝于此结草为楼，观星望气，见紫云西迈，求为函谷关令，遇老君，迎归是第，说《道德》五千文授之。穆王西巡，为召幽逸之人，置为道士，相承至秦、汉，有道士居之。唐武德初，易名宗圣观。宋端拱三年，诏改为顺天兴国观。”

金季废毁。大元抚定后，同尘真人李志柔重建，殿阁森列，复还旧观。中统元年，朝命复改今名。

太平兴国宫

新说曰：在县东三十里终南镇。宋太平兴国二年建。《翊圣保德传》云："建隆初，翊圣真君降于盩厔张守真家，言于空中，神音清朗，令守真为道士，授以九坛三剑之法，俾佐国拯民。太宗太平兴国中，卜地筑宫于终南镇，遣中使出内币作宫千柱，以妥景灵。每三元圣节，命使设醮，岁以为常。茂木成林，飞鸟不敢栖止。"

金末，废于兵烬。大元开创后，纯德妙成真人刘志源奉清和宗师命，率徒自澶渊来，笃意兴复，经营缔构，垂二十年，殿宇翚飞，道风复振。其修建视昔虽未全备，规橅宏丽，亦为诸方琳宇之冠。

清都观

在咸宁县东永乐坊。隋开皇七年，道士孙昂为文帝所重，常自问道，特为立观。本在永兴坊，武德初，徙于此地。本隋宝胜寺。

回元观

在咸宁县亲仁坊。即安禄山旧宅，见《津阳门诗》。

太真观

在咸宁县安邑坊。天宝五载，贵妃姊裴氏请舍宅置太真女观。宝应元年，与肃明观换名焉。

先天观

咸宁县务本坊。景龙三年，韦庶人立为翊圣女冠观。景云元年，改景云观。天宝八载，改为龙兴道士观。至德三载，改先天观。

清虚观

在咸宁县丰邑坊。隋开皇七年,文帝为道士吕师玄所立。师玄辟谷练气,故以清虚名之。

太一宫

《长安旧志》云:在府南七十里太一谷。汉武帝元封初,终南山巨谷间云气融结,隐然成象,帝敕于此建太一宫。种放作记,具道其详。宫内亦有陈希夷所撰碑。

重阳宫

新说曰：在终南县刘蒋村。金正隆间，王祖师监甘河镇酒，遇仙于此，掘活死人墓成道。时门人创建堂殿，号曰祖师庵。

大元庚子，门徒道众会葬祖师重阳真人，重加兴建，殿阁楼台，灿然一新，为关右之奇观，名曰重阳宫。

紫阳先生诗曰：

终南佳处小壶天，教起全真自在仙。

道纪宏开山色里，通明高竿日华边。

南连地肺花浮水，西望经台竹满烟。

最爱云窗无事客，寂然心月照重玄。

遇仙宫

新说曰：在终南县甘河镇。昔重阳王祖师为是镇酒监，有披毡裘二先生索酒，日以为常。一日，毡裘二先生邀祖师饮于甘河岸上，以瓢酌甘河之水，果良酒也，饮醉得道。门人于此建遇仙宫。

商左山题诗曰：

> 子房志亡秦，曾进桥下屦。
>
> 佐汉开鸿基，砳然天一柱。
>
> 要伴赤松游，功成拂衣去。
>
> 异人与异书，造物不轻付。
>
> 重阳起全真，高视仍阔步。
>
> 矫矫英雄姿，乘时或割据。
>
> 妄迹复知非，收心活死墓。
>
> 人传入道初，二仙此相遇。
>
> 于今终南下，殿阁凌烟雾。
>
> 我经大患余，一洗尘世虑。
>
> 巾车傥西归，拟借茆屋住。

明月清风前，曳杖甘河路。

紫阳先生诗曰：

一饮甘河万事休，唤回蝴蝶梦庄周。

口传铅汞五篇诀，神驭云龙八极游。

寰海玄风开羽客，遇仙清迹想毡裘。

百年更有何人酹，人自无缘水自流。

玉清宫

新说曰：在府城掖庭街。本宋佑德观。大元庚子重修，改为玉清宫。

玄都宫

新说曰：在府城景风街金国军营。兵后创建为玄都观。至元甲子后，修建三清、通明、大宗等殿，虚皇坛、远近三门，榜曰玄都万寿宫。

玄都坛

新说曰：在终南山。汉武帝筑。《三秦记》："长安城南有谷通梁、汉者，号子午谷。"入谷五里有玄都坛。天宝年，元逸人，隐道士也，有神仙术，杜甫作诗以赠云：

> 故人昔隐东蒙峰，已佩含景苍精龙。
>
> 故人今居子午谷，独在阴崖结茅屋。
>
> 屋前太古玄都坛，青石漠漠常风寒。
>
> 子规夜啼山石裂，王母昼下云旗翻。
>
> 情知此计诚长往，芝草琅玕日应长。
>
> 铁锁高垂不可攀，致身福地何萧爽。

玉虚观

新说曰：在广济北蓬莱坊。乃唐北极真武庙也。有王坦之书真武殿额犹在。金朝敕赐玉虚观。大元庚寅，道士崔志玉重修立碑。

朝元观

新说曰：在本府指挥街。本隋宇文恺封安平公祠堂，墓志犹嵌于壁。金国敕赐朝元观。

延祥观

新说曰：本太白现圣侯庙。元在春明门，韩建废外郭筑新城，移于此。金敕赐延祥观。在府东南隅。

紫阳诗曰：

　　长庚谁遣降精魂，气应潜龙道自存。

　　玄女式中消日月，春明门外转乾坤。

　　诸王决计戡多难，睿主应期即至尊。

　　天已归心《赤伏》后，遗风犹记老人村。

嘉祥观

新说曰：在府城东北隅。本城隍庙。金敕赐嘉祥观。

灵泉观

按《明皇杂录》：贞观六年，太宗幸骊山温泉，治汤所，改为温泉宫。天宝四载，大加修饰，置会昌县，百司邸第，改华清宫。玄宗每岁十月幸温汤，岁尽而归。

至巢寇之乱，宫废。晋天福六年，赐道士居之，敕赐灵泉观。

太古观

在崇仁坊。本唐玄真观之地。至元乙亥岁，太古真人门弟潘道录创建景阳殿、北极殿、药王。灵官、斋厨，廊庑焕然一新，门枕清流，竹木郁然，清幽可爱。不忘其祖，号曰太古观。

昊天观

在保宁坊。贞观初，为晋王宅。显庆元年，为太宗追福，立为观，高宗御书额，并制《叹道文》。

万安观

在平康坊。天宝七载，永穆公主出家置观。其地本梁国公姚元崇宅。

嘉猷观

在平康坊。明皇御书金字额以赐，李林甫奏女为观主。观中有精思院，王维、郑虔、吴道子皆有画壁。林甫死后，改为道士观，择道术者居之。

咸宜观

在亲仁坊西南隅。睿宗在藩之第，明皇升极于此。开元初，置昭成、肃明二皇后庙，谓之仪坤庙。睿宗升遐，昭成迁入太庙，而肃明留于此。开元二十一年，肃明皇后亦祔入太庙，遂为肃明道士观。宝应元年，咸宜公主入道，与太真观换名焉。

宗道观

在永崇坊。本兴信公主宅，卖与剑南节度使郭英乂，其后入官。大历十二年，为华阳公主追福，立为观。

新昌观

　　在崇业坊。天宝六载，新昌公主因驸马都尉萧衡卒，奏请度为女冠，遂立此观。

福唐观

　　在崇业坊。本新都公主宅。景云元年，公主生子武仙官，出家为道士，立观。

开元观

在道德坊。本隋秦王浩宅。武后朝，置永昌县。神龙元年，县废，遂为长宁公主宅。景云元年，置道士观。开元五年，金仙公主居之，改为女冠观。十年，改为开元观。

昭成观

在颁政坊西北隅。本杨士达宅。咸亨元年，太平公主立为太平观。寻移于大业坊，改此观为太清观，高宗御飞白书额。至垂拱三年，改为魏国观。载初元年，改为大崇福观，武太后又御飞白额。开元二十七年，为昭成太后追福，改立此名。

九华观

　　在通义坊。开元二十八年，蔡国公主舍宅立。即李思训宅。

玉芝观

　　在延福坊。本越王贞宅。后乾封县权治于此。又为新都公主宅，施为新都寺。寺废，乃为郯王府。天宝二年，立为玉芝观。

五通观

在安定坊东北隅。隋开皇八年，为道士焦子顺所立。子顺能驱役鬼神，传诸符箓，预告隋文膺命之应。及即位，拜顺开府永安公，立观，以五通为名，旌其神术。

龙兴观

在崇化坊东南隅。本名西华观。贞观五年，太子承乾有疾，敕道士秦英祈祷获愈，遂立此观。垂拱三年，以犯武太后祖讳，改为金台观。神龙元年，又改为中兴观。三年，改为龙兴观。

玄真观

在崇仁坊西南隅。半以东本尚书左仆射申国公高士廉宅。西北隅本左金吾卫。神龙元年，并为长宁公主第。

东有山池别院，即旧东阳公主亭子。韦庶人败，公主随夫为外官，遂奏请为景龙观，仍以中宗年号为名。初欲出卖，官估木石当二千万，山池仍不为数。

天宝十二载，改为玄真观。肃宗时，设百高座讲。

翊唐观

在栎阳县粟邑镇，有翊唐观。

《旧图经》曰：昔寇尊师举家白日上升。

灵台观

《道里记》曰：临潼县零口镇有灵台观。唐天宝中，供奉睦霞奏置。

长生观

新说曰：咸宁县长阳坊有古之长生道院。金朝体玄大师李大方广道奉敕投太一漱金龙玉简，回过长生道院，题诗云："长阳凤岭可跻攀，道院临高面好山。竹外烟霞清老眼，松轩药圃岂人间。"兵后隳废，唯有道堂。

寂照大师白志素与弟道真大师高志隐见其地形高爽，南望玉案，北枕凤栖，乃神仙栖真之所，兴工修筑，殿堂廊庑，咸接松竹，为城南胜游之所。长阳坊，今俗呼长胜坊。

太平女冠观

在大业坊东南隅。本徐王元礼宅。

仪凤二年，吐蕃入寇，求太平公主和亲，不许，乃立此观，公主出家为女冠。初以颁政坊宅为太平观，寻徙于此，公主居之，其颁政坊观改为太清观。公主后降薛绍，不复入观。

西有驸马都尉杨慎交山池，本徐王元礼之池。

金仙女冠观

在辅兴坊东南隅。景云元年，睿宗第八女西城公主、第九女昌隆公主并出家为女冠，因立二观。

二年，西城改封金仙公主，昌隆改封玉真公主，所造观便以金仙、玉真为名。武宗会昌中，建御容殿于金仙观，宰相李德裕为赞。

玉真女冠观

在辅兴坊西南隅。本工部尚书莘国公窦诞宅。武太后时，以其地为崇先府。景云二年，为玉真公主作观。此二观南街东当皇城之安福门，西出京城之开远门，车马往来，实为繁会。

洛阳伽蓝记

中华书局

前　言

　　都城，是中国古人心目中的"天下之中"。"天下之中"，未必是地理上的中心，但一定是车马辐辏、熙熙攘攘的人群中心。

　　长安、洛阳、开封、杭州，这四个中国古代最繁华的都城，也是当时世界上最令人向往的地方。在那里，有庄严的宫殿、静谧的寺院、舞榭歌台、珠帘绣户，深宅大院中，皇亲贵胄钟鸣鼎食，街巷闾里间，市井百姓引车卖浆……

　　城市是柔软的，它像海绵一样吸纳着四面八方的人们和他们的希望。如果你在那里生活过，它将永远与你同在。即使有一天，昔日繁华不再，对城市的回忆与眷恋也在人们口中不断述说。

　　骆天骧是元代一个家住长安的世家子弟，留心身边的历史遗迹。七十多岁时，他编成《类编长安志》，把长安的宫殿、苑囿、馆阁、亭园、街市、寺观，从西周、汉唐一直讲到宋元，描绘出长安城千年的故事。

　　杨衒之目睹过北魏时期盛极一时的都城洛阳，那时

皇帝崇奉佛教,一城内外寺院千余所。东魏时,他再次经过战火之后的洛阳,追思往昔,在《洛阳伽蓝记》中对见证城市兴废的佛寺如数家珍,勾连起这个城市里生活过的人,发生过的事。

孟元老早年随父亲来到北宋的东京开封,他在州西金梁桥西夹道的南边一住二十多年。靖康之乱后,他南渡杭州,写下《东京梦华录》,追忆开封的巍峨宫城、街巷闹市、茶坊酒楼、饮食起居、岁时民俗。

周密南宋末年在京城杭州做官,宋亡后,他不再出仕。抱着遗民之痛,他在《武林旧事》中回顾南宋都城临安的城市风貌,细数那时的朝廷典礼、山川风俗、市肆经纪、四时节物。

《类编长安志》、《洛阳伽蓝记》、《东京梦华录》、《武林旧事》,这四部书是人们关于长安、洛阳、开封、杭州的记忆,我们将它们汇集在一起,名为《都城风物》。

翻开《都城风物》,让生活在现代城市中的你,窥见四个古代都城的繁华风物,听到千年前城市居民的隐隐喧嚣。

中华书局编辑部

2020 年 7 月

目 录

卷之一

卷之二

卷之三

卷之四

卷之五

序

　　三坟五典之说，九流百氏之言，并理在人区，而义兼天外。至于一乘二谛之原，三明六通之旨，西域备详，东土靡记。自顶日感梦，满月流光，阳门饰豪眉之象，夜台图绀发之形，迩来奔竞，其风遂广。

　　至于晋室永嘉，唯有寺四十二所。逮皇魏受图，光宅嵩洛，笃信弥繁，法教愈盛。王侯贵臣，弃象马如脱屣；庶士豪家，舍资财若遗迹。于是招提栉比，宝塔骈罗，争写天上之姿，竞摹山中之影，金刹与灵台比高，讲殿共阿房等壮。岂直木衣绨绣，土被朱紫而已哉！

　　暨永熙多难，皇舆迁邺，诸寺僧尼，亦与时徙。至武定五年，岁在丁卯，余因行役，重览洛阳。城郭崩毁，宫室倾覆，寺观灰烬，庙塔丘墟。墙被蒿艾，巷罗荆棘，野兽穴于荒阶，山鸟巢于庭树。游儿牧竖，踯躅于九逵，农夫耕老，艺黍于双阙。始知《麦秀》之感，非独殷墟；《黍离》之悲，信哉周室！

京城表里，凡有一千余寺，今日寥廓，钟声罕闻。恐后世无传，故撰斯记。然寺数最多，不可遍写；今之所录，止大伽蓝，其中小者，取其祥异，世谛俗事，因而出之。先以城内为始，次及城外。表列门名，以记远近。凡为五篇。余才非著述，多有遗漏，后之君子，详其阙焉。

太和十七年，高祖迁都洛阳，诏司空公穆亮营造宫室，洛阳城门依魏晋旧名。

东面有三门：

北头第一门，曰建春门。

> 汉曰上东门。阮籍诗曰"步出上东门"是也。
>
> 魏晋曰建春门，高祖因而不改。

次南曰东阳门。

> 汉曰中东门。魏晋曰东阳门，高祖因而不改。

次南曰青阳门。

> 汉曰望京门。魏晋曰清明门，高祖改为青阳门。

南面有四门：

东头第一门，曰开阳门。

初，汉光武迁都洛阳，作此门始成，而未有名，忽夜中有柱自来在楼上。后琅邪郡开阳县上言南门一柱飞去，使来视之，则是也，遂以"开阳"为名。自魏及晋因而不改，高祖亦然。

次西曰平昌门。

汉曰平门。魏晋曰平昌门，高祖因而不改。

次西曰宣阳门。

汉曰小苑门。魏晋曰宣阳门，高祖因而不改。

次西曰津阳门。

汉曰津门。魏晋曰津阳门，高祖因而不改。

西面有四门：

南头第一门，曰西明门。

汉曰广阳门。魏晋因而不改，高祖改为西明门。

次北曰西阳门。

汉曰雍门。魏晋曰西明门，高祖改为西阳门。

次北曰阊阖门。

汉曰上西门。上有铜璇玑玉衡，以齐七政。

魏晋曰阊阖门，高祖因而不改。

次北曰承明门。

承明者，高祖所立，当金墉城前东西大道。迁京之始，宫阙未就，高祖住在金墉城，城西有王南寺，高祖数诣寺与沙门论义，故通此门，而未有名，世人谓之"新门"。时王公卿士常迎驾于新门，高祖谓御史中尉李彪曰："曹植诗云'谒帝承明庐'，此门宜以'承明'为称。"遂名之。

北面有二门：

西头曰大夏门。

汉曰夏门。魏晋曰大夏门，高祖因而不改。宣武帝造三层楼，去地二十丈。洛阳城门楼皆两重，去地百尺，惟大夏门甍栋干云。

东头曰广莫门。

汉曰谷门。魏晋曰广莫门，高祖因而不改。

自广莫门以西，至于大夏门，宫观相连，被诸城

上也。

门有三道，所谓九轨。

卷之一

城内

永宁寺

永宁寺，熙平元年灵太后胡氏所立也，在宫前阊阖门南一里御道西。

其寺东有太尉府，西对永康里，南界昭玄曹，北邻御史台。

阊阖门前御道东有左卫府。府南有司徒府。司徒府南有国子学，堂内有孔丘像。颜渊问仁、子路问政在侧。国子学南有宗正寺，寺南有太庙，庙南有护军府，府南有衣冠里。

御道西有右卫府，府南有太尉府，府南有将作曹，曹南有九级府，府南有太社，社南有凌阴里，即四朝时藏冰处也。

中有九层浮图一所，架木为之，举高九十丈。上有金刹，复高十丈；合去地一千尺。去京师百里，已遥见之。初掘基至黄泉下，得金像三十躯，太后以为信法之征，是以营建过度也。

刹上有金宝瓶，容二十五斛。宝瓶下有承露金盘一十一重，周匝皆垂金铎。复有铁锁四道，引刹向浮图四角，锁上亦有金铎。铎大小如一石瓮子。浮图有九级，角角皆悬金铎，合上下有一百三十铎。

浮图有四面，面有三户六窗，户皆朱漆。扉上各有五行金铃，合有五千四百枚。复有金环铺首，殚土木之功，穷造形之巧，佛事精妙，不可思议。绣柱金铺，骇人心目。至于高风永夜，宝铎和鸣，铿锵之声，闻及十余里。

浮图北有佛殿一所，形如太极殿。中有丈八金像一躯，中长金像十躯，绣珠像三躯，金织成像五躯，玉像二躯。作工奇巧，冠于当世。僧房楼观，一千余间，雕梁粉壁，青琐绮疏，难得而言。栝柏椿松，扶疏檐溜，丛竹香草，布护阶墀。

是以常景碑云："须弥宝殿，兜率净宫，莫尚于斯"也。

外国所献经像，皆在此寺。寺院墙皆施短椽，以瓦覆之，若今宫墙也。

四面各开一门。南门楼三重，通三阁道，去地二十丈，形制似今端门。图以云气，画彩仙灵，列钱青琐，赫奕华丽。拱门有四力士，四师子，饰以金银，加之珠玉，庄严焕炳，世所未闻。东西两门亦皆如之，所可异者，唯楼两重。北门一道，上不施屋，似乌头门。

其四门外，皆树以青槐，亘以绿水，京邑行人，多庇其下。路断飞尘，不由淮云之润；清风送凉，岂借合欢之发？

诏中书舍人常景为寺碑文。

景字永昌，河内人也。敏学博通，知名海内。太和十九年，为高祖所器，拔为律博士，刑法疑狱，多访于景。

正始初，诏刊律令，永作通式，敕景共治书侍御史高僧裕、羽林监王元龟、尚书郎祖莹、员外散骑侍郎李琰之等，撰集其事。又诏太师彭城王勰、青州刺史刘芳，入预其议。景讨正科条，商榷古今，甚有伦序，见行于世，今《律》二十篇是也。

又共芳造洛阳宫殿门阁之名，经途里邑之号。出除长安令，时人比之潘岳。其后历位中书舍人，黄门侍郎，秘书监，幽州刺史，仪同三司。学徒以为荣焉。

景入参近侍，出为侯牧，居室贫俭，事等农

家，唯有经史，盈车满架。所著文集，数百余篇，给事中封晔伯作序行于世。

装饰毕功，明帝与太后共登之。视宫中如掌内，临京师若家庭，以其目见宫中，禁人不听升之。

衔之尝与河南尹胡孝世共登之，下临云雨，信哉不虚！

时有西域沙门菩提达摩者，波斯国胡人也。起自荒裔，来游中土。见金盘炫日，光照云表，宝铎含风，响出天外，歌咏赞叹，实是神功。自云："年一百五十岁，历涉诸国，靡不周遍，而此寺精丽，阎浮所无也。极佛境界，亦未有此！"口唱南无，合掌连日。

至孝昌二年中，大风发屋拔树，刹上宝瓶，随风而落，入地丈余。复命工匠更铸新瓶。

建义元年，太原王尔朱荣总士马于此寺。

荣字天宝，北地秀容人也。世为第一领民酋长，博陵郡公。部落八千余，家有马数万匹，富等天府。

武泰元年二月中，帝崩无子，立临洮王世子钊以绍大业，年三岁，太后贪秉朝政，故以立之。

荣谓并州刺史元天穆曰："皇帝晏驾，春秋十九，海内士庶，犹曰幼君。况今奉未言之儿，以临天下，而望升平，其可得乎？吾世荷国恩，不能坐看成败，今欲以铁马五千，赴哀山陵，兼问侍臣帝崩之由，君竟谓何如？"

穆曰："明公世跨并肆，雄才杰出，部落之民，控弦一万。若能行废立之事，伊霍复见于今日。"

荣即共穆结异姓兄弟。穆年大，荣兄事之。荣为盟主，穆亦拜荣。

于是密议长君诸王之中不知谁应当璧。遂于晋阳，人各铸像不成，唯长乐王子攸像光相具足，端严特妙。是以荣意在长乐。遣苍头王丰入洛，约以为主。长乐即许之，共克期契。

荣三军皓素，扬旌南出。太后闻荣举兵，召王公议之。时胡氏专宠，皇宗怨望，入议者莫肯致言。

唯黄门侍郎徐纥曰："尔朱荣马邑小胡，人才凡鄙，不度德量力，长戟指阙，所谓穷辙拒轮，积薪候燎！今宿卫文武足得一战，但守河桥，观其意趣；荣悬军千里，兵老师弊，以逸待劳，破之必矣。"

后然纪言，即遣都督李神轨、郑季明等，领众五千，镇河桥。

四月十一日，荣过河内，至高头驿。长乐王从雷陂北渡，赴荣军所。神轨、季明等见长乐王往，遂开门降。

十二日，荣军于芒山之北，河阴之野。

十三日，召百官赴驾，至者尽诛之。王公卿士及诸朝臣死者二千余人。

十四日，车驾入城，大赦天下，改号为建义元年，是为庄帝。

于时新经大兵，人物歼尽，流迸之徒，惊骇未出。庄帝肇升太极，解网垂仁，唯散骑常侍山伟一人拜恩南阙。加荣使持节中外诸军事大将军、开府北道大行台、都督十州诸军事大将军、领左右、太原王。其天穆为侍中、太尉公、世袭并州刺史、上党王。起家为公卿牧守者，不可胜数。

二十日，洛中草草，犹自不安。死生相怨，人怀异虑。贵室豪家，弃宅竞窜；贫夫贱士，襁负争逃。于是出诏，滥死者，普加褒赠。三品以上，赠三公。五品以上，赠令仆。七品以上，赠州牧。白民赠郡镇。于是稍安。

帝纳荣女为皇后。进荣为柱国大将军录尚书事，余官如故。进天穆为大将军，余官皆如故。

永安二年五月，北海王元颢复入洛，在此寺聚兵。

颢，庄帝从兄也。孝昌末镇汲郡。闻尔朱荣入洛阳，遂南奔萧衍。是年入洛，庄帝北巡。颢登皇帝位，改年曰建武元年。

颢与庄帝书曰：

"大道既隐，天下匪公。祸福不追，与能义绝。朕犹庶几五帝，无取六军。正以糠秕万乘，锱铢大宝，非贪皇帝之尊，岂图六合之富？

直以尔朱荣往岁入洛，顺而勤王，终为魏贼。逆刃加于君亲，锋镝肆于卿宰。元氏少长，殆欲无遗。已有陈恒盗齐之心，非无六卿分晋之计。但以四海横流，欲篡未可；暂树君臣，假相拜置。害卿兄弟，独夫介立。遵养待时，臣节讵久？

朕睹此心寒，远投江表，泣请梁朝，誓在复耻。风行建业，电赴三川，正欲问罪于尔朱，出卿于桎梏，恤深怨于骨肉，解苍生于倒悬。

谓卿明眸击节，躬来见我，共叙哀辛，同讨凶羯。不意驾入成皋，便尔北渡。虽迫于凶手，势不自由；或贰生素怀，弃剑猜我。闻之永叹，抚衿而失。何者？朕之于卿，兄弟非远。连枝分叶，兴灭相依。假有内阋，外犹御侮；况我与卿，睦厚偏笃，其于急难，凡今莫如。弃亲即仇，义将焉据也？

且尔朱荣不臣之迹，暴于旁午。谋魏社稷，愚智同见。卿乃明白，疑于必然，托命豺狼，委身虎口，弃亲助贼，兄弟寻戈。假获民地，本是荣物；若克城邑，绝非卿有。徒危宗国，以广寇仇。快贼莽之心，假卞庄之利。有识之士，咸为惭之。

今家国隆替，在卿与我。若天道助顺，誓兹义举，则皇魏宗社，与运无穷。傥天不厌乱，胡羯未殄，鸱鸣狼噬，荐食河北，在荣为福，于卿为祸。岂伊异人？

尺书道意，卿宜三复。义利是图，富贵可保，徇人非虑。终不食言，自相鱼肉。善择元吉，勿贻后悔。"

此黄门郎祖莹之词也。

时帝在长子城，太原王、上党王来赴急难。六月，帝围河内，太守元桃汤、车骑将军宗正珍孙等为颢守，攻之弗克。

时暑炎赫，将士疲劳，太原王欲使帝幸晋阳，至秋更举大义，未决，召刘助筮之，助曰："必克。"于是至明尽力攻之，如其言。桃汤、珍孙并斩首，以殉三军。

颢闻河内不守，亲率百僚出镇河桥，特迁侍中安丰王延明往守硖石。七月，帝至河阳，与颢隔河相望。太原王命车骑将军尔朱兆潜师渡河，破延明于硖石。

颢闻延明败，亦散走。所将江淮子弟五千人，莫不解甲相泣，握手成别。颢与数十骑欲奔萧衍，至长社，为社民斩其首，传送京师。

二十日，帝还洛阳，进太原王天柱大将军，余官亦如故；进上党王太宰，余官亦如故。

永安三年，逆贼尔朱兆囚庄帝于寺。

时太原王位极心骄，功高意侈，与夺任情，臧否肆意。帝怒谓左右曰："朕宁作高贵乡公死，不作汉献帝生！"

九月二十五日，诈言产太子，荣、穆并入朝，庄帝手刃荣于明光殿，穆为伏兵鲁暹所杀。荣世子部落大人亦死焉。荣部下车骑将军尔朱阳都等二十人，随入东华门，亦为伏兵所杀。唯右仆射尔朱世隆素在家，闻荣死，总荣部曲，烧西阳门，奔河桥。

至十月一日，隆与荣妻北乡郡长公主至芒山冯王寺为荣追福荐斋。即遣尔朱侯讨伐、尔朱那律归等，领胡骑一千，皆白服来至郭下，索太原王尸丧。

帝升大夏门望之，遣主书牛法尚谓归等曰："太原王立功不终，阴图衅逆，王法无亲，已依正刑，罪止荣身，余皆不问。卿等何为不降？官爵如故。"

归曰："臣从太原王来朝陛下，何忽今日枉致无理？臣欲还晋阳，不忍空去，愿得太原王尸丧，生死无恨。"

发言雨泪，哀不自胜。群胡恸哭，声振京师。帝闻之，亦为伤怀。遣侍中朱元龙赍铁券与世隆，待之不死，官位如故。

世隆谓元龙曰："太原王功格天地，道济生民，赤心奉国，神明所知。长乐不顾信誓，枉害忠良，今日两行铁字，何足可信？吾为太原王报仇，终不归降！"

元龙见世隆呼帝为长乐，知其不款，且以言

帝。帝即出库物置城西门外，募敢死之士，以讨世隆，一日即得万人。与归等战于郭外，凶势不摧。

归等屡涉戎场，便利击刺；京师士众未习军旅，虽皆义勇，力不从心。三日频战，而游魂不息。

帝更募人断河桥。有汉中人李苗为水军，从上流放火烧桥，世隆见桥被焚，遂大剽生民，北上太行。帝遣侍中源子恭、黄门郎杨宽，领步骑三万，镇河内。

世隆至高都，立太原太守长广王晔为主，改号曰建明元年。尔朱氏自封王者八人。长广王都晋阳，遣颍川王尔朱兆举兵向京师，子恭军失利，兆自雷陂涉渡，擒庄帝于式乾殿。

帝初以黄河奔急，谓兆未得猝济，不意兆不由舟楫，凭流而渡。是日水浅，不没马腹，故及此难。书契所记，未之有也。

衒之曰：昔光武受命，冰桥凝于滹水；昭烈中起，的卢踊于泥沟，皆理合于天，神祇所福，故能功济宇宙，大庇生民。若兆者，蜂目豺声，行穷枭獍，阻兵安忍，贼害君亲，皇灵有知，鉴其凶德！反使孟津由膝，赞其逆心，易称天道祸淫，鬼神福谦，以此验之，信为虚说。

时兆营军尚书省，建天子金鼓，庭设漏刻，嫔御妃主，皆拥之于幕。锁帝于寺门楼上。时十二月，帝患寒，随兆乞头巾，兆不与，遂囚帝送晋阳，缢于三级寺。

帝临崩礼佛，愿不为国王。又作五言曰：

权去生道促，忧来死路长。

怀恨出国门，含悲入鬼乡。

隧门一时闭，幽庭岂复光？

思鸟吟青松，哀风吹白杨。

昔来闻死苦，何言身自当！"

至太昌元年冬，始迎梓宫赴京师，葬帝靖陵。所作五言诗即为挽歌词。朝野闻之，莫不悲恸，百姓观者，悉皆掩涕而已。

永熙三年二月，浮图为火所烧。帝登凌云台望火，遣南阳王宝炬、录尚书事长孙稚，将羽林一千救赴火所，莫不悲惜，垂泪而去。

火初从第八级中平旦大发，当时雷雨晦冥，杂下霰雪，百姓道俗，咸来观火。悲哀之声，振动京邑。时有三比丘，赴火而死。火经三月不灭。有火入地寻柱，周年犹有烟气。

其年五月中，有人从东莱郡来云："见浮图于海中，光明照耀，俨然如新，海上之民，咸皆见之。俄然雾起，浮图遂隐。"

　　至七月中，平阳王为侍中斛斯椿所挟，奔于长安。十月而京师迁邺。

建中寺

建中寺，普泰元年尚书令乐平王尔朱世隆所立也。本是阉官司空刘腾宅。

屋宇奢侈，梁栋逾制，一里之间，廊庑充溢。堂比宣光殿，门匹乾明门，博敞弘丽，诸王莫及也。

在西阳门内御道北所谓延年里。

刘腾宅东有太仆寺，寺东有乘黄署，署东有武库署，即魏相国司马文王府库，东至闾阖宫门是也。

西阳门内御道南，有永康里。里内复有领军将军元乂宅。

掘故井得石铭，云是汉太尉荀彧宅。

正光年中，元乂专权，太后幽隔永巷，腾为谋主。

乂是江阳王继之子，太后妹婿。熙平初，明

帝幼冲，诸王权上，太后拜乂为侍中，领军左右，令总禁兵，委以腹心，反得幽隔永巷六年，太后哭曰："养虎自啮，长虺成蛇！"

至孝昌二年太后反政，遂诛乂等，没腾田宅。元乂诛日，腾已物故，太后追思腾罪，发墓残尸，使其神灵无所归趣。以宅赐高阳王雍。

建义元年，尚书令乐平王尔朱世隆为荣追福，题以为寺。朱门黄阁，所谓仙居也。以前厅为佛殿，后堂为讲室。金花宝盖，遍满其中。

有一凉风堂，本腾避暑之处，凄凉常冷，经夏无蝇，有万年千岁之树也。

长秋寺

长秋寺，刘腾所立也。

腾初为长秋令卿，因以为名。

在西阳门内御道北一里。

亦在延年里，即是晋中朝时金市处。寺北有蒙氾池，夏则有水，冬则竭矣。

中有三层浮图一所，金盘灵刹，曜诸城内。作六牙白象负释迦在虚空中。庄严佛事，悉用金玉，作工之异，难可具陈。

四月四日此像常出，辟邪、师子道引其前。吞刀吐火，腾骧一面。彩幢上索，诡谲不常。奇伎异服，冠于都市。像停之处，观者如堵，迭相践跃，常有死人。

瑶光寺

瑶光寺，世宗宣武皇帝所立。在阊阖城门御道北，东去千秋门二里。

千秋门内道北有西游园，园中有凌云台，即是魏文帝所筑者。台上有八角井，高祖于井北造凉风观，登之远望，目极洛川。台下有碧海曲池。台东有宣慈观，去地十丈。

观东有灵芝钓台，累木为之，出于海中，去地二十丈。风生户牖，云起梁栋，丹楹刻桷，图写列仙。刻石为鲸鱼，背负钓台；既如从地踊出，又似空中飞下。

钓台南有宣光殿，北有嘉福殿，西有九龙殿。殿前九龙吐水成一海。凡四殿，皆有飞阁向灵芝往来。三伏之月，皇帝在灵芝台以避暑。

有五层浮图一所，去地五十丈。仙掌凌虚，铎垂云表，作工之妙，埒美永宁。讲殿尼房，五百余间。

绮疏连亘，户牖相通，珍木香草，不可胜言。牛筋狗骨之木，鸡头鸭脚之草，亦悉备焉。

椒房嫔御，学道之所，掖庭美人，并在其中。亦有名族处女，性爱道场，落发辞亲，来仪此寺。屏珍丽之饰，服修道之衣，投心八正，归诚一乘。

永安三年中，尔朱兆入洛阳，纵兵大掠，时有秀容胡骑数十人，入寺淫秽，自此后颇获讥讪。京师语曰：洛阳男儿急作髻，瑶光寺尼夺作婿。

瑶光寺北有承明门，有金墉城，即魏氏所筑。

晋永康中，惠帝幽于金墉城。东有洛阳小城，永嘉中所筑。城东北角有魏文帝百尺楼，年虽久远，形制如初。

高祖在城内作光极殿，因名金墉城门为光极门。又作重楼飞阁，遍城上下，从地望之，有如云也。

景乐寺

景乐寺，太傅清河文献王怿所立也。

怿是孝文皇帝之子，宣武皇帝之弟。

在阊阖南，御道东。西望永宁寺正相当。

寺西有司徒府，东有大将军高肇宅。北连义井里。义井里北门外有丛树数株，枝条繁茂。下有甘井一所，石槽铁罐，供给行人，饮水庇荫，多有憩者。

有佛殿一所，像辇在焉。雕刻巧妙，冠绝一时。堂庑周环，曲房连接，轻条拂户，花蕊被庭。至于六斋，常设女乐，歌声绕梁，舞袖徐转，丝管廖亮，谐妙入神。

以是尼寺，丈夫不得入。得往观者，以为至天堂。及文献王薨，寺禁稍宽，百姓出入，无复限碍。

后汝南王悦复修之。

悦是文献之弟。召诸音乐，逞伎寺内。奇禽

怪兽，舞抃殿庭。飞空幻惑，世所未睹。异端奇术，总萃其中。剥驴投井，植枣种瓜，须臾之间，皆得食之。士女观者，目乱精迷。

自建义已后，京师频有大兵，此戏遂隐也。

昭仪尼寺

昭仪尼寺，阉官等所立也。在东阳门内一里御道南。

> 东阳门内道北有太仓、导官二署。东南治粟里，仓司官属住其内。

太后临朝，阉寺专宠，宦者之家，积金满堂。是以萧忻云："高轩斗升者，尽是阉官之媵妇；胡马鸣珂者，莫非黄门之养息也。"

> 忻，阳平人也，爱尚文籍，少有名誉，见阉寺宠盛，遂发此言，因即知名，为治书侍御史。

寺有一佛二菩萨，塑工精绝，京师所无也。四月七日常出诣景明，景明三像恒出迎之。伎乐之盛，与刘腾相比。堂前有酒树面木。

昭仪寺有池，京师学徒谓之翟泉也。

> 衒之按杜预注《春秋》云翟泉在晋太仓西南，按晋太仓在建春门内，今太仓在东阳门内，此地

今在太仓西南，明非翟泉也。

后隐士赵逸云：此地是晋侍中石崇家池，池南有绿珠楼。于是学徒始寤，经过者，想见绿珠之容也。

池西南有愿会寺，中书侍郎王翊舍宅所立也。佛堂前生桑树一株，直上五尺，枝条横绕，柯叶傍布，形如羽盖。复高五尺，又然。凡为五重，每重叶甚各异。京师道俗谓之神桑。观者成市，布施者甚众。

帝闻而恶之，以为惑众。命给事黄门侍郎元纪伐杀之。其日云雾晦冥，下斧之处，血流至地，见者莫不悲泣。

寺南有宜寿里。内有苞信县令段晖宅。

地下常闻有钟声，时见五色光明，照于堂宇。晖甚异之。遂掘光所，得金像一躯，可高三尺，并有二菩萨。趺坐上铭云："晋泰始二年五月十五日侍中中书监荀勖造。"晖遂舍宅为光明寺。时人咸云此是荀勖故宅。

其后盗者欲窃此像，像与菩萨合声喝贼，盗者惊怖，应即殒倒。众僧闻像叫声，遂来捉得贼。

胡统寺

胡统寺，太后从姑所立也。

入道为尼，遂居此寺。

在永宁南一里许。宝塔五重，金刹高耸。洞房周匝，
对户交疏。朱柱素壁，甚为佳丽。其寺诸尼，帝城名德，
善于开导，工谈义理。常入宫与太后说法，其资养缁流，
从无比也。

嵩明寺

修梵寺，在青阳门内御道北。嵩明寺，复在修梵寺西。并雕墙峻宇，比屋连甍，亦是名寺也。修梵寺有金刚，鸠鸽不入，鸟雀不栖。菩提达摩云得其真相也。

寺北有永和里，汉太师董卓之宅也。

里南北皆有池，卓之所造。今犹有水，冬夏不竭。

里中有太傅录尚书事长孙稚、尚书右仆射郭祚、吏部尚书邢峦、廷尉卿元洪超、卫尉卿许伯桃、凉州刺史尉成兴等六宅。

皆高门华屋，斋馆敞丽。楸槐荫途，桐杨夹植。当世名为贵里。掘此地者，辄得金玉宝玩之物。

时邢峦家常掘得丹砂，及钱数十万，铭云："董太师之物。"后卓夜中随峦索此物，峦不与之。经年峦遂卒矣。

景林寺

景林寺，在开阳门内御道东。

讲殿叠起，房庑连属。丹楹炫日，绣桷迎风，实为胜地。

寺西有园，多饶奇果。春鸟秋蝉，鸣声相续。中有禅房一所，内置祇洹精舍，形制虽小，巧构难比。加以禅阁虚静，隐室凝邃，嘉树夹牖，芳杜匝阶，虽云朝市，想同岩谷。净行之僧，绳坐其内，飧风服道，结跏数息。

有石铭一所，国子博士卢白头为其文。

> 白头，一字景裕，范阳人也。性爱恬静，丘园放教。学极六经，说通百氏。普泰初，起家为国子博士。虽在朱门，以注述为事，注周易行之于世也。

建春门内御道南有勾盾、典农、籍田三署。籍田南有司农寺。

御道北有空地，拟作东宫，晋中朝时太仓处也。太仓西南有翟泉，周回三里，即《春秋》所谓"王子虎、晋狐偃盟于翟泉"也。

水犹澄清，洞底明净。鳞甲潜藏，辨其鱼鳖。

高祖于泉北置河南尹。

中朝时步广里也。

泉西有华林园。高祖以泉在园东，因名为"苍龙海"。华林园中有大海，即汉天渊池。

池中犹有魏文帝九华台。高祖于台上造清凉殿，世宗在海内作蓬莱山。山上有仙人馆。台上有钓台殿。并作虹蜺阁，乘虚来往。至于三月禊日，季秋巳辰，皇帝驾龙舟鹢首，游于其上。

海西有藏冰室。六月出冰，以给百官。

海西南有景山殿。山东有羲和岭，岭上有温风室。山西有姮娥峰，峰上有露寒馆。并飞阁相通，凌山跨谷。山北有玄武池。山南有清暑殿。殿东有临涧亭，殿西有临危台。

景阳山南，有百果园。果别作林，林各有堂。有仙人枣，长五寸，把之两头俱出，核细如针，霜降乃熟，食之甚美。俗传云出昆仑山；一曰西王母枣。又有仙人桃，其色赤，表里照彻，得霜乃熟。亦出昆仑山，一曰王母桃也。

奈林南有石碑一所，魏明帝所立也。题云"苗茨之碑"。高祖于碑北作苗茨堂。

永安中，庄帝马射于华林园，百官皆来读碑，疑"苗"字误。

国子博士李同轨曰："魏明英才，世称三祖。公幹仲宣，为其羽翼。但未知本意如何，不得言误也。"

衒之时为奉朝请，因即释曰："以蒿覆之，故言苗茨。何误之有？"

众咸称善，以为得其旨归。

奈林西有都堂，有流觞池。堂东有扶桑海。

凡此诸海，皆有石窦流于地下，西通谷水，东连阳渠，亦与翟泉相连。若旱魃为害，谷水注之不竭；离毕滂润，阳渠泄之不盈。至于鳞甲异品，羽毛殊类，濯波浮浪，如似自然也。

卷之二

城东

明悬尼寺

明悬尼寺，彭城武宣王勰所立也。在建春门外石桥南。

谷水周围绕城，至建春门外，东入阳渠石桥。桥有四石柱，在道南，铭云："汉阳嘉四年将作大匠马宪造。"逮我孝昌三年大雨颓桥，南柱始埋没，道北二柱，至今犹存。

衙之按刘澄之《山川古今记》、戴延之《西征记》并云晋太康元年造，此则失之远矣。按澄之等并生在江表，未游中土，假因征役，暂来经过，至于旧事，多非亲览，闻诸道路，便为穿凿，误我后学，日月已甚。

有三层塔一所，未加庄严。寺东有中朝时常满仓，高祖令为租场，天下贡赋所聚蓄也。

龙华寺

龙华寺，宿卫羽林虎贲等所立也。在建春门外阳渠南。

寺南有租场。

阳渠北有建阳里，里内有土台，高三丈，上作二精舍。

赵逸云：此台是中朝时旗亭也。上有二层楼，悬鼓击之以罢市。

有钟一口，撞之，闻五十里。太后以钟声远闻，遂移在宫内。置凝闲堂前，与内讲沙门打为时节。孝昌初，萧衍子豫章王综来降，闻此钟声，以为奇异，遂造听钟歌三首，行传于世。

综字世谦，伪齐昏主宝卷遗腹子也。宝卷临政淫乱，吴人苦之。雍州刺史萧衍立南康王宝融为主，举兵向秣陵，事既克捷，遂杀宝融而自立。

宝卷有美人吴景晖，时孕综经月，衍因幸景晖，及综生，认为己子，小名缘觉，封豫章王。

综形貌举止甚似昏主，其母告之，令自方便。综遂归我圣阙，更改名曰缵，字德文，始为宝卷追服三年丧。明帝拜综太尉公，封丹阳王。

永安年中，尚庄帝姊寿阳公主，字莒犁。公主容色美丽，综甚敬之。与公主语，常自称"下官"。授齐州刺史，加开府。

及京师倾覆，综弃州北走。时尔朱世隆专权，遣取公主至洛阳，世隆逼之，公主骂曰："胡狗，敢辱天王女乎！"世隆怒，遂缢杀之。

璎珞寺

璎珞寺在建春门外御道北，所谓建阳里也。

即中朝时白社地，董威辇所居处。

里内有璎珞、慈善、晖和、通觉、晖玄、宗圣、魏昌、熙平、崇真、因果等十寺。里内士庶，二千余户，信崇三宝。众僧利养，百姓所供也。

宗圣寺

　　宗圣寺，有像一躯，举高三丈八尺，端严殊特，相好毕备，士庶瞻仰，目不暂瞬。

　　此像一出，市井皆空，炎光辉赫，独绝世表。妙伎杂乐，亚于刘腾。城东士女，多来此寺观看也。

崇真寺

崇真寺，比丘慧嶷，死经七日还活，经阎罗王检阅，以错召放免。

慧嶷具说过去之时，有五比丘同阅。一比丘云是宝明寺智圣，以坐禅、苦行得升天堂。有一比丘是般若寺道品，以诵经四十卷《涅槃》，亦升天堂。

有一比丘云是融觉寺昙谟最，讲《涅槃华严》，领从千人。阎罗王曰："讲经者心怀彼我，以骄凌物，比丘中第一粗行。今唯试坐禅、诵经，不问讲经。"其昙谟最曰："贫道立身以来，唯好讲经，实不谙诵。"阎罗王敕付司。即有青衣十人送昙谟最向西北门。屋舍皆黑，似非好处。

有一比丘云是禅林寺道弘，自云教化四辈檀越，造一切经，人中金像十躯。阎罗王曰："沙门之体，必须摄心守道。志在禅诵。不干世事，不作有为。虽造作经像，正欲得他人财物，既得财物，贪心即起，既怀贪心，便是三毒不除，具足烦恼。"亦付司，仍与昙谟最同入黑门。

有一比丘云是灵觉寺宝真，自云出家之前，尝作陇西太守，造灵觉寺。寺成，即弃官入道。虽不禅诵，礼拜不阙。阎罗王曰："卿作太守之日，曲理枉法，劫夺民财，假作此寺，非卿之力，何劳说此！"亦付司，青衣送入黑门。

时太后闻之，遣黄门侍郎徐纥依慧嶷所说即访宝明等寺。城东有宝明寺，城内有般若寺，城西有融觉、禅林、灵觉等三寺，问智圣、道品、昙谟最、道弘、宝真等，皆实有之。议曰人死有罪福。即请坐禅僧一百人常在内殿供养之。诏不听持经像沿路乞索。若私有财物，造经像者任意。

慧嶷亦入白鹿山，隐居修道。自此以后，京邑比丘皆事禅诵，不复以讲经为意。

出建春门外一里余，至东石桥。

南北而行，晋太康元年造。桥南有魏朝时马市，刑嵇康之所也。

桥北大道西有建阳里，大道东有绥民里。里内有河间刘宣明宅。

神龟年中，以直谏忤旨，斩于都市。讫目不瞑，尸行百步，时人谈以枉死。宣明少有名誉，精通经史，危行及于诛死也。

魏昌尼寺

魏昌尼寺，阉官瀛州刺史李次寿所立也。在里东南角。

即中朝牛马市处也，刑嵇康之所。

东临石桥。

此桥南北行。晋太康元年中朝时市南桥也。

澄之等盖见此桥铭，因而以桥为太康初造也。

景兴尼寺

石桥南道有景兴尼寺，亦阉官等所共立也。

有金像辇，去地三丈，上施宝盖，四面垂金铃、七宝珠，飞天伎乐，望之云表。作工甚精，难可扬榷。像出之日，常诏羽林一百人举此像，丝竹杂伎，皆由旨给。

建阳里东有绥民里，里内有洛阳县，临渠水。县门外有《洛阳令杨机清德碑》。绥民里东，有崇义里。里内有京兆人杜子休宅。

地形显敞，门临御道。时有隐士赵逸，云是晋武时人，晋朝旧事，多所记录。

正光初来至京师，见子休宅，叹息曰："此宅中朝时太康寺也。"时人未之信，遂问寺之由绪。逸云："龙骧将军王濬平吴之后，始立此寺。本有三层浮图，用砖为之。"指子休园中曰："此是故处。"

子休掘而验之，果得砖数万。并有石铭云："晋太康六年岁次乙巳九月甲戌朔八日辛巳仪同三司襄阳侯王濬敬造。"

时园中果菜丰蔚，林木扶疏，乃服逸言，号为圣人。子休遂舍宅为灵应寺。所得之砖，还为三层浮图。

好事者遂寻问晋朝京师何如今日。逸曰："晋时民少于今日，王侯第宅与今日相似。"

又云："自永嘉已来二百余年，建国称王者十有六君，吾皆游其都邑，目见其事。国灭之后，观其史书，皆非实录，莫不推过于人，引善自向。

符生虽好勇嗜酒，亦仁而不杀。观其治典，未为凶暴。及详其史，天下之恶皆归焉。符坚自是贤主，贼君取位，妄书君恶。凡诸史官，皆是类也。人皆贵远贱近，以为信然。当今之人，亦生愚死智，惑已甚矣。"

人问其故，逸曰："生时中庸之人耳，及其死也，碑文墓志莫不穷天地之大德，尽生民之能事，为君共尧舜连衡，为臣与伊皋等迹。牧民之官，浮虎慕其清尘；执法之吏，埋轮谢其梗直。所谓生为盗跖，死为夷齐，佞言伤正，华辞损实。"当时构文之士，惭逸此言。

步兵校尉李澄问曰："太尉府前砖浮图，形制甚古，犹未崩毁，未知早晚造？"逸云："晋义熙十二年刘裕伐姚泓，军人所作。"

汝南王闻而异之，拜为义父。因而问何所服饵，以致长年。逸云："吾不闲养生，自然长寿。郭璞尝为吾筮云，寿年五百岁。今始逾半。"

帝给步挽车一乘，游于市里。所经之处，多记旧迹。

三年以后遁去，莫知所在。

崇义里东有七里桥，以石为之。

中朝时，杜预之荆州，出顿之所也。

七里桥东一里，郭门开三道，时人号为三门。

离别者多云："相送三门外。"京师士子，送去迎归，常在此处。

庄严寺

庄严寺，在东阳门外一里御道北，所谓东安里也。

北为租场。里内有驸马都尉司马悦、济州刺史刀宣、幽州刺史李真奴、豫州刺史公孙骥等四宅。

秦太上君寺

秦太上君寺，胡太后所立也。

当时太后，正号崇训，母仪天下，号父为"秦太上公"，母为"秦太上君"。为母追福，因以名焉。

在东阳门外二里御道北，所谓晖文里。

里内有太保崔光、太傅李延寔、冀州刺史李韶、秘书监郑道昭等四宅。并丰堂崛起，高门洞开。

赵逸云：晖文里是晋马道里，延寔宅是蜀主刘禅宅，延寔宅东有修和宅，是吴主孙皓宅，李韶宅是晋司空张华宅。

中有五层浮图一所，修刹入云，高门向街，佛事庄饰，等于永宁。诵室禅堂，周流重叠。花林芳草，遍满阶墀。常有大德名僧讲一切经，受业沙门，亦有千数。

太傅李延寔者，庄帝舅也。永安年中除青州刺史，临去奉辞。帝谓寔曰："怀砖之俗，世号难治；舅宜好用心，副朝廷所委。"

寔答曰："臣年迫桑榆，气同朝露，人间稍远，日近松丘。臣已久乞闲退，陛下渭阳兴念，宠及老臣，使夜行罪人，裁锦万里，谨奉明敕，不敢失坠。"

时黄门侍郎杨宽在帝侧，不晓怀砖之义，私问舍人温子昇。子昇曰："吾闻至尊兄彭城王作青州刺史，问其宾客从至青州者，云：齐土之民，风俗浅薄，虚论高谈，专在荣利。太守初欲入境，皆怀砖叩首，以美其意；及其代下还家，以砖击之。言其向背速于反掌。是以京师谣语曰：'狱中无系囚，舍内无青州。假令家道恶，肠中不怀愁。'怀砖之义起在于此也。"

颍川荀济，风流名士，高鉴妙识，独出当世。清河崔叔仁称齐士大夫，曰："齐人外矫仁义，内怀鄙吝；轻同羽毛，利等锥刀。好驰虚誉，阿附成名，威势所在，侧肩竞入，求其荣利，甜然浓泗。譬于四方，慕势最甚。"号齐士子为"慕势诸郎"。

临淄官徒布在京邑，闻怀砖慕势，咸共耻之，唯崔孝忠一人不以为意。问其故，孝忠曰："营丘风俗，太公余化，稷下儒林，礼义所出。今虽凌迟，足为天下模楷。苟济人非许、郭，不识东家，虽复莠言自口，未宜荣辱也"。

正始寺

正始寺，百官等所立也。

> 正始中立，因以为名。

在东阳门外御道南，所谓敬义里也。

> 里内有典虞曹。

檐宇清净，美于丛林，众僧房前，高林对牖，青松绿柽，连枝交映。多有枳树，而不中食。有石碑一枚，背上有侍中崔光施钱四十万，陈留侯李崇施钱二十万，自余百官各有差，少者不减五千已下。后人刊之。

敬义里南有昭德里。里内有尚书仆射游肇、御史中尉李彪、七兵尚书崔休、幽州刺史常景、司农张伦等五宅。

> 彪、景出自儒生，居室俭素，惟伦最为豪侈。斋宇光丽，服玩精奇，车马出入，逾于邦君。园

林山池之美，诸王莫及。

伦造景阳山，有若自然。其中重岩复岭，嵚崟相属。深谿洞壑，逦迤连接。高林巨树，足使日月蔽亏；悬葛垂萝，能令风烟出入。崎岖石路，似壅而通；峥嵘涧道，盘纡复直。是以山情野兴之士，游以忘归。

天水人姜质，志性疏诞，麻衣葛巾，有逸民之操。见伦山爱之，如不能已，遂造庭山赋，行传于世。其辞曰：

"夫偏重者，爱昔先民之由朴由纯，然则纯朴之体，与造化而梁津。濠上之客，柱下之史，悟无为以明心，托自然以图志。辄以山水为富，不以章甫为贵，任性浮沉，若淡兮无味。

今司农张氏，实踵其人，巨量焕于物表，天矫洞达其真，青松未胜其洁，白玉不比其珍。心托空而栖有，情入古以如新。

既不专流宕，又不偏华尚，卜居动静之间，不以山水为忘，庭起半丘半壑，听以目达心想。进不入声荣，退不为隐放。

尔乃决石通泉，拔岭岩前，斜与危云等并，旁与曲栋相连。下天津之高雾，纳沧海之远烟，纤列之状一如古，崩剥之势似千年。

若乃绝岭悬坡，蹭蹬蹉跎，泉水纡徐如浪峭，山石高下复危多。五寻百拔，十步千过，则知巫山弗及，未审蓬莱如何。

其中烟花露草，或倾或倒，霜干风枝，半耸半垂，玉叶金茎，散满阶坪。然目之绮，烈鼻之馨，既共阳春等茂，复与白雪齐清。

或言神明之骨，阴阳之精，天地未觉生此，异人焉识其名？羽徒纷泊，色杂苍黄，绿头紫颊，好翠连芳，白鹮生于异县，丹足出自他乡。皆远来以臻此，借水木以翔翔。不忆春于沙漠，遂忘秋于高阳。非斯人之感至，何候鸟之迷方？岂下俗之所务，实神怪之异趣。

能造者其必诗，敢往者无不赋。或就饶风之地，或入多云之处，□菊岭与梅岑，随春秋之所悟。远为神仙所赏，近为朝士所知，求解脱于服佩，预参次于山陲。

子英游鱼于玉质，王乔系鹄于松枝，方丈不足以妙□，咏歌此处态多奇。嗣宗闻之动魄，叔夜听此惊魂。恨不能钻地一出，醉此山门。别有王孙公子，逊遁容仪，思山念水，命驾相随，逢岑爱曲，值石陵歌。

　　庭为仁智之田，故能种此石山。森罗兮草木，长育兮风烟。孤松既能却老，半石亦可留年。若不坐卧兮于其侧，春夏兮共游陟，白骨兮徒自朽，方寸兮何所忆？"

平等寺

平等寺，广平武穆王怀舍宅所立也。在青阳门外二里御道北，所谓孝敬里也。

堂宇宏美，林木萧森，平台复道，独显当世。寺门外有金像一躯，高二丈八尺，相好端严，常有神验，国之吉凶，先炳祥异。

孝昌三年十二月中，此像面有悲容，两目垂泪，遍体皆湿，时人号曰佛汗。京师士女空市里往而观之。有一比丘，以净绵拭其泪，须臾之间，绵湿都尽。更换以它绵，俄然复湿。如此三日乃止。明年四月尔朱荣入洛阳，诛戮百官，死亡涂地。

永安二年三月，此像复汗，京邑士庶复往观之。五月，北海王入洛，庄帝北巡。七月，北海王大败，所将江淮子弟五千，尽被俘虏，无一得还。

永安三年七月，此像悲泣如初。每经神验，朝野惶惧，禁人不听观之。至十二月，尔朱兆入洛阳，擒庄帝。帝崩于晋阳。在京宫殿空虚，百日无主，唯尚书令司州牧乐平王尔朱世隆镇京师。商旅四通，盗贼不作。

建明二年，长广王从晋阳赴京师，至郭外，世隆以长广本枝疏远，政行无闻，逼禅与广陵王恭。

恭是庄帝从父兄也。正光中为黄门侍郎，见元义秉权，政归近习，遂佯哑不语，不预世事。永安中遁于上洛山中，州刺史泉企执而送之。庄帝疑恭奸诈，夜遣人盗掠衣物，复拔刀剑欲杀之，恭张口以手指舌，竟乃不言。庄帝信其真患，放令归第。

恭常住龙华寺，至是，世隆等废长广而立焉。禅文曰：

"皇帝咨广陵王恭，自我皇魏之有天下也，累圣开辅，重基衍业，奄有万邦，光宅四海，故道溢百王，德渐无外。

而孝明晏驾，人神乏主。柱国大将军大丞相太原王荣，地实封陕，任惟外相，乃心王室，大惧崩沦，故推立长乐王子攸以续绝业。庶九鼎之命日隆，七百之祚唯永。然群飞未宁，横流且及，皆狼顾鸱张，岳立棋峙。丞相一麾，大定海内。

而子攸不顾宗社，仇忌勋德，招聚轻侠，左右壬人，遂虐甚剖心，痛齐钳齿。岂直金版造怨，大鸟感德而已！于是天下之望，俄然已移。

窃以宸极不可久旷，神器岂容无主？故权从众议，暂驭兆民。今六军南迈，已次河浦，瞻望帝京，赧然兴愧。自惟寡薄，本枝疏远，岂宜仰异天情，俯乖民望？

惟王德表生民，声高万古，往以运属殷忧，时遭多难，卷怀积载，括囊有年。今天眷明德，民怀奥主，历数允集，歌讼同臻。乃徐发枢机，副兹佇属。便敬奉玺绶，归于别邸。王其寅践成业，允执其中，虽休勿休，日慎一日，敬之哉！"

恭让曰："天命至重，历数匪轻，自非德协三才，功济四海，无以入选帝图，允当师锡。臣既寡昧，识无先远，景命虽降，不敢仰承。乞收成旨，以允愚衷。"

又曰："王既德应图箓，金属攸归，便可允执其中，入光大麓。不劳挥逊，致爽人神。"恭凡让者三，于是即皇帝位，改号曰普泰。

黄门侍郎邢子才为赦文，叙述庄帝枉杀太原王之状，广陵王曰："永安手翦强臣，非为失德；

直以天未厌乱，故逢成济之祸。"谓左右："将笔来，朕自作之。"直言门下："朕以寡德，运属乐推，思与亿兆同兹大庆。肆眚之科，一依恒式。"广陵杜口八载，至是始言，海内士庶，咸称圣君。

于是封长广为东海王。世隆加仪同三司、尚书令、乐平王，余官如故。赠太原王相国晋王，加九锡，立庙于芒岭首阳。上旧有周公庙，世隆欲以太原王功比周公，故立此庙。

庙成，为火所灾。有一柱焚之不尽，后三日雷雨震电，霹雳击为数段，柱下石及庙瓦皆碎于山下。复命百官议太原王配飨。

司直刘季明议云不合。世隆问其故，季明曰："若配世宗，于宣武无功；若配孝明，亲害其母；若配庄帝，为臣不终，为庄帝所戮。以此论之，无所配也。"世隆怒曰："卿亦合死！"季明曰："下官既为议臣，依礼而言，不合圣心，俯剪惟命。"

议者咸叹季明不避强御，莫不叹伏焉。世隆既有忿言，季明终得无患。

初世隆北叛，庄帝遣安东将军史仵龙、平北将军杨文义各领兵三千守太行岭，侍中源子恭镇河内。

及尔朱兆马首南向，仟龙、文义等率众先降，子恭见仟龙、文义等降，亦望风溃散。兆遂乘胜逐北，直入京师，兵及阙下，矢流王室。至是论功，仟龙、文义各封一千户。广陵王曰："仟龙、文义于王有勋，于国无功。"竟不许。时人称帝刚直。

彭城王尔朱仲远，世隆之兄也，镇滑台，表用其下都督□瑗为西兖州刺史，先用后表。广陵答："已能近补，何劳远闻！"

世隆侍宴，帝每言："太原王贪天之功以为己力，罪亦合死。"世隆等愕然。自是已后，不敢复入朝。辄专擅国权，凶慝滋甚。坐持台省，家总万机，事无大小，先至隆第，然后施行。天子拱己南面，无所干预。

永熙元年平阳王入纂大业，始造五层塔一所。

平阳王，武穆王少子。

诏中书侍郎魏收等为寺碑文。至二年二月五日，土木毕功，帝率百僚作万僧会。其日寺门外有石像，无故自动，低头复举，竟日乃止。帝躬来礼拜，怪其诡异。中书舍人卢景宣曰："石立社移，上古有此，陛下何怪也？"帝乃还宫。

　　七月中，帝为侍中斛斯椿所使，奔于长安。至十月终，而京师迁邺焉。

景宁寺

景宁寺，太保司徒公杨椿所立也。在青阳门外三里御道南，所谓景宁里也。

高祖迁都洛邑，椿创居此里，遂分宅为寺，因以名之。

制饰甚美，绮柱珠帘。椿弟慎，冀州刺史，慎弟津，司空，并立性宽雅，贵义轻财，四世同居，一门三从。朝贵义居，未之有也。普泰中为尔朱世隆所诛，后舍宅为建中寺。

出青阳门外三里，御道北有孝义里。里西北角有苏秦冢，冢旁有宝明寺。

众僧常见秦出入此冢，车马羽仪，若今宰相也。

孝义里东，即是洛阳小市。北有车骑将军张景仁宅。

景仁，会稽山阴人也。正光年初从萧宝夤归化，拜羽林监，赐宅城南归正里。民间号为"吴人坊"，南来投化者多居其内。

近伊洛二水，任其习御。里三千余家，自立巷市。所卖口味，多是水族，时人谓为鱼鳖市也。景仁住此以为耻，遂徙居孝义里焉。

时朝廷方欲招怀荒服，待吴儿甚厚，褰裳渡于江者，皆居不次之位。景仁无汗马之劳，高官通显。

永安二年，萧衍遣主书陈庆之送北海入洛阳僭帝位。庆之为侍中。景仁在南之日与庆之有旧，遂设酒引邀庆之过宅。司农卿萧彪、尚书右丞张嵩并在其座，彪亦是南人。唯有中大夫杨元慎、给事中大夫王晌是中原士族。

庆之因醉谓萧、张等曰："魏朝甚盛，犹曰五胡，正朔相承，当在江左。秦朝玉玺，今在梁朝。"

元慎正色曰："江左假息，僻居一隅，地多湿垫，攒育虫蚁，疆土瘴疠，蛙黾共穴，人鸟同群。短发之君，无杼首之貌；文身之民，禀蕞陋之质。浮于三江，棹于五湖，礼乐所不沾，宪章弗能革。

虽复秦余汉罪，杂以华音，复闽楚难言，不可改变。虽立君臣，上慢下暴。是以刘劭杀父于前，休龙淫母于后，见逆人伦，禽兽不异。加以山阴请婿卖夫，朋淫于家，不顾讥笑。

卿沐其遗风，未沾礼化，所谓阳翟之民不知瘿之为丑。我魏膺箓受图，定鼎嵩洛，五山为镇，四海为家。移风易俗之典，与五帝而并迹，礼乐宪章之盛，凌百王而独高。岂卿鱼鳖之徒，慕义来朝，饮我池水，啄我稻粱，何为不逊，以至于此？"

庆之等见元慎清词雅句，纵横奔发，杜口流汗，含声不言。

于后数日，庆之遇病，心上急痛，访人解治。元慎自云能解，庆之遂凭元慎。元慎即口含水噀庆之曰：

"吴人之鬼，住居建康。小作冠帽，短制衣裳。自呼阿侬，语则阿傍。菰稗为饭，茗饮作浆。呷啜莼羹，唼嗍蟹黄。手把豆蔻，口嚼槟榔。乍至中土，思忆本乡。急手速去，还尔丹阳。

若其寒门之鬼，□头犹脩。网鱼漉鳖，在河之洲。咀嚼菱藕，捃拾鸡头。蛙羹蚌臛，以为膳羞。布袍芒屦，倒骑水牛。沅湘江汉，鼓棹遨游。随波溯浪，唅喝沉浮。白纻起舞，扬波发讴。急手速去，还尔扬州。"

庆之伏枕曰："杨君见辱深矣。"自此后，

吴儿更不敢解语。

北海寻伏诛，其庆之还奔萧衍，衍用其为司州刺史，钦重北人，特异于常。

朱异怪，复问之。曰："自晋宋以来，号洛阳为荒土，此中谓长江以北尽是夷狄。昨至洛阳，始知衣冠士族并在中原，礼仪富盛，人物殷阜，目所不识，口不能传。所谓帝京翼翼，四方之则，如登泰山者卑培塿，涉江海者小湘沅，北人安可不重？"

庆之因此羽仪服式悉如魏法，江表士庶竞相模楷，褒衣博带，被及秣陵。

元慎，弘农人，晋冀州刺史峤六世孙。曾祖泰，从宋武入关，为上洛太守七年，背伪来朝，明元帝赐爵临晋侯，广武郡、陈郡太守，赠凉州刺史，谥烈侯。祖抚，明经，为中博士。父辞，自得丘壑，不事王侯。叔父许，河南令，蜀郡太守。世以学行著闻，名高州里。

元慎清尚卓逸，少有高操，任心自放，不为时羁。乐山爱水，好游林泽。博识文渊，清言入神，造次应对，莫有称者。读老庄，善言玄理。性嗜酒，饮至一石，神不乱常。慷慨叹不得与阮籍同时生。不愿仕宦，为中散，常辞疾退闲，未尝修敬诸贵，亦不庆吊亲知。贵为交友，故时人弗识也。

或有人慕其高义，投刺在门，元慎称疾高卧。加以意思深长，善于解梦。

孝昌年，广阳王元渊初除仪同三司，总众十万北讨葛荣，夜梦着衮衣，倚槐树而立，以为吉征。问于元慎。元慎曰："三公之祥。"渊甚悦之。元慎退还，告人曰："广阳死矣。'槐'字是木傍鬼，死后当得三公。"广阳果为葛荣所杀，终如其言。

建义初，阳城太守薛令伯闻太原王诛百官，立庄帝，弃郡东走，忽梦射得雁，以问元慎。元慎曰："卿执羔，大夫执雁。君当得大夫之职。"俄然令伯除为谏议大夫。

京兆许超梦盗羊入狱，问于元慎。元慎曰："君当得城阳令。"其后有功，封城阳侯。元慎解梦，义出万途，随意会情，皆有神验。虽令与侯小乖，按令今百里，即是古诸侯，以此论之，亦为妙著。时人譬之周宣。

及尔朱兆入洛阳，即弃官与华阴隐士王腾周游上洛山。

孝义里东市北殖货里。里有太常民刘胡兄弟四人，以屠为业。永安年中，胡杀猪，猪忽唱乞命，声及四邻。邻人谓胡兄弟相殴斗而来观之，乃猪也。胡即舍宅为归觉寺，合家人入道焉。

普泰元年，此寺金像生毛，眉发悉皆具足。尚书左丞魏季景谓人曰："张天锡有此事，其国遂灭，此亦不祥之征。"至明年而广陵被废死。

卷之三

城南

景明寺

景明寺，宣武皇帝所立也。

景明年中立，因以为名。

在宣阳门外一里御道东。

其寺东西南北方五百步，前望嵩山少室，却负帝城，青林垂影，绿水为文，形胜之地，爽垲独美。山悬堂光观盛，一千余间。复殿重房，交疏对溜，青台紫阁，浮道相通。

虽外有四时，而内无寒暑。房檐之外，皆是山池。松竹兰芷，垂列阶墀，含风团露，流香吐馥。

至正光年中，太后始造七层浮图一所，去地百仞。

是以邢子才碑文云"俯闻激电，旁属奔星"，是也。

妆饰华丽，侔于永宁。金盘宝铎，焕烂霞表。

寺有三池，萑蒲菱藕，水物生焉。或黄甲紫鳞，出没于蘩藻，或青凫白雁，沉浮于绿水。碾硙春簸，皆用水功，伽蓝之妙，最为称首。

时世好崇福，四月七日京师诸像皆来此寺，尚书祠部曹录像凡有一千余躯。至八日，以次入宣阳门，向阊阖宫前受皇帝散花。

于时金花映日，宝盖浮云，幡幢若林，香烟似雾，梵乐法音，聒动天地。百戏腾骧，所在骈比。名僧德众，负锡为群，信徒法侣，持花成薮。车骑填咽，繁衍相倾。时有西域胡沙门见此，唱言佛国。

至永熙年中始诏国子祭酒邢子才为寺碑文。

子才，河间人也。志性通敏，风情雅润，下帷覃思，温故知新。文宗学府，腾班、马而孤上，英规胜范，凌许、郭而独高。

是以衣冠之士，辐辏其门，怀道之宾，去来满室。升其堂者，若登孔氏之门；沾其赏者，犹听东吴之句。藉甚当时，声驰遐迩。

正光末，解褐为世宗挽郎，奉朝请。寻进中书侍郎、黄门侍郎。子才洽闻博见，无所不通，军国制度，罔不访及。

自王室不靖，虎门业废。后迁国子祭酒，谟训上庠。子才罚惰赏勤，专心劝诱，青领之生，竞怀雅衍。洙泗之风，兹焉复盛。

永熙年末，以母老辞，帝不许之。子才恳请，辞情恳至，涕泪俱下，帝乃许之。诏以光禄大夫归养私庭，所在之处，给事力五人，岁一入朝，以备顾问。王侯祖道，若汉朝之送二疏。

暨皇居徙邺，民讼殷繁，前革后沿，自相与夺，法吏疑狱，簿领成山，乃敕子才与散骑常侍温子昇撰《麟趾新制》十五篇。省府以之决疑，州郡用为治本。

武定中，除骠骑大将军、西兖州刺史。为政清静，吏民安之。后征为中书令。时戎马在郊，朝廷多事，国礼朝仪，咸自子才出。所制诗赋诏策章表碑颂赞记五百篇，皆传于世。邻国钦其模楷，朝野以为美谈也。

大统寺

大统寺，在景明寺西，即所谓利民里。寺南有三公令史高显略宅。

每于夜见赤光行于堂前，如此者非一。向光明所掘地丈余，得黄金百斤，铭云："苏秦家金，得者为吾造功德。"显略遂造招福寺。人谓此地是苏秦旧宅。当时元义秉政，闻其得金，就略索之，以二十斤与之。

衒之按：苏秦时未有佛法，功德者不必是寺，应是碑铭之类，颂其声绩也。

秦太上公二寺

东有秦太上公二寺，在景明寺南一里。西寺，太后所立；东寺，皇姨所建。并为父追福，因以名之，时人号为双女寺。

并门邻洛水，林木扶疏，布叶垂阴。各有五层浮图一所，高五十丈，素彩画工，比于景明。至于六斋，常有中黄门一人监护，僧舍衬施供具，诸寺莫及焉。

寺东有灵台一所，基址虽颓，犹高五丈余，即是汉光武所立者。灵台东有辟雍，是魏武所立者。至我正光中造明堂于辟雍之西南，上圆下方，八窗四闼。汝南王复造砖浮图于灵台之上。

孝昌初，妖贼四侵，州郡失据，朝廷设募征格于堂之北，从戎者拜旷掖将军、偏将军、禆将军。当时甲胄之士，号"明堂队"。

时有虎贲骆子渊者，自云洛阳人。昔孝昌年戍在彭城，其同营人樊元宝得假还京师，子渊附书一封，令达其家。云："宅在灵台南，近洛河，卿但至彼，家人自出相看。"

元宝如其言，至灵台南，了无人家可问。徒倚欲去，忽见一老翁来，问从何而来，彷徨于此。元宝具向道之，老翁云："是吾儿也。"

取书引元宝入，遂见馆阁崇宽，屋宇佳丽。既坐，命婢取酒。须臾见婢抱一死小儿而过，元宝初甚怪之，俄而酒至，色甚红，香美异常。兼设珍羞，海陆备具。

饮讫，辞还。老翁送元宝出云："后会难期，以为凄恨！"别甚殷勤。老翁还入，元宝不复见其门巷，但见高岸对水，渌波东倾，唯见一童子可年十五，新溺死，鼻中出血，方知所饮酒是其血也。

及还彭城，子渊已失矣。元宝与子渊同戍三年，不知是洛水之神也。

报德寺

报德寺，高祖孝文皇帝所立也。

为冯太后追福。

在开阳门外三里。

开阳门御道东有汉国子学堂，堂前有三种字。石经二十五碑，表里刻之，写《春秋》、《尚书》二部，作篆、科斗、隶三种字，汉右中郎将蔡邕笔之遗迹也。犹有十八碑，余皆残毁。

复有石碑四十八枚，亦表里隶书，写《周易》、《尚书》、《公羊》、《礼记》四部。又赞学碑一所，并在堂前。魏文帝作《典论》六碑，至太和十七年犹有四碑。高祖题为劝学里。

武定四年，大将军迁石经于邺。

里内有大觉、三宝、宁远三寺。周回有园，珍果出焉，有大谷梨、承光之柰。承光寺亦多果木，柰味甚美，冠于京师。

正觉寺

劝学里东有延贤里，里内有正觉寺，尚书令王肃所立也。

肃字恭懿，琅琊人也，伪齐雍州刺史奂之子也。赡学多通，才辞美茂，为齐秘书丞，太和十八年背逆归顺。

时高祖新营洛邑，多所造制，肃博识旧事，大有裨益，高祖甚重之，常呼王生。延贤之名，因肃立之。

肃在江南之日，聘谢氏女为妻，及至京师，复尚公主。谢作五言诗以赠之。其诗曰："本为箔上蚕，今作机上丝。得路逐胜去，颇忆缠绵时。"

公主代肃答谢云："针是贯线物，目中恒任丝。得帛缝新去，何能纳故时。"肃甚有愧谢之色，遂造正觉寺以憩之。

肃忆父非理受祸，常有子胥报楚之意，卑身素服，不听音乐，时人以此称之。

肃初入国，不食羊肉及酪浆等物，常饭鲫鱼羹，渴饮茗汁。京师士子道肃一饮一斗，号为漏卮。经数年已后，肃与高祖殿会，食羊肉酪粥甚多。

高祖怪之，谓肃曰："卿中国之味也，羊肉何如鱼羹？茗饮何如酪浆？"

肃对曰："羊者是陆产之最，鱼者乃水族之长。所好不同，并各称珍。以味言之，甚是优劣。羊比齐鲁大邦，鱼比邾莒小国，唯茗不中与酪作奴。"

高祖大笑。因举酒曰："三三横，两两纵，谁能辨之，赐金钟。"

御史中尉李彪曰："沽酒老妪瓮注瓨，屠儿割肉与秤同。"

尚书左丞甄琛曰："吴人浮水自云工，妓儿掷绳在虚空。"

彭城王勰曰："臣始解此字是'習'字。"

高祖即以金钟赐彪。朝廷服彪聪明有智，甄琛和之亦速。

彭城王谓肃曰："卿不重齐鲁大邦，而爱邾莒小国。"肃对曰："乡曲所美，不得不好。"彭城王重谓曰："卿明日顾我，为卿设邾莒之食，亦有酪奴。"因此复号茗饮为酪奴。

时给事中刘缟慕肃之风，专习茗饮。彭城王谓缟曰："卿不慕王侯八珍，好苍头水厄。海上有逐臭之夫，里内有学颦之妇。以卿言之，即是也。"其彭城王家有吴奴，以此言戏之。自是朝贵宴会虽设茗饮，皆耻不复食，唯江表残民远来降者好之。

　　后萧衍子西丰侯萧正德归降，时元义欲为之设茗，先问卿于水厄多少。正德不晓义意，答曰："下官虽生于水乡，而立身以来，未遭阳侯之难。"元义与举坐之客皆笑焉。

龙华寺　追圣寺

　　龙华寺，广陵王所立也。追圣寺，北海王所立也。并在报德寺之东。

　　法事僧房，比秦太上公。京师寺皆种杂果，而此三寺园林茂盛，莫之与争。

　　宣阳门外四里，至洛水上，作浮桥，所谓永桥也。

　　神龟中，常景为汭颂。其辞曰：

　　"浩浩大川，泱泱清洛。导源熊耳，控流巨壑。纳谷吐伊，贯周淹亳。近达河宗，远期海若。兆唯洛食，实曰土中。

　　上应张柳，下据河嵩。寒暑攸叶，日月载融。帝世光宅，函夏同风。前临少室，却负太行。制岩东邑，峭岠西疆。四险之地，六达之庄。

　　恃德则固，失道则亡。详观古列，考见丘坟。乃禅乃革，或质或文。周余九裂，汉季三分。魏风衰晚，晋景凋曛。

　　天地发辉，图书受命。皇建有极，神功无竞。

魏篆仰天，玄符握镜。玺运会昌，龙图受命。乃眷书轨，永怀保定。敷兹景迹，流美洪模。袭我冠冕，正我神枢。水陆兼会，周郑交衢。爰勒洛汭，敢告中区。"

南北两岸有华表，举高二十丈，华表上作凤凰似欲冲天势。

永桥以南，圜丘以北，伊洛之间，夹御道，东有四夷馆，一曰金陵，二曰燕然，三曰扶桑，四曰崦嵫。道西有四夷里，一曰归正，二曰归德，三曰慕化，四曰慕义。

吴人投国者，处金陵馆。三年已后，赐宅归正里。

景明初，伪齐建安王萧宝夤来降，封会稽公，为筑宅于归正里，后进爵为齐王，尚南阳长公主。宝夤耻与夷人同列，令公主启世宗，求入城内，世宗从之，赐宅于永安里。

正光四年中，萧衍子西丰侯萧正德来降，处金陵馆，为筑宅归正里。后正德舍宅为归正寺。

北夷来附者处燕然馆，三年已后，赐宅归德里。

正光元年，蠕蠕主郁久闾阿那肱来朝，执事

者莫知所处，中书舍人常景议云：“咸宁中单于来朝，晋世处之王公特进之下。可班那肱蕃王仪同之间。”朝廷从其议。又处之燕然馆，赐宅归德里。

北夷酋长遣子入侍者，常秋来春去，避中国之热，时人谓之雁臣。

东夷来附者，处扶桑馆，赐宅慕化里。

西夷来附者，处崦嵫馆，赐宅慕义里。自葱岭已西，至于大秦，百国千城，莫不款附。商胡贩客，日奔塞下。所谓尽天地之区已。

乐中国土风因而宅者，不可胜数。是以附化之民，万有余家。门巷修整，阊阖填列。青槐荫陌，绿柳垂庭。天下难得之货，咸悉在焉。

别立市于洛水南，号曰四通市。民间谓为永桥市。伊洛之鱼，多于此卖，士庶须脍，皆诣取之。鱼味甚美。京师语曰：“洛鲤伊鲂，贵于牛羊。”

永桥南道东有白象狮子二坊。

白象者，永平二年乾陀罗国胡王所献。背设五采屏风、七宝坐床，容数人，真是异物。

常养象于乘黄曹，象常坏屋毁墙，走出于外。逢树即拔，遇墙亦倒。百姓惊怖，奔走交驰。太后遂徙象于此坊。

狮子者，波斯国胡王所献也。为逆贼万俟丑奴所获，留于寇中。永安末，丑奴破灭，始达京师。

庄帝谓侍中李彧曰："朕闻虎见狮子必伏，可觅试之。"于是诏近山郡县捕虎以送。巩县、山阳并送二虎一豹。帝在华林园观之。于是虎豹见狮子，悉皆瞑目，不敢仰视。园中素有一盲熊，性甚驯，帝令取试之。虞人牵盲熊至，闻狮子气，惊怖跳踉，曳锁而走。帝大笑。

普泰元年，广陵王即位，诏曰："禽兽囚之则违其性，宜放还山林。"狮子亦令送归本国。送狮子者以波斯道远，不可送达，遂在路杀狮子而返。有司纠劾，罪以违旨论。广陵王曰："岂以狮子而罪人也？"遂赦之。

菩提寺

菩提寺，西域胡人所立也。在慕义里。

沙门达多发冢取砖，得一人以进。时太后与明帝在华林都堂，以为妖异。谓黄门侍郎徐纥曰："上古以来，颇有此事否？"纥曰："昔魏时发冢，得霍光女婿范明友家奴，说汉朝废立，与史书相符，此不足为异也。"

后令纥问其姓名，死来几年，何所饮食。死者曰："臣姓崔，名涵，字子洪，博陵安平人也。父名畅，母姓魏，家在城西阜财里。死时年十五，今满二十七，在地十有二年，常似醉卧，无所食也。时复游行，或遇饭食，如似梦中，不甚辨了。"

后即遣门下录事张隽诣阜财里，访涵父母，果得崔畅，其妻魏氏。隽问畅曰："卿有儿死否？"畅曰："有息子洪，年十五而死。"隽曰："为人所发，今日苏活，在华林园中，主人故遣我来相问。"畅闻惊怖曰："实无此儿，向者谬言。"

隽还，具以实陈闻，后遣隽送涵回家。畅闻涵至，门前起火，手持刀，魏氏把桃枝。谓曰："汝不须来，吾非汝父，汝非吾子，急手速去，可得无殃。"涵遂舍去，游于京师。常宿寺门下。汝南王赐黄衣一具。

涵性畏日，不敢仰视，又畏水火及兵刃之属，常走于远路，遇疲则止，不徐行也。时人犹谓是鬼。

洛阳大市北有奉终里，里内之人，多卖送死之具及诸棺椁。涵谓曰："作柏木棺，勿以桑木为欀。"人问其故，涵曰："吾在地下见发鬼兵，有一鬼诉称：'是柏棺，应免。'主兵吏曰：'尔虽柏棺，桑木为欀。'遂不免。"京师闻此，柏木踊贵，人疑卖棺者货涵发此言也。

高阳王寺

　　高阳王寺,高阳王雍之宅也。在津阳门外三里御
道西。雍为尔朱荣所害也,舍宅以为寺。

　　正光中,雍为丞相,给羽葆鼓吹、虎贲班剑
百人,贵极人臣,富兼山海。居止第宅,匹于帝宫。
白壁丹楹,窈窕连亘,飞檐反宇,缪绣周通。

　　僮仆六千,妓女五百,隋珠照日,罗衣从风,
自汉晋以来,诸王豪侈,未之有也。

　　出则鸣驺御道,文物成行,铙吹响发,笳声
哀转。入则歌姬舞女,击筑吹笙,丝管迭奏,连
宵尽日。其竹林鱼池,侔于禁苑,芳草如积,珍
木连阴。

　　雍嗜口味,厚自奉养,一食必以数万钱为限。
海陆珍羞,方丈于前。陈留侯李崇谓人曰:"高
阳一食,敌我千日。"

　　崇为尚书令,仪同三司,亦富倾天下,僮
仆千人。而性多俭吝,恶衣粗食。食常无肉,

止有韭茹、韭菹。崇客李元祐语人云："李令公一食十八种。"人问其故，元祐曰："二韭一十八。"闻者大笑。世人即以此为讥骂。

及雍薨后，诸妓悉令入道，或有嫁者。美人徐月华，善弹箜篌，能为明妃出塞之歌，闻者莫不动容。永安中，与卫将军原士康为侧室，宅近青阳门。

徐鼓箜篌而歌，哀声入云，行路听者，俄而成市。徐常语士康曰："王有二美姬，一名修容，一名艳姿，并蛾眉皓齿，洁貌倾城。修容亦能为《绿水歌》，艳姿善为《火凤舞》，并爱倾后室，宠冠诸姬。"士康闻此，遂常令徐鼓《绿水》、《火凤》之曲焉。

高阳宅北有中甘里。

里内颍川荀子文，年十三，幼而聪辨，神情卓异，虽黄琬、文举无以加之。正光初，广宗潘崇和讲《服氏春秋》于城东昭义里，子文摄齐北面，就和受道。

时赵郡李才问子文曰："荀生住在何处？"子文对曰："仆住在中甘里。"才曰："何为住城南？"城南有四夷馆，才以此讥之。

子文对曰："国阳胜地，卿何怪也？若言川涧，伊洛峥嵘，语其旧事，灵台石经。招提之美，报德、景明。当世富贵，高阳、广平。四方风俗，万国千城。若论人物，有我无卿！"才无以对之。

崇和曰："汝颖之士利如锥，燕赵之士钝如锤。信非虚言也。"举学皆笑焉。

崇虚寺

崇虚寺，在城西，即汉之濯龙园也。

延熹九年，桓帝祠老子于濯龙园，设华盖之坐，用郊天之乐，此其地也。

高祖迁京之始，以地给民，憩者多见妖怪，是以人皆去之，遂立寺焉。

卷之四

城西

冲觉寺

冲觉寺，太傅清河王怿舍宅所立也。在西明门外一里御道北。

怿，亲王之中，最有名行，世宗爱之，特隆诸弟。延昌四年世宗崩，怿与高阳王雍、广平王怀并受遗诏，辅翼孝明。时帝始年六岁，太后代总万机，以怿名德茂亲，体道居正，事无大小，多咨询之。

是以熙平、神龟之际，势倾人主，第宅丰大，逾于高阳。西北有楼，出凌云台，俯临朝市，目极京师，古诗所谓"西北有高楼，上与浮云齐"者也。

楼下有儒林馆、延宾堂，形制并如清暑殿。土山钓池，冠于当世。斜峰入牖，曲沼环堂，树响飞嘤，阶丛花药。

怿爱宾客，重文藻，海内才子，莫不辐辏，府僚臣佐，并选隽民。至于清晨明景，骋望南台，珍羞具设，琴笙并奏，芳醴盈罍，嘉宾满席。使梁王愧兔园之游，陈思惭雀台之宴。

正光初元义秉权，闭太后于后宫，薨怿于下省。

孝昌元年，太后还总万机，追赠怿太子太师、大将军、都督中外诸军事、假黄钺。给九旒鸾辂、黄屋、左纛、辒辌车，前后部羽葆鼓吹，虎贲班剑百人，挽歌二部，葬礼依晋安平王孚故事。谥曰文献。图怿像于建始殿。拔清河国郎中令韩子熙为黄门侍郎，徙王国三卿为执戟者，近代所无也。

为文献追福，建五层浮图一所，工作与瑶光寺相似也。

宣忠寺

宣忠寺，侍中司州牧城阳王徽所立也。在西阳门外一里御道南。

永安中，北海王入洛，庄帝北巡，自余诸王，各怀二望，唯徽独从庄帝至长子城。大兵阻河，雄雌未决，徽愿入洛阳，舍宅为寺。及北海败散，国道重晖，遂舍宅焉。

永安末，庄帝谋杀尔朱荣，恐事不果，请计于徽。徽曰："以生太子为辞，荣必入朝，因以毙之。"庄帝曰："后怀孕未十月，可尔以不？"徽曰："妇人生产，有延月者，有少月者，不足为怪。"帝纳其谋，遂唱生太子。

遣徽特至太原王第，告云皇储诞育。值荣与上党王天穆博戏，徽脱荣帽，欢舞盘旋。徽素大度量，喜怒不形于色，绕殿内外欢叫，荣遂信之，与穆并入朝。

庄帝闻荣来，不觉失色。中书舍人温子昇曰：

"陛下色变！"帝连索酒饮之，然后行事。荣、穆既诛，拜徽太师司马，余官如故，典统禁兵，偏被委任。

及尔朱兆擒庄帝，徽投前洛阳令寇祖仁。祖仁一门刺史，皆是徽之将校，以有旧恩，故往投之。祖仁谓子弟等曰："时闻尔朱兆募城阳王甚重，擒获者千户侯。今日富贵至矣！"遂斩送之。

徽初投祖仁家，赍金一百斤、马五十匹，祖仁利其财货，故行此事。所得金马，缌亲之内均分之。所谓"匹夫无罪，怀璧其罪"，信矣。

兆得徽首，亦不勋赏祖仁。兆忽梦徽云："我有黄金二百斤、马一百匹在祖仁家，卿可取之。"兆悟觉，即自思量：城阳禄位隆重，未闻清贫，常自入其家采掠，本无金银，此梦或真。至晓掩祖仁，征其金马。

祖仁谓人密告，望风款服，云实得金一百斤、马五十匹。兆疑其藏隐，依梦征之。祖仁诸房素有金三十斤、马三十匹，尽送致兆，犹不充数。兆乃发怒，捉祖仁，悬首高树，大石坠足，鞭捶之以及于死。时人以为交报。

杨衒之曰："崇善之家，必有余庆。积祸之门，殃所毕集。祖仁负恩反噬，贪货杀徽，徽即托梦增金马，假手于兆，还以毙之。使祖仁备经楚挞，穷其涂炭，虽魏其侯之笞田蚡，秦主之剌姚苌，以此论之，不能加也！"

王典御寺

宣忠寺东王典御寺，阉官王桃汤所立也。

时阉官伽蓝皆为尼寺，唯桃汤独造僧寺，世人称之英雄。

门有三层浮图一所，工逾昭仪，宦者招提，最为入室。至于六斋，常击鼓歌舞也。

白马寺

白马寺，汉明帝所立也。

佛教入中国之始。

寺在西阳门外三里御道南。帝梦金神，长丈六，项背日月光明。胡神号曰佛，遣使向西域求之，乃得经像焉。时以白马负经而来，因以为名。

明帝崩，起祇洹于陵上，自此以后，百姓冢上或作浮图焉。

寺上经函，至今犹存。常烧香供养之，经函时放光明，耀于堂宇。是以道俗礼敬之，如仰真容。

浮图前柰林蒲萄异于余处，枝叶繁衍，子实甚大。柰林实重七斤，蒲萄实伟于枣，味并殊美，冠于中京。帝至熟时，常诣取之。或复赐宫人，宫人得之，转饷亲戚，以为奇味。得者不敢辄食，乃历数家。京师语曰："白马甜榴，一实直牛。"

有沙门宝公者，不知何处人也，形貌丑陋，

心识通达，过去未来，预睹三世。发言似谶，不可得解，事过之后，始验其实。

胡太后闻之，问以世事。宝公曰："把粟与鸡呼朱朱。"时人莫之能解。建义元年，后为尔朱荣所害，始验其言。

时亦有洛阳人赵法和请占早晚当有爵否。宝公曰："大竹箭，不须羽，东厢屋，急手作。"时人不晓其意。经十余日，法和父丧。大竹箭者，苴杖；东厢屋者，倚庐。造《十二辰歌》，终其言也。

宝光寺

宝光寺，在西阳门外御道北。有三层浮图一所，以石为基，形制甚古，画工雕刻。

隐士赵逸见而叹曰："晋朝石塔寺，今为宝光寺也。"人问其故。逸曰："晋朝三十二寺尽皆烟灭，唯此寺独存。"

指园中一处，曰："此是浴堂。前五步，应有一井。"众僧掘之，果得屋及井焉。井虽填塞，砖口如初。浴堂下犹有石数十枚，当时园地平衍，果菜葱青，莫不叹息焉。

园中有一海，号咸池。葭菼被岸，菱荷覆水，青松翠竹，罗生其旁。京邑士子，至于良辰美日，休沐告归，征友命朋，来游此寺。雷车接轸，羽盖成阴。或置酒林泉，题诗花圃，折藕浮瓜，以为兴适。

普泰末，雍州刺史陇西王尔朱天光总士马于此寺。寺门无何都崩，天光见而恶之。其年天光战败，斩于东市也。

法云寺

法云寺，西域乌场国胡沙门昙摩罗所立也。在宝光寺西，隔墙并门。

> 摩罗聪慧利根，学穷释氏。至中国，即晓魏言及隶书，凡所闻见，无不通解，是以道俗贵贱，同归仰之。作祇洹寺一所，工制甚精。

佛殿僧房，皆为胡饰。丹素炫彩，金玉垂辉，摹写真容，似丈六之见鹿苑；神光壮丽，若金刚之在双林。伽蓝之内，花果蔚茂，芳草蔓合，嘉木被庭。

京师沙门好胡法者，皆就摩罗受持之。戒行真苦，难可揄扬。秘咒神验，阎浮所无。咒枯树能生枝叶，咒人变为驴马，见之莫不忻怖。西域所赍舍利骨及佛牙经像皆在此寺。

寺北有侍中尚书令临淮王彧宅。

> 彧博通典籍，辨慧清悟，风仪详审，容止可观。至三元肇庆，万国齐臻，金蝉曜首，宝玉鸣腰，

负荷执笏，逶迤复道，观者忘疲，莫不叹服。

或性爱林泉，又重宾客。至于春风扇扬，花树如锦，晨食南馆，夜游后园，僚寀成群，俊民满席。丝桐发响，羽觞流行，诗赋并陈，清言乍起，莫不领其玄奥，忘其褊吝焉。是以入或室者，谓登仙也。

荆州秀才张斐常为五言，有清拔之句云："异林花共色，别树鸟同声。"或以蛟龙锦赐之。亦有得绯绅紫绫者。唯河东裴子明为诗不工，罚酒一石。子明饮八斗而醉眠，时人譬之山涛。

及尔朱兆入京师，或为乱兵所害，朝野痛惜焉。

出西阳门外四里御道南，有洛阳大市，周回八里。市南有皇女台，汉大将军梁冀所造，犹高五丈余。景明中比丘道恒立灵仙寺于其上。台西有河阳县，台东有侍中侯刚宅。

市西北有土山鱼池，亦冀之所造。

即汉书所谓"采土筑山，十里九坂，以象二崤"者。

市东有通商、达货二里。里内之人尽皆工巧屠贩为生，资财巨万。

有刘宝者，最为富室。州郡都会之处皆立一宅，各养马十匹。至于盐粟贵贱，市价高下，所在一例。舟车所通，足迹所履，莫不商贩焉。

是以海内之货，咸萃其庭，产匹铜山，家藏金穴。宅宇逾制，楼观出云，车马服饰，拟于王者。

市南有调音、乐律二里。里内之人，丝竹讴歌，天下妙伎出焉。

有田僧超者，善吹笳，能为《壮士歌》、《项羽吟》，征西将军崔延伯甚爱之。正光末，高平失据，虎吏充斥，贼帅万俟丑奴寇暴泾岐之间，朝廷为之盱食，诏延伯总步骑五万讨之。

延伯出师于洛阳城西张方桥，即汉之夕阳亭也。时公卿祖道，车骑成列，延伯危冠长剑耀武于前，僧超吹《壮士笛曲》于后，闻之者懦夫成勇，剑客思奋。延伯胆略不群，威名早著，为国展力，二十余年。攻无全城，战无横阵，是以朝廷倾心送之。

延伯每临阵，常令僧超为壮士声，甲胄之士莫不踊跃。延伯单马入阵，旁若无人，勇冠三军，威镇戎竖。二年之间，献捷相继。

丑奴慕善射者射僧超亡，延伯悲惜哀恸，左右谓伯牙之失钟子期不能过也。后延伯为流矢所中，卒于军中。于是五万之师，一时溃散。

市西有延酤、治觞二里，里内之人多酝酒为业。

河东人刘白堕善能酿酒。季夏六月，时暑赫晞，以罂贮酒，暴于日中，经一旬，其酒味不动。饮之香美，醉而经月不醒。京师朝贵多出郡登藩，远相饷馈，逾于千里。以其远至，号曰"鹤觞"，亦名"骑驴酒"。

永熙年中，南青州刺史毛鸿宾赍酒之藩，路逢贼盗，饮之即醉，皆被擒获，因此复名"擒奸酒"。游侠语曰："不畏张弓拔刀，唯畏白堕春醪。"

市北有慈孝、奉终二里，里内之人以卖棺椁为业，赁辒车为事。

有挽歌孙岩，娶妻三年，妻不脱衣而卧。岩因怪之，伺其睡，阴解其衣，有毛长三尺，似野狐尾，岩惧而出之。妻临去，将刀截岩发而走，邻人逐之，变成一狐，追之不得。

其后京邑被截发者，一百三十余人。初变为妇人，衣服靓妆，行于道路，人见而悦近之，皆被截发。当时有妇人着彩衣者，人皆指为狐魅。熙平二年四月有此，至秋乃止。

别有阜财、金肆二里，富人在焉。凡此十里，多诸工商货殖之民。千金比屋，层楼对出，重门启扇，阁道交通，迭相临望。金银锦绣，奴婢缇衣；五味八珍，仆隶毕口。

神龟年中，以工商上僭，议不听衣金银锦绣。虽立此制，竟不施行。

开善寺

阜财里内有开善寺，京兆人韦英宅也。

英早卒，其妻梁氏不治丧而嫁，更纳河内人向子集为夫，虽云改嫁，仍居英宅。

英闻梁氏嫁，白日来归，乘马将数人至于庭前，呼曰："阿梁！卿忘我耶？"子集惊怖，张弓射之，应箭而倒，即变为桃人。所骑之马亦变为茅马，从者数人尽化为蒲人。梁氏惶惧，舍宅为寺。

南阳人侯庆有铜像一躯，可高尺余。庆有牛一头，拟货为金色，遇急事，遂以牛他用之。

经二年，庆妻马氏忽梦此像谓之曰："卿夫妇负我金色，久而不偿，今取卿儿丑多以偿金色焉。"马氏悟觉，心不遑安。至晓，丑多得病而亡。庆年五十，唯有一子，悲哀之声，感于行路。

丑多亡日，像自有金色，光照四邻，一里之内，咸闻香气。僧俗长幼，皆来观睹。尚书左仆射元顺闻里内频有怪异，遂改阜财里为齐谐里也。

自延酤以西，张方沟以东，南临洛水，北达芒山，其间东西二里，南北十五里，并名为寿丘里，皇宗所居也。民间号为"王子坊"。

当时四海晏清，八荒率职，缥囊纪庆，玉烛调辰。百姓殷阜，年登俗乐。鳏寡不闻犬豕之食，茕独不见牛马之衣。

于是帝族王侯，外戚公主，擅山海之富，居川林之饶。争修园宅，互相夸竞。崇门丰室，洞户连房，飞馆生风，重楼起雾。高台芳榭，家家而筑；花林曲池，园园而有。莫不桃李夏绿，竹柏冬青。

而河间王琛最为豪首。常与高阳争衡，造文柏堂，形如徽音殿，置玉井金罐，以五色缋为绳。妓女三百人，尽皆国色。

有婢朝云，善吹篪，能为《团扇歌》、《陇上声》。琛为秦州刺史，诸羌外叛，屡讨之不降。琛令朝云假为贫妪，吹篪而乞。诸羌闻之，悉皆流涕。迭相谓曰："何为弃坟井，在山谷为寇也？"即相率归降。秦民语曰："快马健儿，不如老妪吹篪。"

琛在秦州，多无政绩，遣使向西域求名马，

远至波斯国。得千里马，号曰"追风赤骥"。次有七百里者十余匹，皆有名字。以银为槽，金为环锁，诸王服其豪富。

琛常语人云："晋室石崇，乃是庶姓，犹能雉头狐腋，画卵雕薪，况我大魏天王，不为华侈。"造迎风馆于后园，窗户之上，列钱青琐，玉凤衔铃，金龙吐佩。素奈朱李，枝条入檐，伎女楼上，坐而摘食。

琛常会宗室，陈诸宝器。金瓶银瓮百余口，瓯檠盘盒称是。自余酒器，有水晶钵、玛瑙琉璃碗、赤玉卮数十枚。作工奇妙，中土所无，皆从西域而来。又陈女乐及诸名马。复引诸王按行府库，锦罽珠玑，冰罗雾縠，充积其内，绣缬、绸绫、丝彩、越葛、钱绢等，不可数计。

琛忽谓章武王融曰："不恨我不见石崇，恨石崇不见我。"融立性贪暴，志欲无限，见之叹惋，不觉生疾。还家卧三日不起。

江阳王继来省疾，谓曰："卿之财产，应得抗衡，何为叹羡，以至于此？"融曰："常谓高阳一人，宝货多于融，谁知河间，瞻之在前。"继笑曰："卿欲作袁术之在淮南，不知世间复有刘备也？"融乃蹶起，置酒作乐。

于时国家殷富，库藏盈溢，钱绢露积于廊者，不可校数。及太后赐百官负绢，任意自取，朝臣莫不称力而去。唯融与陈留侯李崇负绢过任，蹶倒伤踝。侍中崔光止取两匹。太后问曰："侍中何少？"对曰："臣有两手，唯堪两匹。所获多矣。"朝贵服其清廉。

经河阴之役，诸元歼尽，王侯第宅，多题为寺。寿丘里间，列刹相望，祗洹郁起，宝塔高凌。

四月初八日，京师士女多至河间寺，观其廊庑绮丽，无不叹息，以为蓬莱仙室亦不是过。入其后园，见沟渎蹇产，石磴嶕峣，朱荷出池，绿萍浮水，飞梁跨阁，高树出云。咸皆唧唧，虽梁王兔苑，想之不如也。

追先寺

追先寺，在寿丘里，侍中尚书令东平王略之宅也。

略生而岐嶷，幼则老成。博洽群书，好道不倦。神龟中为黄门侍郎。元乂专政，虐加宰辅，略密与其兄相州刺史中山王熙欲起义兵，问罪君侧。雄规不就，衅起同谋。略兄弟四人并罹涂炭，唯略一身逃命江左。

萧衍素闻略名，见其器度宽雅，文学优赡，甚敬重之。谓曰："洛中如王者几人？"

略对曰："臣在本朝之日，承乏摄官，至于宗庙之美，百官之富，鸳鸯接翼，杞梓成阴，如臣之比，赵咨所云：车载斗量，不可数尽。"

衍大笑。乃封略为中山王，食邑千户，仪比王子。又除宣城太守，给鼓吹一部，剑卒千人。略为政清肃，甚有治声。江东朝贵，侈于矜尚，见略入朝，莫不惮其进止。寻迁信武将军，衡州刺史。

孝昌元年，明帝宥吴人江革，请略归国。江

104

革者，萧衍之大将也。萧衍谓曰："朕宁失江革，不得无王。"略曰："臣遭家祸难，白骨未收，乞还本朝，叙录存没。"因即悲泣，衍哀而遣之。

乃赐钱五百万，金二百斤，银五百斤，锦绣宝玩之物，不可称数。亲帅百官送于江上，作五言诗赠者百余人。凡见礼敬如此比。

略始济淮，明帝拜略侍中义阳王，食邑千户。略至阙，诏曰：

"昔刘苍好善，利建东平，曹植能文，大启陈国，是用声彪盘石，义郁维城。侍中义阳王略，体自藩华，门勋凤著，内润外朗，兄弟伟如。既见义忘家，捐生殉国，永言忠烈，何日忘之？

往虽弛担为梁，今便言旋阙下，有志有节，能始能终。方传美丹青，悬诸日月，略前未至之日，即心立称，故封义阳。然国既边地，寓食他邑，求之二三，未为尽善。宜比德均封，追芳曩烈。可改封东平王，户数如前。"

寻进尚书令，仪同三司，领国子祭酒，侍中如故。

略从容闲雅，本自天资，出南入北，转复高迈。言论动止，朝野师模。建义元年薨于河阴，赠太保，谥曰文贞。嗣王景式舍宅为此寺。

融觉寺

融觉寺，清河文献王怿所立也，在阊阖门外御道南。

有五层浮图一所，与冲觉寺齐等。佛殿僧房，充溢三里。比丘昙谟最善于禅学，讲《涅槃华严》，僧徒千人。天竺国胡沙门菩提流支见而礼之，号为"菩萨"。

流支解佛义，知名西土，诸夷号为"罗汉"，晓魏言及隶书，翻《十地楞伽》及诸经论二十三部。虽石室之写金言，草堂之传真教，不能过也。

流支读昙谟最《大乘义章》，每弹指赞叹，唱言微妙。即为胡书写之，传之于西域，西域沙门常东向遥礼之，号昙谟最为"东方圣人"。

大觉寺

大觉寺，广平王怀舍宅立也，在融觉寺西一里许。北瞻芒岭，南眺洛汭，东望宫阙，西顾旗亭，禅阜显敞，实为胜地。

是以温子昇碑云："面水背山，左朝右市。"是也。

怀所居之堂，上置七佛，林池飞阁，比之景明。至于春风动树，则兰开紫叶；秋霜降草，则菊吐黄花。名僧大德，寂以遣烦。

永熙年中，平阳王即位，造砖浮图一所。是土石之工，穷精极丽，诏中书舍人温子昇以为文也。

永明寺

永明寺，宣武皇帝所立也，在大觉寺东。

时佛法经像盛于洛阳，异国沙门，咸来辐辏，负锡持经，适兹乐土。世宗故立此寺以憩之。房庑连亘，一千余间。庭列修竹，檐拂高松，奇花异草，骈阗阶砌。百国沙门，三千余人。

> 西域远者，乃至大秦国。尽天地之西垂，耕耘绩纺，百姓野居，邑屋相望，衣服车马，拟仪中国。

> 南中有歌营国，去京师甚远，风土隔绝，世不与中国交通，虽二汉及魏，亦未曾至也。今始有沙门菩提拔陁至焉。自云：

> "北行一月，至句稚国，北行十一日，至典孙国，从典孙国北行三十日，至扶南国。方五千里，南夷之国，最为强大。民户殷多，出明珠金玉及水精珍异，饶槟榔。从扶南国北行一月，至林邑国。出林邑，入萧衍国。"

拔陁至扬州岁余，随扬州比丘法融来至京师。京师沙门问其南方风俗，拔陁云：

"古有奴调国，乘四轮马为车，斯调国出火浣布，以树皮为之，其树入火不燃。凡南方诸国，皆因城郭而居，多饶珍丽，民俗淳善，质直好义，亦与西域、大秦、安息、身毒诸国交通往来。或三方四方，浮浪乘风，百日便至。率奉佛教，好生恶杀。"

寺西有宜年里，里内有陈留王景皓、侍中安定公胡元吉等二宅。

景皓者，河州刺史陈留庄王祚之子。立性虚豁，少有大度，爱人好士，待物无遗。凤善玄言道家之业，遂舍半宅安置佛徒，演唱大乘数部。并进京师大德超、光、晖、荣四法师、三藏胡沙门菩提流支等咸预其席。诸方伎术之士，莫不归赴。

时有奉朝请孟仲晖者，武威人也。父宾，金城太守。晖志性聪明，学兼释氏，四谛之义，穷其旨归。恒来造第，与沙门论议，时号为"玄宗先生"。

晖遂造人中夹纻像一躯，相好端严，希世所有。置皓前厅，须弥宝坐。

永安二年中，此像每夜行绕其坐，四面脚迹，隐地成文。于是士庶异之，咸来观瞩。由是发心者，亦复无量。永熙三年秋，忽然自去，莫知所之。其年冬，而京师迁邺。

武定五年，晖为洛州开府长史，重加采访，寥无影迹。

出阊阖门城外七里，有长分桥。

中朝时以谷水浚急，注于城下，多坏民家，立石桥以限之，长则分流入洛，故名曰长分桥。或云：晋河间王在长安遣张方征长沙王，营军于此，因名为张方桥也。未知孰是。今民间语讹，号为张夫人桥。

朝士送迎，多在此处。

长分桥西，有千金堨。

计其水利，日益千金，因以为名。

昔都水使者陈勰所造，令备夫一千，岁恒修之。

卷之五

城北

禅虚寺

禅虚寺,在大夏门外御道西。寺前有阅武场,岁终农隙,甲士习战,千乘万骑,常在于此。

有羽林马僧相善角抵戏,掷戟与百尺树齐等。虎贲张车渠,掷刀出楼一丈。帝亦观戏在楼,恒令二人对为角戏。

中朝时,宣武场在大夏门东北,今为光风园,苜蓿生焉。

凝玄寺

凝玄寺，阉官济州刺史贾璨所立也。在广莫门外一里御道东，所谓永平里也。

> 注：即汉太上王广处。迁京之初，创居此里，值母亡，舍以为寺。

地形高显，下临城阙，房庑精丽，竹柏成林，实是净行息心之所也。王公卿士来游观，为五言者，不可胜数。

洛阳城东北有上商里，殷之顽民所居处也。高祖名闻义里。

> 迁京之始，朝士住其中，迭相讥刺，竟皆去之。唯有造瓦者止其内，京师瓦器出焉。世人歌曰："洛城东北上商里，殷之顽民昔所止。今日百姓造瓮子，人皆弃去住者耻。"
>
> 唯冠军将军郭文远游憩其中，堂宇园林，匹于邦君。时陇西李元谦乐双声语，常经文远宅前

过，见其门阎华美，乃曰："是谁第宅？过佳！"婢春风出曰："郭冠军家。"元谦曰："凡婢双声！"春风曰："停奴慢骂！"元谦服婢之能，于是京邑翕然传之。

宋云惠生西域行记

闻义里有敦煌人宋云宅，云与惠生俱使西域也。

神龟元年十一月冬，太后遣崇立寺比丘惠生向西域取经，凡得一百七十部，皆是大乘妙典。初发京师，西行四十日，至赤岭，即国之西疆也。皇魏关防，正在于此。

> 赤岭者，不生草木，因以为名。其山有鸟鼠同穴。异种共类，鸟雄鼠雌，共为阴阳，即所谓鸟鼠同穴。

发赤岭，西行二十三日，渡流沙，至吐谷浑国。路中甚寒，多饶风雪，飞沙走砾，举目皆满，唯吐谷浑城左右暖于余处。其国有文字，况同魏。风俗政治，多为夷法。

从吐谷浑西行三千五百里，至鄯善城。其城自立王，为吐谷浑所吞。今城是吐谷浑第二息宁西将军，总部落三千，以御西胡。

从鄯善西行一千六百四十里，至左末城。城中居民可有百家，土地无雨，决水种麦，不知用牛，耒耜而田。城中图佛与菩萨，乃无胡貌，访古老云，是吕光伐胡时所作。

从左末城西行一千二百七十五里，至末城。城傍花果似洛阳，唯土屋平头为异也。

从末城西行二十二里，至捍𪩘城。城南十五里有一大寺，三百余僧众。有金像一躯，举高丈六，仪容超绝，相好炳然，面恒东立，不肯西顾。

父老传云：此像本从南方腾空而来，于阗国王亲见礼拜，载像归，中路夜宿，忽然不见，遣人寻之，还来本处。王即起塔，封四百户以供洒扫。户人有患，以金箔贴像所患处，即得阴愈。

后人于此像边造丈六像及诸像塔，乃至数千，悬彩幡盖，亦有万计。魏国之幡过半矣。幡上隶书，多云太和十九年、景明二年、延昌二年。唯有一幡，其年号是姚兴时幡。

从捍𪩘城西行八百七十八里，至于阗国。王头着金冠，似鸡帻，头后垂二尺生绢，广五寸，以为饰。威仪有鼓角金钲，弓箭一具，戟二枝，槊五张。左右带刀，不过百人。

其俗妇人袴衫束带，乘马驰走，与丈夫无异。死者以火焚烧，收骨葬之，上起浮图。居丧者，剪发劈面，以为哀戚。发长四寸，即就平常。唯王死不烧，置之棺中，远葬于野，立庙祭祀，以时思之。

于阗王不信佛法。有商胡将一比丘名毗卢旃在城南杏树下，向王伏罪云："今辄将异国沙门来在城南杏树下。"王闻忽怒，即往看毗卢旃。

旃语王曰："如来遣我来，令王造覆盆浮图一所，使王祚永隆。"王言："令我见佛，当即从命。"毗卢旃鸣钟告佛，即遣罗睺罗变形为佛，从空而现真容。

王五体投地，即于杏树下置立寺舍，画作罗睺罗像。忽然自灭，于阗王更作精舍笼之。今覆瓮之影，恒出屋外，见之者无不回向。其中有辟支佛靴，于今不靴，非皮非彩，莫能审之。

案于阗国境，东西不过三千余里。

神龟二年七月二十九日，入朱驹波国。人民山居，五谷甚丰，食则面麦，不立屠煞。食肉者，以自死肉。风俗言音与于阗相似，文字与婆罗门同。其国疆界可五日行遍。

八月初，入汉盘陀国界。西行六日，登葱岭山。

复西行三日，至钵盂城。三日至不可依山。其处甚寒，冬夏积雪。

山中有池，毒龙居之。昔有三百商人止宿池侧，值龙忿怒，泛杀商人。盘陀王闻之，舍位与子，向乌场国学婆罗门咒，四年之中，尽得其术。还复王位，就池咒龙。龙变为人，悔过向王。王即徙之葱岭山，去此池二千余里。今日国王十三世祖也。

自此以西，山路崎侧，长坂千里，悬崖万仞，极天之阻，实在于斯。太行孟门，匹兹非险，崤关陇坂，方此则夷。自发葱岭，步步渐高，如此四日，乃得至岭。依约中下，实半天矣。

汉盘陀国正在山顶。自葱岭已西，水皆西流，世人云是天地之中。人民决水以种，闻中国田待雨而种，笑曰："天何由可共期也？"城东有孟津河，东北流向沙勒。葱岭高峻，不生草木。是时八月，天气已冷，北风驱雁，飞雪千里。

九月中旬，入钵和国。高山深谷，险道如常。国王所住，因山为城。人民服饰，惟有毡衣。地土甚寒，窟穴而居。风雪劲切，人畜相依。国之南界有大雪山，朝融夕结，望若玉峰。

十月之初，至嚈哒国。土田庶衍，山泽弥望，居无城郭，游军而治。以毡为屋，随逐水草，夏则迁凉，冬则就温。乡土不识文字，礼教俱阙。阴阳运转，莫知其度，年无盈闰，月无大小，周十二月为一岁。

受诸国贡献，南至牒罗，北尽勅勒，东被于阗，西及波斯，四十余国皆来朝贡。

王居大毡帐，方四十步，周回以氍毹为壁。王着锦衣，坐金床，以四金凤凰为床脚。见大魏使人，再拜跪受诏书。至于设会，一人唱，则客前；后唱，则罢会。唯有此法，不见音乐。

嚈哒国王妃亦着锦衣，长八尺奇，垂地三尺，使人擎之，头带一角，长三尺，以玫瑰五色珠装饰其上。王妃出则舆之，入坐金床，以六牙白象四狮子为床，自余大臣妻皆随伞，头亦似有角。团圆下垂，状似宝盖。

观其贵贱，亦有服章。四夷之中，最为强大。不信佛法，多事外神。杀生血食，器用七宝。诸国奉献，甚饶珍异。

按嚈哒国去京师二万余里。

十一月初，入波知国。境土甚狭，七日行过，人民山居，资业穷煎，风俗凶慢，见王无礼。国王出入，从者数人。

其国有水，昔日甚浅，后山崩截流，变为二池。毒龙居之，多有灾异。夏喜暴雨，冬则积雪，行人由之，多致艰难。雪有白光，照耀人眼，令人闭目，茫然无见。祭祀龙王，然后平复。

十一月中旬，入赊弥国。此国渐出葱岭，土田嵘峣，民多贫困。峻路危道，人马仅通。 一直一道，从钵卢勒国向乌场国，铁锁为桥，悬虚而度，下不见底，旁无挽捉，倏忽之间，投躯万仞，是以行者望风谢路耳。

十二月初，入乌场国。北接葱岭，南连天竺，土气和暖，地方数千里，民物殷阜，匹临淄之神州，原田膴膴，等咸阳之上土。鞞罗施儿之所，萨埵投身之地，旧俗虽远，土风犹存。

国王精进，菜食长斋，晨夜礼佛，击鼓吹贝，琵琶箜篌，笙箫备有。日中已后，始治国事。假有死罪，不立杀刑，唯徙空山，任其饮啄。事涉疑似，以药服之，清浊则验。随事轻重，当时即决。

土地肥美，人物丰饶。五谷尽登，百果繁熟。夜闻钟声，遍满世界。土饶异花，冬夏相接，道俗采之，上佛供养。

国王见宋云云大魏使来，膜拜受诏书。闻太后崇奉佛法，即面东合掌，遥心顶礼。遣解魏语人问宋云曰：

"卿是日出人也？"宋云答曰："我国东界有大海水，日出其中，实如来旨。"

王又问曰："彼国出圣人否？"宋云具说周孔庄老之德，次序蓬莱山上银阙金堂，神仙圣人并在其上，说管辂善卜，华陀治病，左慈方术，如此之事，分别说之。王曰："若如卿言，即是佛国，我当命终，愿生彼国。"

宋云于是与惠生出城外，寻如来教迹。

水东有佛晒衣处。初如来在乌场国行化，龙王嗔怒，兴大风雨，佛僧迦梨表里通湿。雨止，佛在石下东面而坐，晒袈裟。年岁虽久，彪炳若新。非值条缝明见，至于细缕亦彰。乍往观之，如似未彻，假令刮削，其文转明。佛坐处及晒衣所，并有塔记。

水西有池，龙王居之，池边有一寺，五十余僧。龙王每作神变，国王祈请，以金玉珍宝投之池中，在后涌出，令僧取之。此寺衣食，待龙而济，世人名曰龙王寺。

王城北八十里，有如来履石之迹，起塔笼之。履石之处，若践水泥，量之不定，或长或短。今立寺，可七十余僧。塔南二十步，有泉石。佛本清净，嚼杨枝，植地即生，今成大树，胡名曰婆楼。

城北有陀罗寺，佛事最多。浮图高大，僧房逼侧，周匝金像六千躯。王年常大会，皆在此寺。国内沙门，咸来云集。宋云、惠生见彼比丘戒行精苦，观其风范，特加恭敬。遂舍奴婢二人，以供洒扫。

去王城东南，山行八日，至如来苦行投身饲饿虎之处。高山巃嵸，危岫入云。嘉木灵芝，丛生其上。林泉婉丽，花彩曜目。宋云与惠生割舍行资，于山顶造浮图一所，刻石隶书，铭魏功德。山有收骨寺，三百余僧。

王城南一百余里，有如来昔在摩休国剥皮为纸，折骨为笔处。阿育王起塔笼之，举高十丈。折骨之处，髓流着石，观其脂色，肥腻若新。

王城西南五百里，有善持山，甘泉美果，见于经记。山谷和暖，草木冬青。当时太簇御辰，温炽已扇，鸟鸣春树，蝶舞花丛，宋云远在绝域，因瞩此芳景，归怀之思，独轸中肠，遂动旧疹，缠绵经月，得婆罗门咒，然后平善。

山顶东南，有太子石室，一口两房。太子室前十步，有大方石。云太子常坐其上，阿育王起塔记之。塔南一里，有太子草庵处。去塔一里，东北下山五十步，有太子男女绕树不去，婆罗门以杖鞭之流血洒地处，其树犹存。洒血之地，今为泉水。

室西三里，天帝释化为师子，当路蹲坐遮嫚妭之处。石上毛尾爪迹，今悉炳然。阿周陀窟及闪子供养盲父母处，皆有塔记。

山中有昔五百罗汉床，南北两行相向坐处，其次第相对。有大寺，僧徒二百人。太子所食泉水北有寺，恒以驴数头运粮上山，无人驱逐，自然往还。寅发午至，每及中餐。此是护塔神湿婆仙使之然。

此寺昔日有沙弥，常除灰，因入神定。维那挽之，不觉皮连骨离，湿婆仙代沙弥除灰处，国王与湿婆仙立庙，图其形像，以金傅之。

隔山岭有婆奸寺，夜叉所造。僧徒八十人。云罗汉夜叉常来供养，洒扫取薪，凡俗比丘，不得在寺。大魏沙门道荣至此礼拜而去，不敢留停。

至正光元年四月中旬，入乾陀罗国。土地亦与乌场国相似，本名业波罗国，为嚈哒所灭，遂立敕懃为王。治国以来，已经二世。立性凶暴，多行杀戮，不信佛法，好祀鬼神。

国中人民，悉是婆罗门种，崇奉佛教，好读经典，忽得此王，深非情愿。自恃勇力，与罽宾争境，连兵战斗，已历三年。王有斗象七百头，一负十人，手持刀楂，象鼻缚刀，与敌相击。王常停境上，终日不归，师老民劳，百姓嗟怨。

宋云诣军，通诏书，王凶慢无礼，坐受诏书。宋云见其远夷不可制，任其倨傲，莫能责之。王遣传事谓宋云曰："卿涉诸国，经过险路，得无劳苦也？"

宋云答曰："我皇帝深味大乘，远求经典，道路虽险，未敢言疲。大王亲总三军，远临边境，寒暑骤移，不无顿弊？"王答曰："不能降服小国，愧卿此问。"

宋云初谓王是夷人，不可以礼责，任其坐受诏书，及亲往复，乃有人情，遂责之曰："山有高下，水有大小，人处世间，亦有尊卑，嚈哒、乌场王并拜受诏书，大王何独不拜？"

王答曰："我见魏主则拜，得书坐读，有何可怪？世人得父母书，犹自坐读，大魏如我父母，我亦坐读书，于理无失。"云无以屈之。遂将云至一寺，供给甚薄。时跋提国送狮子儿两头与乾陀罗王，云等见之，观其意气雄猛，中国所画，莫参其仪。

于是西行五日，至如来舍头施人处。亦有塔寺，二十余僧。

复西行三日，至辛头大河。河西岸上，有如来作摩竭大鱼，从河而出，十二年中以肉济人处。起塔为记，石上犹有鱼鳞纹。

复西行三日，至佛沙伏城。川原沃壤，城郭端直，民户殷多，林泉茂盛。土饶珍宝，风俗淳善。其城内外，凡有古寺。名僧德众，道行高奇。

城北一里有白象宫，寺内佛事，皆是石像，庄严极丽，头数甚多，通身金箔，眩耀人目。寺前有系白象树，此寺之兴，实由兹焉。花叶似枣，季冬始熟。父老传云，此树灭，佛法亦灭。寺内图太子夫妻以男女乞婆罗门像，胡人见之，莫不悲泣。

复西行一日，至如来挑眼施人处。亦有塔寺，寺石上有迦叶佛迹。

复西行一日，乘船渡一深水，三百余步，复西南行六十里，至乾陀罗城。东南七里，有雀离浮图。

道荣传云：城东四里。

推其本缘，乃是如来在世之时，与弟子游化此土，指城东曰："我入涅槃后二百年，有国王名迦尼色迦在此处起浮图。"佛入涅槃后二百年，果有国王字迦尼色迦出游城东，见四童子累牛粪为塔，可高三尺，俄然即失。

道荣传云：童子在虚空中向王说偈。

王怪此童子，即作塔笼之，粪塔渐高，挺出于外，去地四百尺，然后止。

王更广塔基三百余步。

道荣传云：三百九十步。

从地构木，始得齐等。

道荣传云：其高三丈，悉用文石为阶砌栌栱，上构众木，凡十三级。

上有铁柱，高三百尺，金盘十三重，合去地七百尺。

道荣传云：铁柱八十八尺，八十围，金盘十五重，去地六十三丈二尺。

施功既讫，粪塔如初，在大塔南三百步。时有婆罗门不信是粪，以手探看，遂作一孔，年岁虽久，粪犹不烂，以香泥填孔，不可充满。今有天宫笼盖之。

雀离浮图自作以来，三经天火所烧，国王修之，还复如故。父老云：此浮图天火七烧，佛法当灭。

道荣传云：王修浮图，木工既讫，犹有铁柱，无有能上者。王于四角起大高楼，多置金银及诸宝物，王与夫人及诸王子悉在楼上烧香散花，至心请神，然后辘轳绞索，一举便到。故胡人皆云四天王助之，若其不尔，实非人力所能举。

塔内佛事，悉是金玉，千变万化，难得而称，旭日始开，则金盘晃朗，微风渐发，则宝铎和鸣。西域浮图，最为第一。

此塔初成，用真珠为罗网覆于其上。于后数年，王乃思量，此珠网价直万金，我崩之后，恐人侵夺；复虑大塔破坏，无人修补。

即解珠网，以铜镬盛之，在塔西北一百步掘地埋之。上种树，树名菩提，枝条四布，密叶蔽天。树下四面坐像，各高丈五，恒有四龙典掌此珠，若兴心欲取，则有祸变。刻石为铭，嘱语将来，若此塔坏，劳烦后贤出珠修治。

雀离浮图南五十步，有一石塔，其形正圆，高二丈，甚有神变，能与世人表吉凶。以指触之，若吉者，金铃鸣应；若凶者，假令人摇撼，亦不肯鸣。

惠生既在远国，恐不吉反，遂礼神塔，乞求一验。于是以指触之，铃即鸣应。得此验，用慰私心，后果得吉反。

惠生初发京师之日，皇太后敕付五色百尺幡千口，锦香袋五百枚，王公卿士幡二千口。惠生从于阗至乾陀罗，所有佛事处，悉皆流布，至此顿尽。惟留太后百尺幡一口，拟奉尸毗王塔。

宋云以奴婢二人奉雀离浮图，永充洒扫。惠生遂减割行资，妙简良匠，以铜摹写《雀离浮图仪》一躯，及《释迦四塔变》。

于是西北行七日，渡一大水，至如来为尸毗王救鸽之处，亦起塔寺。昔尸毗王仓库为火所烧，其中粳米燋然，至今犹在，若服一粒，永无疟患。彼国人民须禁日取之。

道荣传云：至那迦罗阿国，有佛顶骨，方圆四寸，黄白色，下有孔，受人手指，宛然似仰蜂窠。

至耆贺滥寺，有佛袈裟十三条，以尺量之，或短或长。复有佛锡杖，长丈七，以木筒盛之，金箔贴其上。此杖轻重不定，值有重时，百人不举，值有轻时，一人胜之。

那竭城中有佛牙佛发，并作宝函盛之，朝夕供养。

至瞿波罗窟，见佛影。入山窟，去十五步，西面向户遥望，则众相炳然；近看则瞑然不见。

以手摩之，唯有石壁。渐渐却行，始见其相。容颜挺特，世所希有。

窟前有方石，石上有佛迹。窟西南百步，有佛浣衣处。窟北一里，有目连窟。窟北有山，山下有六佛手作浮图，高十丈。云此浮图陷入地，佛法当灭。并为七塔，七塔南石铭，云如来手书，胡字分明，于今可识焉。

惠生在乌场国二年，西胡风俗，大同小异，不能具录。至正光二年二月始还天阙。

衒之按《惠生行记》事多不尽录，今依《道荣传》、《宋云家记》，故并载之，以备缺文。

京师郭外诸寺

京师东西二十里，南北十五里，户十万九千余。庙社宫室府曹以外，方三百步为一里，里开四门，门置里正二人，吏四人，门士八人，合有二百二十里。寺有一千三百六十七所。天平元年迁都邺城，洛城余寺四百二十一所。

北邙山上有冯王寺、齐献武王寺。京东石关有元领军寺、刘长秋寺。嵩高中有闲居寺、栖禅寺、嵩阳寺、道场寺。上有中顶寺，东有升道寺。京南关口有石窟寺、灵岩寺。京西瀍涧有白马寺、照乐寺。如此之寺，既郭外，不在数限，亦详载之。

东京梦华录

中华书局

前　言

　　都城，是中国古人心目中的"天下之中"。"天下之中"，未必是地理上的中心，但一定是车马辐辏、熙熙攘攘的人群中心。

　　长安、洛阳、开封、杭州，这四个中国古代最繁华的都城，也是当时世界上最令人向往的地方。在那里，有庄严的宫殿、静谧的寺院、舞榭歌台、珠帘绣户，深宅大院中，皇亲贵胄钟鸣鼎食，街巷闾里间，市井百姓引车卖浆……

　　城市是柔软的，它像海绵一样吸纳着四面八方的人们和他们的希望。如果你在那里生活过，它将永远与你同在。即使有一天，昔日繁华不再，对城市的回忆与眷恋也在人们口中不断述说。

　　骆天骧是元代一个家住长安的世家子弟，留心身边的历史遗迹。七十多岁时，他编成《类编长安志》，把长安的宫殿、苑圃、馆阁、亭园、街市、寺观，从西周、汉唐一直讲到宋元，描绘出长安城千年的故事。

　　杨衒之目睹过北魏时期盛极一时的都城洛阳，那时

皇帝崇奉佛教，一城内外寺院千余所。东魏时，他再次经过战火之后的洛阳，追思往昔，在《洛阳伽蓝记》中对见证城市兴废的佛寺如数家珍，勾连起这个城市里生活过的人，发生过的事。

孟元老早年随父亲来到北宋的东京开封，他在州西金梁桥西夹道的南边一住二十多年。靖康之乱后，他南渡杭州，写下《东京梦华录》，追忆开封的巍峨宫城、街巷闹市、茶坊酒楼、饮食起居、岁时民俗。

周密南宋末年在京城杭州做官，宋亡后，他不再出仕。抱着遗民之痛，他在《武林旧事》中回顾南宋都城临安的城市风貌，细数那时的朝廷典礼、山川风俗、市肆经纪、四时节物。

《类编长安志》、《洛阳伽蓝记》、《东京梦华录》、《武林旧事》，这四部书是人们关于长安、洛阳、开封、杭州的记忆，我们将它们汇集在一起，名为《都城风物》。

翻开《都城风物》，让生活在现代城市中的你，窥见四个古代都城的繁华风物，听到千年前城市居民的隐隐喧嚣。

中华书局编辑部

2020 年 7 月

目 录

卷之六

卷之七

卷之八

卷之九

卷之十

序

仆从先人，宦游南北，崇宁癸未到京师，卜居于州西金梁桥西夹道之南。渐次长立，正当辇毂之下，太平日久，人物繁阜。垂髫之童，但习鼓舞，班白之老，不识干戈，时节相次，各有观赏。灯宵月夕，雪际花时；乞巧登高，教池游苑。

举目则青楼画阁，绣户珠帘，雕车竞驻于天街，宝马争驰于御路，金翠耀目，罗绮飘香。新声巧笑于柳陌花衢，按管调弦于茶坊酒肆。八荒争凑，万国咸通。集四海之珍奇，皆归市易；会寰区之异味，悉在庖厨。

花光满路，何限春游，箫鼓喧空，几家夜宴。伎巧则惊人耳目，侈奢则长人精神。瞻天表则元夕教池，拜郊孟享。频观公主下降，皇子纳妃。修造则创建明堂，冶铸则立成鼎鼐。观妓籍则府曹衙罢，内省宴回；看变化则举子唱名，武人换授。

仆数十年烂赏叠游，莫知厌足。一旦兵火，靖康丙午之明年，出京南来，避地江左，情绪牢落，渐入桑榆。暗想当年，节物风流，人情和美，但成怅恨。

近与亲戚会面，谈及曩昔，后生往往妄生不然。仆恐浸久，论其风俗者，失于事实，诚为可惜，谨省记编次成集，庶几开卷得睹当时之盛。古人有梦游华胥之国，其乐无涯者。仆今追念，回首怅然，岂非华胥之梦觉哉！目之曰《梦华录》。

然以京师之浩穰，及有未尝经从处，得之于人，不无遗阙。倘遇乡党宿德，补缀周备，不胜幸甚。此录语言鄙俚，不以文饰者，盖欲上下通晓尔，观者幸详焉。

绍兴丁卯岁除日，幽兰居士孟元老序。

卷之一

东都外城

东都外城，方圆四十余里。城濠曰护龙河，阔十余丈。濠之内外，皆植杨柳，粉墙朱户，禁人往来。

城门皆瓮城三层，屈曲开门，唯南薰门、新郑门、新宋门、封丘门，皆直门两重，盖此系四正门，皆留御路故也。

新城南壁，其门有三：正南门曰南薰门；城南一边，东南则陈州门，傍有蔡河水门；西南则戴楼门，傍亦有蔡河水门。蔡河正名惠民河，为通蔡州故也。

东城一边，其门有四：东南曰东水门，乃汴河下流水门也，其门跨河，有铁裹窗门，遇夜如闸垂下水面，两岸各有门通人行路，出拐子城，夹岸百余丈；次则曰新宋门；次曰新曹门；又次曰东北水门，乃五丈河之水门也。

西城一边，其门有四：从南曰新郑门；次曰西水门，汴河上水门也；次曰万胜门；又次曰固子门；又次曰西北水门，乃金水河水门也。

北城一边，其门有四：从东曰陈桥门乃大辽人使驿路；次曰封丘门北郊御路；次曰新酸枣门；次曰卫州门诸门名皆俗呼。其正名如西水门曰利泽，郑门本顺天门，固子门本金耀门。

新城每百步设马面、战棚，密置女头，旦暮修整，望之耸然。城里牙道，各植榆柳成阴。每二百步置一防城库，贮守御之器，有广固兵士二十指挥，每日修造泥饰，专有京城所，提总其事。

旧京城

旧京城，方圆约二十里许。

南壁其门有三：正南曰朱雀门，左曰保康门，右曰新门。

东壁其门有三：从南汴河南岸角门子，河北岸曰旧宋门，次曰旧曹门。

西壁其门有三：从南曰旧郑门，次汴河北岸角门子，次曰梁门。

北壁其门有三：从东曰旧封丘门，次曰景龙门乃大内城角宝箓宫前也，次曰金水门。

河道

穿城河道有四。南壁曰蔡河，自陈、蔡由西南戴楼门入京城，迂绕自东南陈州门出。

河上有桥十三：自陈州门里曰观桥在五岳观后门，从北次曰宣泰桥，次曰云骑桥，次曰横桥子在彭婆婆宅前，次曰高桥，次曰西保康门桥，次曰龙津桥正对内前，次曰新桥，次曰太平桥高殿前宅前，次曰染麦桥，次曰第一座桥，次曰宜男桥，出戴楼门外曰四里桥。

中曰汴河，自西京洛口分水入京城，东去至泗州入淮，运东南之粮，凡东南方物，自此入京城，公私仰给焉。

自东水门外七里，至西水门外，河上有桥十四：从东水门外七里，曰虹桥，其桥无柱，皆以巨木虚架，饰以丹艧，宛如飞虹，其上、下土桥亦如之。次曰顺成仓桥，入水门里曰便桥，次曰下土桥，次曰上土桥，投西角子门曰相国寺桥。次曰州桥正名天汉桥，正对于大内御街，其桥与相国寺桥，皆低平不通舟船，唯西河平船可过，其柱皆青石为之，石梁石笋楯栏，近桥两岸，皆石壁，雕镌海马水兽飞云之状，桥下密排石柱，盖车驾御路也。州桥之北岸御路，东西两阙，楼观对耸；桥之西有方浅船二只，头置巨干铁枪数条，岸上有铁索三条，遇夜绞上水面，盖防遗失舟船矣。西去曰浚仪桥，次曰兴国寺桥亦名马军衙桥，次曰太师府桥蔡相宅前，次曰金梁桥，次曰西浮桥旧以船为之桥，今皆用木石造矣，次曰西水门便桥，门外曰横桥。

东北曰五丈河，来自济、郓，般挽京东路粮斛入京城，自新曹门北入京。

河上有桥五：东去曰小横桥，次曰广备桥，次曰蔡市桥，次曰青晖桥、染院桥。

西北曰金水河，自京城西南分京索河水筑堤，从汴河上用木槽架过，从西北水门入京城，夹墙遮拥，入大内灌后苑池浦矣。

河上有桥三：曰白虎桥、横桥、五王宫桥之类。又曹门小河子桥曰念佛桥，盖内诸司辇官、亲事官之类，军营皆在曹门，侵晨上直，有瞽者在桥上念经求化，得其名矣。

大内

　　大内正门宣德楼列五门，门皆金钉朱漆，壁皆砖石间甓，镌镂龙凤飞云之状，莫非雕甍画栋，峻桷层榱，覆以琉璃瓦，曲尺朵楼，朱栏彩槛，下列两阙亭相对，悉用朱红权子。

　　入宣德楼正门，乃大庆殿，庭设两楼，如寺院钟楼，上有太史局保章正，测验刻漏，逐时刻执牙牌奏。每遇大礼，车驾斋宿，及正朔朝会于此殿。殿外左右横门曰左右长庆门。内城南壁有门三座，系大朝会趋朝路，宣德楼左曰左掖门，右曰右掖门。左掖门里乃明堂，右掖门里西去乃天章、宝文等阁。宫城至北廊约百余丈。

　　入门东去街北廊乃枢密院，次中书省，次都堂宰相朝退治事于此，次门下省，次大庆殿外廊横门，北去百余步，又一横门，每日宰执趋朝，此处下马；余侍从台谏于第一横门下马，行至文德殿，入第二横门。东廊大庆殿东偏门，西廊中书、门下后省；次修国史院，次南向小角门，正对文德殿常朝殿也。

殿前东西大街，东出东华门，西出西华门。近里又两门相对，左右嘉肃门也。南去左右银台门。自东华门里皇太子宫入嘉肃门，街南大庆殿后门、东西上阁门；街北宣祐门。南北大街西廊面东曰凝晖殿，乃通会通门入禁中矣。殿相对东廊门楼，乃殿中省、六尚局、御厨。

殿上常列禁卫两重，时刻提警，出入甚严。近里皆近侍中贵，殿之外皆知省、御药幕次，快行、亲从官、辇官、车子院、黄院子、内诸司兵士，祗候宣唤；及宫禁买卖进贡，皆由此入。唯此浩穰，诸司人自卖饮食珍奇之物，市井之间未有也。

每遇早晚进膳，自殿中省对凝晖殿，禁卫成列，约拦不得过往。省门上有一人呼喝，谓之"拨食家"。次有紫衣、裹脚子向后曲折幞头者，谓之"院子家"，托一合，用黄绣龙合衣笼罩，左手携一红罗绣手巾，进入于此，约十余合，继托金瓜合二十余面进入，非时取唤，谓之"泛索"。

宣祐门外，西去紫宸殿正朔受朝于此。次曰文德殿常朝所御，次曰垂拱殿，次曰皇仪殿，次曰集英殿御宴及试举人于此。后殿曰崇政殿、保和殿。内书阁曰睿思殿。后门曰拱辰门。

东华门外，市井最盛，盖禁中买卖在此，凡饮食、时新花果、鱼虾鳖蟹、鹑兔脯腊、金玉珍玩、衣着，无非天下之奇。其品味若数十分，客要一二十味下酒，随索，目下便有之。其岁时果瓜蔬茹新上市，并茄瓠之类新出，每对可直三五十千，诸阁分争以贵价取之。

内诸司

内诸司皆在禁中，如学士院、皇城司、四方馆、客省、东西上阁门、通进司、内弓剑枪甲军器等库、翰林司茶酒局也、内侍省、入内内侍省、内藏库、奉宸库、景福殿库、延福宫、殿中省、六尚局尚药、尚食、尚辇、尚酝、尚舍、尚衣、诸阁分、内香药库、后苑作、翰林书艺局、医官局、天章等阁，明堂颁朔布政府。

外诸司

外诸司：左右金吾街仗司、法酒库、内酒坊、牛羊司、乳酪院、仪鸾司帐设局也、车辂院、供奉库、杂物库、杂卖务、东西作坊、万全造军器所、修内司、文思院、上下界绫锦院、文绣院、军器所、上下竹木务、箔场、车营、致远务、骡务、驼坊、象院、作坊、物料库、东西窑务、内外物库、油醋库、京城守具所、鞍辔库、养马曰左右骐骥院、天驷十监、河南北十炭场、四熟药局、内外柴炭库、军头引见司、架子营楼店务、店宅务、榷货务、都茶场、大宗正司、左藏、大观、元丰、宣和等库、编估局、打套所、诸米麦等。

自州东虹桥、元丰仓、顺成仓、东水门里广济、里河折中、外河折中、富国、广盈、万盈、永丰、济远等仓、陈州门里麦仓子、州北夷门山、五丈河诸仓，约共有五十余所。日有支纳下卸，即有下卸指挥兵士，支遣即有袋家，每人肩两石布袋。遇有支遣，仓前成市。

近新城有草场二十余所。每遇冬月诸乡纳粟秆草，牛车阗塞道路，车尾相衔，数千万量不绝，场内堆积如山。诸军打请，营在州北，即往州南仓，不许雇人般担，并要亲自肩来，祖宗之法也。

御街

坊巷御街，自宣德楼一直南去，约阔二百余步，两边乃御廊，旧许市人买卖于其间，自政和间官司禁止，各安立黑漆权子，路心又安朱漆权子两行，中心御道，不得人马行往，行人皆在廊下朱权子之外。

权子里有砖石甃砌御沟水两道，宣和间尽植莲荷，近岸植桃、李、梨、杏，杂花相间，春夏之间，望之如绣。

宣德楼前省府宫宇

宣德楼前，左南廊对左掖门，为明堂颁朔布政府。秘书省，右南廊对右掖门。近东则两府八位，西则尚书省。御街大内前南去，左则景灵东宫，右侧西宫。近南大晟府，次曰太常寺。

州桥曲转大街面南曰左藏库。近东郑太宰宅、青鱼市、肉行，景灵东宫南门大街以东，南则唐家金银铺、温州漆器什物铺、大相国寺、直至十三间楼、旧宋门。

自大内西廊南去，即景灵西宫，南曲对即报慈寺街、都进奏院、百钟圆药铺，至浚仪桥大街。西宫南皆御廊杈子，至州桥投西大街，乃果子行。街北都亭驿大辽人使驿也，相对梁家珠子铺。余皆卖时行纸画、花果铺席。至浚仪桥之西，即开封府。

御街一直南去，过州桥，两边皆居民。街东车家，炭张家酒店，次则王楼山洞梅花包子、李家香铺、曹婆婆肉饼、李四分茶。

至朱雀门街西，过桥即投西大街，谓之曲院街。

街南遇仙正店，前有楼子后有台，都人谓之"台上"。此一店最是酒店上户，银瓶酒七十二文一角，羊羔酒八十一文一角。街北薛家分茶、羊饭、熟羊肉铺。向西去皆妓馆舍，都人谓之"院街"。御廊西即鹿家包子，余皆羹店、分茶酒店、香药铺、居民。

朱雀门外街巷

出朱雀门东壁亦人家，东去大街麦秸巷、状元楼，余皆妓馆，至保康门街。其御街东朱雀门外，西通新门瓦子，以南杀猪巷亦妓馆。以南东西两教坊，余皆居民或茶坊。街心市井，至夜尤盛。

过龙津桥南去，路心又设朱漆杈子如内前。东刘廉访宅，以南太学、国子监，过太学又有横街，乃太学南门。街南熟药惠民南局。以南五里许皆民居。

又东去横大街，乃五岳观后门。大街约半里许乃看街亭，寻常车驾行幸，登亭观马骑于此。东至贡院什物库、礼部贡院、车营务草场。街南葆真宫，直至蔡河云骑桥。御街至南薰门里，街西五岳观，最为雄壮。

自西门东去观桥、宣泰桥，柳阴牙道，约五里许，内有中太一宫、佑神观。街南明丽殿、奉灵园、九成宫，内安顿九鼎。

近东即迎祥池，夹岸垂杨，菰蒲莲荷，凫雁游泳其间，桥亭台榭，棋布相峙，唯每岁清明日，放万姓烧香游观一日。

龙津桥南西壁邓枢密宅，以南武学巷内曲子张宅、武成王庙。以南张家油饼、明节皇后宅。西去大街曰大巷口，又西曰清风楼酒店，都人夏月多乘凉于此。以西老鸦巷口军器所，直接第一座桥。

自大巷口南去，延真观延接四方道民于此。以南西去小巷口三学院，西去直抵宜男桥小巷，南去即南薰门。其门寻常士庶殡葬，车舆皆不得经由此门而出，谓正与大内相对。唯民间所宰猪，须从此入京，每日至晚，每群万数，止数十人驱逐，无有乱行者。

州桥夜市

　　出朱雀门，直至龙津桥。自州桥南去，当街水饭、熬肉、干脯、玉楼前獾儿、野狐肉、脯鸡、梅家、鹿家鹅鸭鸡兔、肚肺、鳝鱼、包子、鸡皮、腰肾鸡碎，每个不过十五文。

　　曹家从食，至朱雀门，旋煎羊白肠、鲊脯、㸆冻鱼头、姜豉、䏶子、抹脏、红丝、批切羊头、辣脚子、姜辣萝卜、夏月麻腐鸡皮、麻饮细粉、素签、沙糖冰雪冷元子、水晶皂儿、生淹水木瓜、药木瓜、鸡头穰、沙糖绿豆甘草冰雪凉水、荔枝膏、广芥瓜儿、咸菜、杏片、梅子姜、莴苣笋、芥辣瓜儿、细料馉饳儿、香糖果子、间道糖荔枝、越梅、镟刀紫苏膏、金丝党梅、香橙元，皆用梅红匣儿盛贮。

冬月盘兔、旋炙猪皮肉、野鸭肉、滴酥、水晶鲙、煎夹子、猪脏之类，直至龙津桥须脑子肉止，谓之杂嚼，直至三更。

东角楼街巷

　　自宣德东去东角楼，乃皇城东南角也。十字街南去姜行，高头街北去，从纱行至东华门街、晨晖门、宝箓宫，直至旧酸枣门，最是铺席要闹。宣和间展夹城牙道矣。

　　东去乃潘楼街，街南曰"鹰店"，只下贩鹰鹘客，余皆真珠、匹帛、香药铺席。南通一巷，谓之"界身"，并是金银彩帛交易之所，屋宇雄壮，门面广阔，望之森然，每一交易，动即千万，骇人闻见。

　　以东街北曰潘楼酒店，其下每日自五更市合，买卖衣物、书画、珍玩、犀玉，至平明，羊头、肚肺、赤白腰子、奶房、肚胘、鹑兔鸠鸽野味、螃蟹、蛤蜊之类讫，方有诸手作人上市，买卖零碎作料。

　　饭后饮食上市，如酥蜜食、枣𫗧、澄砂团子、香糖果子、蜜煎雕花之类。向晚，卖何娄头面、冠梳、领抹、珍玩、动使之类。东去则徐家瓠羹店。

　　街南桑家瓦子，近北则中瓦，次里瓦，其中大小勾栏五十余座。内中瓦子莲花棚、牡丹棚；里瓦子夜叉棚、象棚最大，可容数千人。自丁先现、王团子、张七圣辈，后来可有人于此作场。

瓦中多有货药、卖卦、喝故衣、探搏、饮食、剃剪、纸画、令曲之类。终日居此，不觉抵暮。

潘楼东街巷

潘楼东去十字街，谓之土市子，又谓之竹竿市。又东十字大街，曰从行裹角茶坊，每五更点灯博易，买卖衣物、图画、花环、领抹之类，至晓即散，谓之"鬼市子"。

以东街北赵十万宅，街南中山正店、东榆林巷、西榆林巷，北郑皇后宅，东曲首向北墙畔单将军庙，乃单雄信墓也，上有枣树，世传乃枣槊发芽，生长成树，又谓之枣家子巷。

又投东则旧曹门街，北山子茶坊，内有仙洞、仙桥，仕女往往夜游，吃茶于彼。又李生菜小儿药铺、仇防御药铺。

出旧曹门、朱家桥瓦子，下桥南斜街、北斜街，内有泰山庙，两街有妓馆。桥头人烟市井，不下州南。以东牛行街、下马刘家药铺、看牛楼酒店，亦有妓馆，一直抵新城。

自土市子南去，铁屑楼酒店、皇建院街、得胜桥郑家油饼店，动二十余炉。直南抵太庙街、高阳正店，夜市尤盛。

土市北去乃马行街也，人烟浩闹。先至十字街，曰鹩儿市，向东曰东鸡儿巷，向西曰西鸡儿巷，皆妓馆所居。近北街曰杨楼街，东曰庄楼，今改作和乐楼，楼下乃卖马市也。近北曰任店，今改作欣乐楼，对门马铠家羹店。

酒楼

凡京师酒店门首，皆缚彩楼欢门。唯任店入其门，一直主廊约百余步，南北天井两廊皆小阁子，向晚，灯烛荧煌，上下相照。浓妆妓女数百，聚于主廊槏面上，以待酒客呼唤，望之宛若神仙。

北去杨楼以北穿马行街，东西两巷，谓之大小货行，皆工作伎巧所居。小货行通鸡儿巷妓馆，大货行通笺纸店。

白矾楼后改为丰乐楼，宣和间更修三层相高，五楼相向，各有飞桥栏槛，明暗相通，珠帘绣额，灯烛晃耀。初开数日，每先到者赏金旗，过一两夜则已。元夜则每一瓦陇中，皆置莲灯一盏。内西楼后来禁人登眺，以第一层下视禁中。

大抵诸酒肆瓦市，不以风雨寒暑，白昼通夜，骈阗如此。州东宋门外仁和店、姜店，州西宜城楼、药张四店、班楼，金梁桥下刘楼、曹门蛮王家、乳酪张家，州北八仙楼，戴楼门张八家园宅正店，郑门河王家，李七家正店，景灵宫东墙长庆楼。

在京正店七十二户，此外不能遍数，其余皆谓之"脚店"。卖贵细下酒，迎接中贵饮食，则第一白厨，州西安州巷张秀，以次保康门李庆家，东鸡儿巷郭厨，郑皇后宅后寂厨，曹门砖筒李家，寺东骰子李家，黄胖家。

九桥门街市酒店，彩楼相对，绣旆相招，掩翳天日。政和后来，景灵宫东墙下长庆楼尤盛。

饮食果子

凡店内卖下酒厨子，谓之"茶饭量酒博士"。至店中小儿子，皆通谓之"大伯"。

更有街坊妇人，腰系青花布手巾，绾危髻，为酒客换汤、斟酒，俗谓之"焌糟"。

更有百姓入酒肆，见子弟少年辈饮酒，近前小心供过使令，买物命妓，取送钱物之类，谓之"闲汉"。

又有向前换汤、斟酒、歌唱，或献果子、香药之类，客散得钱，谓之"厮波"。

又有下等妓女，不呼自来筵前歌唱，临时以些小钱物赠之而去，谓之"札客"，亦谓之"打酒坐"。

又有卖药或果实、萝卜之类，不问酒客买与不买，散与坐客，然后得钱，谓之"撒暂"。如此处处有之。

唯州桥炭张家、乳酪张家，不放前项人入店，亦不卖下酒，唯以好淹藏菜蔬，卖一色好酒。

所谓茶饭者，乃百味羹、头羹、新法鹌子羹、三脆羹、二色腰子、虾蕈、鸡蕈、浑炮等羹、旋索粉玉棋子、

群仙羹、假河鈍、白渫齑、货鳜鱼、假元鱼、决明兜子、

决明汤齑、肉醋托胎衬肠、沙鱼两熟、紫苏鱼、假蛤蜊、

白肉、夹面子、茸割肉、胡饼、汤骨头、乳炊羊、脆羊、

闹厅羊、角炙腰子、鹅鸭排蒸、荔枝腰子、还元腰子、

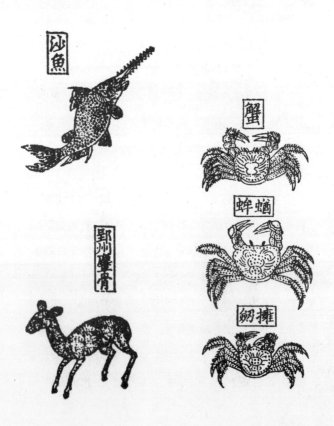

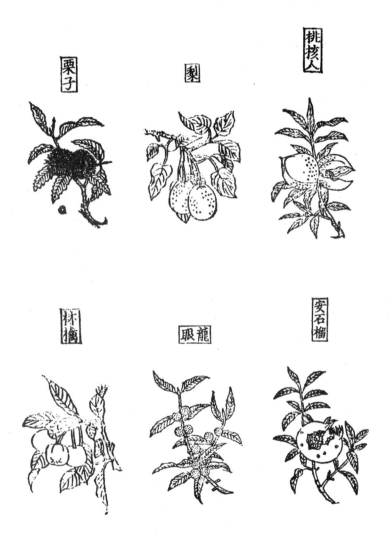

栗子

梨

桃核人

林檎

眼龍

安石榴

烧臆子、入炉细项莲花鸭签、酒炙肚胘、虚汁垂丝羊头、入炉羊、羊头签、鹅鸭签、鸡签、盘兔、炒兔、葱泼兔、假野狐、金丝肚羹、石肚羹、假炙獐、煎鹌子、生炒肺、炒蛤蜊、炒蟹、渫蟹、洗手蟹之类，逐时旋行索唤，不许一味有阙。或别呼索变造下酒，亦即时供应。

又有外来托卖炙鸡、熬鸭、羊脚子、点羊头、脆筋巴子、姜虾、酒蟹、獐巴、鹿脯、从食蒸作、海鲜、时果、旋切莴苣、生菜、西京笋。又有小儿子，着白虔布衫，青花手巾，挟白磁缸子，卖辣菜。

又有托小盘卖干果子，乃旋炒银杏、栗子、河北鹅梨、梨条、梨干、梨肉、胶枣、枣圈、梨圈、桃圈、核桃肉、牙枣、海红、嘉庆子、林檎旋、乌李、李子旋、樱桃煎、西京雨梨、夫梨、甘棠梨、凤栖梨、镇府浊梨、河阴石榴、河阳查子、查条、沙苑温栉、回马孛萄、西川乳糖狮子、糖霜蜂儿、橄榄、温柑、绵橙、金橘、龙眼、荔枝、召白藕、甘蔗、漉梨、林檎干、枝头干、芭蕉干、人面子、巴览子、榛子、榧子、虾具之类。诸般蜜煎、香药果子、罐子党梅、柿膏儿、香药小元儿、小腊茶、鹏沙元之类。

更外卖软羊诸色包子、猪羊荷包、烧肉干脯、玉板鲊、犯鲊、片酱之类。

其余小酒店，亦卖下酒，如煎鱼、鸭子、炒鸡兔、煎燠肉、梅汁、血羹、粉羹之类。每分不过十五钱。

诸酒店必有厅院，廊庑掩映，排列小阁子，吊窗花竹，各垂帘幕，命妓歌笑，各得稳便。

卷之三

马行街北诸医铺

马行北去，乃小货行，时楼，大骨傅药铺，直抵正系旧封丘门，两行金紫医官药铺，如杜金钩家、曹家独胜元、山水李家口齿咽喉药、石鱼儿班防御、银孩儿柏郎中家医小儿、大鞋任家产科。

其余香药铺席，官员宅舍，不欲遍记。

夜市比州桥又盛百倍，车马阗拥，不可驻足，都人谓之"里头"。

大内西右掖门外街巷

大内西去，右掖门祆庙，直南浚仪桥，街西尚书省东门，至省前横街，南即御史台，西即郊社。省南门正对开封府后墙，省西门谓之西车子曲，史家瓠羹、万家馒头在京第一。

次曰吴起庙。出巷乃大内西角楼大街，西去踊路街，南太平兴国寺后门，北对启圣院，街以西殿前司，相对清风楼、无比客店、张戴花洗面药、国太丞、张老儿、金龟儿、丑婆婆药铺、唐家酒店，直至梁门，正名阖闾。

出梁门西去，街北建隆观，观内东廊于道士卖齿药，都人用之。街南蔡太师宅，西去州西瓦子，南自汴河岸，北抵梁门大街亚其里瓦，约一里有余，过街北即旧宜城楼。

近西去金梁桥街，西大街荆筐儿药铺，枣王家金银铺。近北巷口熟药惠民西局。西去瓮市子，乃开封府刑人之所也。西去盖防御药铺、大佛寺。都亭西驿，相对京城守具所。

　　自瓮市子北去大街，班楼酒店，以北大三桥子至白虎桥，直北即卫州门。

大内前州桥东街巷

大内前，州桥之东，临汴河大街，曰相国寺。有桥平正如州桥，与保康门相对。桥西贾家瓠羹，孙好手馒头，近南即保康门潘家黄耆圆，延宁宫禁女道士观，人罕得入。

街西保康门瓦子，东去沿城皆客店，南方官员商贾兵级，皆于此安泊。近东四圣观、袜袎巷。以东城角定力院，内有朱梁高祖御容。

出保康门外，新建三尸庙、德安公庙。南至横街，西去通御街曰麦稍巷。口以南太学东门，水柜街余家染店。以南街东法云寺。又西去横街张驸马宅，寺南佑神观。

相国寺内万姓交易

相国寺，每月五次开放，万姓交易。

大三门上皆是飞禽猫犬之类，珍禽奇兽，无所不有。

第二、三门皆动用什物，庭中设彩幕、露屋、义铺，卖蒲合、簟席、屏帏、洗漱、鞍辔、弓剑、时果、腊脯之类。

近佛殿，孟家道院王道人蜜煎、赵文秀笔及潘谷墨，占定两廊，皆诸寺师姑卖绣作、领抹、花朵、珠翠、头面、生色销金花样幞头、帽子、特髻冠子、绦线之类。

殿后资圣门前，皆书籍、玩好、图画，及诸路散任官员土物、香药之类。

后廊皆日者、货术、传神之类。

寺三门阁上并资圣门，各有金铜铸罗汉五百尊、佛牙等。凡有斋供，皆取旨方开。

三门左右有两瓶琉璃塔，寺内有智海、惠林、宝梵、河沙、东西塔院，乃出角院舍，各有住持僧官。

每遇斋会，凡饮食茶果、动使、器皿，虽三五百分，莫不咄嗟而办。

大殿两廊，皆国朝名公笔迹，左壁画炽盛光佛降九曜鬼百戏，右壁佛降鬼子母揭盂。殿庭供献乐部马队之类，大殿朵廊皆壁隐楼殿人物，莫非精妙。

寺东门街巷

寺东门大街，皆是幞头、腰带、书籍、冠朵铺席，丁家素茶。

寺南即录事巷妓馆，绣巷皆师姑绣作居住。北即小甜水巷，巷内南食店甚盛，妓馆亦多。向北李庆糟姜铺。

直北出景灵宫东门前，又向北曲东税务街、高头街、姜行后巷，乃脂皮画曲妓馆。南北讲堂巷、孙殿丞药铺、靴店。

出界身北巷，巷口宋家生药铺，铺中两壁皆李成所画山水。

自景灵宫东门大街向东，街北旧乾明寺，沿火改作五寺三监。

以东向南曰第三条甜水巷，以东熙熙楼客店，都下着数。以东街南高阳正店，向北入马行。

向东街北曰车辂院，南曰第二甜水巷。以东审计院，以东桐树子韩家，直抵太庙前门。

南往观音院，乃第一条甜水巷也。太庙北入榆林巷，通曹门大街，不能遍数也。

上清宫

上清宫在新宋门里街北，以西茆山下院。

醴泉观在东水门里。

观音院在旧宋门后太庙南门。

景德寺在上清宫背，寺前有桃花洞，皆妓馆。

开宝寺在旧封丘门外斜街子，内有二十四院，惟仁王院最盛。

天清寺在州北清晖桥。

兴德院在金水门外。

长生宫在鹿家巷。

显宁寺在炭场巷北。

婆台寺在陈州门里。

兜率寺在红门道。

地踊佛寺在州西草场巷街南。

十方净因院在州西油醋巷。

浴室院在第三条甜水巷。

福田院在旧曹门外。

报恩寺在卸盐巷。

太和宫女道士，在州西洪桥子大街。

洞元观女道士，在班楼北。

瑶华宫在金水门外。

万寿观在旧酸枣门外十王宫前。

马行街铺席

　　马行北去，旧封丘门外袄庙斜街，州北瓦子。新封丘门大街，两边民户铺席，外余诸班直军营相对，至门约十里余，其余坊巷院落，纵横万数，莫知纪极。处处拥门，各有茶坊酒店，勾肆饮食。

　　市井经纪之家，往往只于市店旋买饮食，不置家蔬。北食则矾楼前李四家、段家熬物、石逢巴子，南食则寺桥金家、九曲子周家，最为屈指。

　　夜市直至三更尽，才五更又复开张。如要闹去处，通晓不绝。寻常四梢远静去处，夜市亦有燋酸豏、猪胰胡饼、和菜饼、獾儿、野狐肉、果木翘羹、灌肠、香糖果子之类。

　　冬月虽大风雪阴雨，亦有夜市。㸼子、姜豉、抹脏、红丝、水晶脍、煎肝脏、蛤蜊、螃蟹、胡桃、泽州饧、奇豆、鹅梨、石榴、查子、榅桲、糍糕、团子、盐豉汤之类。

　　至三更，方有提瓶卖茶者。盖都人公私营干，夜深方归也。

般载杂卖

东京般载车,大者曰"太平",上有箱无盖,箱如枸拦而平,板壁前出两木,长二三尺许,驾车人在中间,两手扶捉鞭鞍驾之,前列骡或驴二十余,前后作两行,或牛五七头拽之。车两轮与箱齐,后有两斜木脚拖,夜中间悬一铁铃,行即有声,使远来者车相避。仍于车后系驴骡二头,遇下峻险桥路,以鞭诿之,使倒坐绳车,令缓行也,可载数十石。官中车惟用驴,差小耳。

其次有"平头车",亦如"太平车"而小,两轮前出长木作辕,木梢横一木,以独牛在辕内项负横木,人在一边,以手牵牛鼻绳驾之,酒正店多以此载酒梢桶矣。梢桶如长水桶,面安靥口,每梢三斗许,一贯五百文。

又有宅眷坐车子,与"平头车"大抵相似,但棕作盖,及前后有枸栏门,垂帘。

又有独轮车,前后二人把驾,两旁两人扶拐,前有驴拽，谓之"串车"，以不用耳子转轮也，般载竹木瓦石。但无前辕，止一人或两人推之。此车往往卖糕及糕糜之类人用，不中载物也。

平盘两轮，谓之"浪子车"。唯用人拽。

又有载巨石大木，只有短梯盘而无轮，谓之"痴车"，皆省人力也。

又有驼骡驴驮子，或皮或竹为之，如方匾竹篓两搭背上，斛斗则用布袋驼之。

都市钱陌

　　都市钱陌，官用七十七，街市通用七十五，鱼、肉、菜七十二陌，金银七十四，珠珍、雇婢妮、买虫蚁六十八，文字五十六陌，行市各有短长使用。

雇觅人力

　　凡雇觅人力，干当人，酒食作匠之类，各有行老
供雇。觅女使即有引至牙人。

防火

每坊巷三百步许，有军巡铺屋一所，铺兵五人，夜间巡警，收领公事。

又于高处砖砌望火楼，楼上有人卓望。下有官屋数间，屯驻军兵百余人，及有救火家事，谓如大小桶、洒子、麻搭、斧锯、梯子、火叉、大索、铁猫儿之类。

每遇有遗火去处，则有马军奔报军厢主，马步军、殿前三衙、开封府，各领军级扑灭，不劳百姓。

天晓诸人入市

每日交五更，诸寺院行者打铁牌子，或木鱼，循门报晓，亦各分地分，日间求化。诸趋朝入市之人，闻此而起。

诸门桥市井已开，如瓠羹店门首坐一小儿，叫"饶骨头"，间有灌肺及炒肺。酒店多点灯烛沽卖，每分不过二十文，并粥、饭、点心。亦间或有卖洗面水，煎点汤茶药者，直至天明。

其杀猪羊作坊，每人担猪羊及车子上市，动即百数。如果木亦集于朱雀门外，及州桥之西，谓之果子行。纸画儿亦在彼处，行贩不绝。

其卖麦面，秤作一布袋，谓之"一宛"，或三五秤作一宛，用太平车或驴、马驮之，从城外守门入城货卖，至天明不绝。

更有御街、州桥至南内前，趁朝卖药及饮食者，吟叫百端。

诸色杂卖

若养马，则有两人日供切草。养犬则供饧糟，养猫则供猫食并小鱼。

其锢路、钉铰、箍桶、修整动使、掌鞋、刷腰带、修幞头、帽子、补角冠、日供打香印者，则管定铺席，人家牌额，时节即印施佛像等。

其供人家打水者，各有地分坊巷，及有使漆、打钗环、荷大斧斫柴、换扇子柄、供香饼子、炭团，夏月则有洗毡、淘井者，举意皆在目前。

或军营放停乐人，动鼓乐于空闲，就坊巷引小儿、妇女观看，散糖果子之类，谓之"卖梅子"，又谓之"把街"。

每日如宅舍宫院前，则有就门卖羊肉、头、肚、腰子、白肠、鹑、兔、鱼、虾、退毛鸡鸭、蛤蜊、螃蟹、杂燠、香药果子、博卖冠梳、领抹、头面、衣着、动使、铜铁器、衣箱、磁器之类。亦有扑上件物事者，谓之"勘宅"。

其后街或闲空处，团转盖局屋，向背聚居，谓之"院子"，皆小民居止。每日卖蒸梨枣、黄糕糜、宿蒸饼、发牙豆之类。

每遇春时，官中差人夫，监淘在城渠，别开坑盛淘出者泥，谓之"泥盆"，候官差人来捡视了方盖覆。夜间出入，月黑宜照管也。

卷
之
四

军头司·皇太子纳妃·公主出降·皇后出乘舆·杂赁
修整杂货及斋僧请道·筵会假赁·会仙酒楼·食店
肉行·饼店·鱼行

军头司

军头司每旬休，按阅内等子，相扑手、剑棒手格斗。

诸军营殿前指挥使直，在禁中有左右班、内殿直、散员、散都头、散直、散指挥。

御龙左右直，系打御从物御龙骨朵子直、弓箭直、弩直、习驭直、骑御马、钩容直、招箭班、金枪班、银枪班。

殿侍诸军东西五班常入祗候，每日教阅野战。每遇诸路解到武艺人对御格斗。

天武、捧日、龙卫、神卫，各二十指挥，谓之"上四军"，不出戍。

骁骑、云骑、拱圣、龙猛、龙骑，各十指挥。

殿前司、步军司有虎翼各二十指挥，虎翼水军、宣武，各十五指挥，神勇、广勇、各十指挥，飞山床子弩、雄武、广固等指挥。

诸司则宣效六军，武肃、武和、街道司诸司、诸军指挥，动以百数。诸宫观宅院，各有清卫、厢军、禁军、剩员十指挥。

其余工匠：修内司、八作司、广固作坊、后苑作坊、书艺局、绫锦院、文绣院、内酒坊、法酒库、牛羊司、油醋库、仪鸾司、翰林司、喝探、武严、辇官、车子院、皇城官亲从官、亲事官、上下宫皇城黄皂院子、涤除，各有指挥，记省不尽。

皇太子纳妃

　　皇太子纳妃，卤部仪仗，宴乐仪卫，妃乘厌翟车，车上设紫色团盖，四柱维幕，四垂大带，四马驾之。

公主出降

公主出降，亦设仪仗、行幕步障、水路，凡亲王、公主出则有之。皆系街道司兵级数十人，各执扫具、镀金银水桶，前导洒之，名曰"水路"。

用檐床数百，铺设房卧，并紫衫卷脚幞头天武官抬舁。

又有宫嫔数十，皆真珠钗插、吊朵、玲珑簇罗头面，红罗销金袍帔，乘马双控双搭，青盖前导，谓之"短镫"。

前后用红罗销金掌扇遮簇，乘金铜檐子，覆以剪棕，朱红梁脊，上列渗金铜铸云凤花朵。

檐子约高五尺许，深八尺，阔四尺许，内容六人，四维垂绣额珠帘，白藤间花。

匣箱之外，两壁出栏槛，皆缕金花装雕木人物神仙。

出队两竿十二人，竿前后皆设绿丝绦，金鱼勾子勾定。

皇后出乘舆

皇太后、皇后出乘者，谓之"舆"。比檐子稍增广，花样皆龙，前后檐皆剪棕，仪仗与驾出相似而少，仍无驾头警跸耳。

士庶家与贵家婚嫁，亦乘檐子，只无脊上铜凤花朵，左右两军自有假赁所在。以至从人衫帽，衣服从物，俱可赁，不须借措。

余命妇王宫士庶，通乘坐车子，如檐子样制，亦可容六人，前后有小勾栏，底下轴贯两挟朱轮，前出长辕，约七八尺，独牛驾之，亦可假赁。

杂赁

　　若凶事出殡，自上而下，凶肆各有体例。如方相、车舆、结络、彩帛，皆有定价，不须劳力。

　　寻常出街市干事，稍似路远倦行，逐坊巷桥市，自有假赁鞍马者，不过百钱。

修整杂货及斋僧请道

　　倘欲修整屋宇，泥补墙壁，生辰忌日，欲设斋僧尼道士，即早辰桥市街巷口，皆有木竹匠人，谓之"杂货工匠"。

　　以至杂作人夫，道士僧人，罗立会聚，候人请唤，谓之"罗斋"。

　　竹木作料，亦有铺席。砖瓦泥匠，随手即就。

筵会假赁

凡民间吉凶筵会，椅桌陈设，器皿合盘，酒担动使之类，自有茶酒司管赁。吃食下酒，自有厨司。

以至托盘下请书、安排坐次、尊前执事、歌说劝酒，谓之"白席人"，总谓之"四司人"。

欲就园馆亭榭寺院游赏命客之类，举意便办，亦各有地分，承揽排备，自有则例，亦不敢过越取钱。虽百十分，厅馆整肃，主人只出钱而已，不用费力。

会仙酒楼

如州东仁和店，新门里会仙楼正店，常有百十分厅馆动使，各各足备，不尚少阙一件。

大抵都人风俗奢侈，度量稍宽，凡酒店中，不问何人，止两人对坐饮酒，亦须用注碗一副，盘盏两副，果菜碟各五片，水菜碗三五只，即银近百两矣。虽一人独饮，碗遂亦用银盂之类。

其果子菜蔬，无非精洁。若别要下酒，即使人外买软羊、龟背、大小骨、诸色包子、玉板鲊、生削巴子、瓜姜之类。

食店

大凡食店，大者谓之"分茶"，则有头羹、石髓羹、白肉、胡饼、软羊、大小骨、角炙䐦腰子、石肚羹、入炉羊、罨生软羊面、桐皮面、姜泼刀回刀、冷淘棋子、寄炉面饭之类。吃全茶，饶齑头羹。

更有川饭店，则有插肉面、大燠面、大小抹肉淘、煎燠肉、杂煎事件、生熟烧饭。

更有南食店，鱼兜子、桐皮熟脍面、煎鱼饭。

又有瓠羹店，门前以枋木及花样沓结缚如山棚，上挂成边猪羊，相间三二十边。近里门面窗户，皆朱绿装饰，谓之"欢门"。

每店各有厅院东西廊，称呼坐次。客坐则一人执箸纸，遍问坐客。都人侈纵，百端呼索，或热或冷，或温或整，或绝冷，精浇、膘浇之类，人人索唤不同。

行菜得之，近局次立，从头唱念，报与局内。当局者谓之"铛头"，又曰"着案"讫。

须臾，行菜者左手杈三碗，右臂自手至肩，驮叠约二十碗，散下尽合各人呼索，不容差错。一有差错，坐客白之主人，必加叱骂，或罚工价，甚者逐之。

吾辈入店，则用一等琉璃浅棱碗，谓之"碧碗"，亦谓之"造羹"，菜蔬精细，谓之"造齑"，每碗十文，面与肉相停，谓之"合羹"，又有单羹，乃半个也。旧只用匙，今皆用箸矣。

更有插肉、拨刀、炒羊、细物料棋子、馄饨店，及有素分茶，如寺院斋食也。

又有菜面，胡蝶齑疙瘩，及卖随饭，荷包白饭，旋切细料馉饳儿、瓜齑、萝卜之类。

肉行

　　坊巷桥市，皆有肉案，列三、五人操刀，生熟肉从便索唤，阔切片批，细抹顿刀之类。

　　至晚即有燠曝熟食上市。凡买物不上数钱得者是数。

饼店

凡饼店，有油饼店，有胡饼店。若油饼店，即卖蒸饼，糖饼、装合、引盘之类。胡饼店即卖门油，菊花、宽焦、侧厚、油砣、髓饼、新样、满麻。

每案用三、五人捍剂卓花入炉。自五更卓案之声，远近相闻。

唯武成王庙前海州张家、皇建院前郑家最盛，每家有五十余炉。

鱼行

卖生鱼则用浅抱桶，以柳叶间串，清水中浸，或循街出卖。

每日早惟新郑门、西水门、万胜门，如此生鱼有数千担入门。

冬月即黄河诸远处客鱼来，谓之"车鱼"，每斤不上一百文。

卷之五

民俗·京瓦伎艺·娶妇·育子

民俗

　　凡百所卖饮食之人，装鲜净盘合器皿，车担动使，奇巧可爱，食味和羹，不敢草略。

　　其卖药卖卦，皆具冠带。至于乞丐者，亦有规格。稍似懈怠，众所不容。

　　其士农工商，诸行百户，衣装各有本色，不敢越外。谓如香铺裹香人，即顶帽披背，质库掌事，即着皂衫角带，不顶帽之类。街市行人，便认得是何色目。

　　加之人情高谊，若见外方之人，为都人凌欺，众

必救护之。或见军铺收领到斗争公事，横身劝救，有陪酒食担，官方救之者，亦无惮也。

或有从外新来邻左居住，则相借措动使，献遗汤茶，指引买卖之类。

更有提茶瓶之人，每日邻里互相支茶，相问动静。凡百吉凶之家，人皆盈门。

其正酒店户，见脚店三两次打酒，便敢借与三五百两银器。以至贫下人家，就店呼酒，亦用银器供送。有连夜饮者，次日取之。诸妓馆只就店呼酒而已，银器供送，亦复如是。

其阔略大量，天下无之也。以其人烟浩穰，添十数万众不加多，减之不觉少。所谓花阵酒池，香山药海。别有幽坊小巷，燕馆歌楼，举之万数，不欲繁碎。

京瓦伎艺

崇、观以来，在京瓦肆伎艺，张廷叟、孟子书主张。小唱李师师、徐婆惜、封宜奴、孙三四等，诚其角者。嘌唱弟子张七七、王京奴、左小四、安娘、毛团等。教坊减罢并温习。张翠盖、张成、弟子薛子大、薛子小、俏枝儿、杨总惜、周寿奴、称心等。

般杂剧，枝头傀儡任小三，每日五更头回小杂剧，差晚看不及矣。悬丝傀儡张金线、李外宁。药发傀儡张臻妙、温奴哥、真个强、没勃脐、小掉刀，筋骨、上索、杂手伎、浑身眼。

李宗正、张哥，球杖、踢弄。孙宽、孙十五、曾无党、高恕、李孝详，讲史。李慥、杨中立、张十一、徐明、赵世亨、贾九，小说。王颜喜、盖中宝、刘名广，散乐。张真奴，舞旋。杨望京，小儿相扑。

杂剧、掉刀、蛮牌董十五、赵七、曹保义、朱婆儿、没困驼、风僧哥、俎六姐。影戏丁仪，瘦吉等弄乔影戏。刘百禽弄虫蚁、孔三传耍秀才诸宫调、毛详、霍伯丑商迷。吴八儿合生。张山人说诨话。

刘乔、河北子、帛遂、胡牛儿、达眼五重明、乔骆驼儿、李敦等杂㕭外入。孙三神鬼，霍四究说三分，尹常卖五代史，文八娘叫果子，其余不可胜数。不以风雨寒暑，诸棚看人，日日如是。

教坊，钧容直，每遇旬休按乐，亦许人观看。每遇内宴，前一月，教坊内勾集弟子小儿，习队舞作乐，杂剧节次。

娶妇

凡娶媳妇，先起草帖子，两家允许，然后起细帖子，序三代名讳，议亲人有服亲田产、官职之类。

次担许口酒，以络盛酒瓶，装以大花八朵、罗绢生色或银胜八枚，又以花红缴担上，谓之缴担红与女家。女家以淡水两瓶，活鱼三五个，箸一双，悉送在元酒瓶内，谓之"回鱼箸"。

或下小定、大定，或相媳妇与不相。若相媳妇，即男家亲人或婆往女家看中，即以钗子插冠中，谓之"插钗子"；或不入意，即留一两端彩段，与之压惊，则此亲不谐矣。

其媒人有数等，上等戴盖头，着紫背子，说官亲宫院恩泽。中等戴冠子，黄包髻，背子，或只系裙，手把青凉伞儿，皆两人同行。

下定了，即旦望媒人传语。遇节序即以节物、头面、羊酒之类追女家，随家丰俭。女家多回巧作之类。

次下财礼，次报成结日子。次过大礼，先一日，或是日早，下催妆冠帔花粉，女家回公裳、花幞头之类。前一日，女家先来挂帐，铺设房卧，谓之"铺房"。女家亲人有茶酒利市之类。

至迎娶日，儿家以车子，或花檐子发迎客，引至女家门，女家管待迎客，与之彩段，作乐催妆上车，檐从人未肯起，炒咬利市，谓之"起檐子"，与了然后行。

迎客先回至儿家门，从人及儿家人乞觅利市钱物花红等，谓之"栏门"。新妇下车子，有阴阳人执斗，内盛谷豆钱果草节等，咒祝望门而撒，小儿辈争拾之，谓之"撒谷豆"，俗云厌青羊等杀神也。

新人下车檐，踏青布条或毡席，不得踏地，一人捧镜倒行，引新人跨鞍蓦草及秤上过，入门于一室内，当中悬帐，谓之"坐虚帐"；或只径入房中，坐于床上，亦谓之"坐富贵"。

其送女客急三盏而退，谓之"走送"，众客就筵三杯之后，婿具公裳，花胜簇面，于中堂升一榻，上置椅子，谓之"高坐"，先媒氏请，次姨氏或妗氏请，各斟一杯饮之；次丈母请，方下坐。

新人门额，用彩一段，碎裂其下，横抹挂之，婿入房即众争扯小片而去，谓之"利市缴门红"。

婿于床前请新妇出，二家各出彩段绾一同心，谓之"牵巾"。

男挂于笏，女搭于手，男倒行出，面皆相向，至家庙前参拜毕，女复倒行扶入房讲拜，男女各争先后，对拜毕就床。女向左，男向右坐，妇女以金钱彩果散掷，谓之"撒帐"。

男左女右，留少头发，二家出匹段钗子，木梳头须之类，谓之"合髻"。然后用两盏以彩结连之，互饮一盏，谓之"交杯酒"。饮讫，掷盏并花冠子于床下，盏一仰一合，俗云大吉，则众喜贺，然后掩帐讫。

宫院中即亲随人抱女婿去，已下人家即行出房，参谢诸亲，复就坐饮酒。

散后次日五更，用一桌盛镜台镜子于其上，望上展拜，谓之"新妇拜堂"，次拜尊长亲戚，各有彩段巧作鞋枕等为献，谓之"赏贺"。尊长则复换一匹回之，谓之"答贺"。

婿往参妇家，谓之"拜门"。有力能趣办，次日即往，谓之"复面拜门"，不然三日、七日皆可，赏贺亦如女家之礼。酒散，女家具鼓吹从物迎婿还家。

三日，女家送彩段油蜜蒸饼，谓之"蜜和油蒸饼"。其女家来作会，谓之"暖女"。

七日则取女归，盛送彩段头面与之，谓之"洗头"。

一月则大会相庆，谓之"满月"。自此以后，礼数简矣。

育子

　　凡孕妇入月于初一日，父母家以银盆或镜或彩画盆，盛粟秆一束，上以锦绣或生色帕复盖之，上插花朵及通草帖罗五男二女花样，用盘合装送馒头，谓之"分痛"。

　　并作眠羊、卧鹿、羊生，果实取其眠卧之义。并牙儿衣物绷籍等，谓之"催生"。

　　就蓐分娩讫，人争送粟米炭醋之类。

　　三日落脐、灸囟，七日谓之"一腊"。至满月则生色及绷绣钱，贵富家金银犀玉为之，并果子，大展"洗儿会"。

　　亲宾盛集，煎香汤于盆中，下果子、彩、钱、葱、蒜等，用数丈彩绕之，名曰"围盆"；以钗子搅水，谓之"搅盆"。观者各撒钱于水中，谓之"添盆"。盆中枣子直立者，妇人争取食之，以为生男之征。浴儿毕，落胎发，遍谢坐客。抱牙儿入他人房，谓之"移窠"。

生子百日置会，谓之"百晬"。至来岁生日谓之"周晬"，罗列盘盏于地，盛果木、饮食、官诰、笔研、算秤等，经卷、针线，应用之物，观其所先拈者，以为征兆，谓之"试晬"。此小儿之盛礼也。

卷之六

正月

　　正月一日年节，开封府放关扑三日。士庶自早互相庆贺，坊巷以食物、动使、果实、柴炭之类，歌叫关扑。

　　如马行、潘楼街、州东宋门外、州西梁门外踊路、州北封丘门外及州南一带，皆结彩棚，铺陈冠梳、珠翠、头面、衣着、花朵、领抹、靴鞋、玩好之类，间列舞场歌馆，车马交驰。

　　向晚，贵家妇女，纵赏关赌，入场观看，入市店饮宴，惯习成风，不相笑讶。

　　至寒食冬至三日亦如此。小民虽贫者，亦须新洁衣服，把酒相酬尔。

元旦朝会

正旦大朝会，车驾坐大庆殿，有介胄长大人四人立于殿角，谓之"镇殿将军"。诸国使人入贺殿庭，列法驾仪仗，百官皆冠冕朝服，诸路举人解首亦士服立班，其服二梁冠白袍青缘。诸州进奏吏，各执方物入献。

诸国使人，大辽大使顶金冠，后檐尖长如大莲叶，服紫窄袍，金蹀躞；副使展裹金带如汉服。大使拜则立左足，跪右足，以两手着右肩为一拜。副使拜如汉仪。

夏国使、副皆金冠短小样制，服绯窄袍，金蹀躞，吊敦，背叉手展拜。

高丽与南番交州使人并如汉仪。

回纥皆长髯高鼻，以匹帛缠头，散披其服。

于阗皆小金花毡笠，金丝战袍束带，并妻男同来，乘骆驼毡毡铜铎入贡。

三佛齐皆瘦脊缠头，绯衣上织成佛面。

又有南蛮五姓番，皆椎髻乌毡，并如僧人礼拜，入见旋赐汉装锦袄之类。

更有真腊、大理、大石等国，有时来朝贡。

其大辽使人在都亭驿，夏国在都亭西驿，高丽在梁门外安州巷同文馆，回纥、于阗在礼宾院，诸番国在瞻云馆或怀远驿。唯大辽、高丽，就馆赐宴。大辽使人朝见讫，翌日诣大相国寺烧香。

次日诣南御苑射弓，朝廷旋选能射武臣伴射，就彼赐宴，三节人皆与焉。先列招箭班十余于垛子前，使人多用弩子射，一裹无脚小幞头子、锦袄子辽人，踏开弩子，舞旋楛箭，过与使人，彼窥得端正，止令使人发牙。

例本朝伴射用弓箭中的，则赐闹装银鞍马，衣着、金银器物有差。伴射得捷，京师市井儿遮路争献口号，观者如堵。

翌日，人使朝辞。朝退，内前灯山已上彩，其速如神。

立春

立春前一日，开封府进春牛，入禁中鞭春。

开封、祥符两县，置春牛于府前。至日绝早，府僚打春，如方州仪。

府前左右百姓卖小春牛，往往花装栏坐，上列百戏人物，春幡雪柳，各相献遗。

春日，宰执、亲王、百官，皆赐金银幡胜。入贺讫，戴归私第。

元宵

正月十五日元宵，大内前自岁前冬至后，开封府绞缚山棚，立木正对宣德楼。游人已集御街。两廊下奇术异能，歌舞百戏，鳞鳞相切，乐声嘈杂十余里。

击丸、蹴鞠、踏索、上竿、赵野人倒吃冷淘、张九哥吞铁剑、李外宁药法傀儡、小健儿吐五色水、旋烧泥丸子、大特落灰药榾柮儿杂剧、温大头、小曹嵇琴、党千箫管、孙四烧炼药方、王十二作剧术、邹遇、田地广杂扮、苏十、孟宣筑球、尹常卖五代史、刘百禽虫蚁、杨文秀鼓笛。

更有猴呈百戏、鱼跳刀门、使唤蜂蝶、追呼蝼蚁。其余卖药、卖卦、沙书地谜，奇巧百端，日新耳目。

至正月七日，人使朝辞出门，灯山上彩，金碧相射，锦绣交辉。面北悉以彩结山沓，上皆画神仙故事。或坊市卖药卖卦之人。

横列三门，各有彩结、金书大牌，中曰"都门道"，左右曰"左右禁卫之门"，上有大牌曰"宣和与民同乐"。

彩山左右以彩结文殊、普贤，跨狮子、白象，各于手指出水五道，其手摇动。用辘轳绞水上灯山尖高处，用木柜贮之，逐时放下，如瀑布状。

又于左右门上，各以草把缚成戏龙之状，用青幕遮笼，草上密置灯烛数万盏，望之蜿蜒如双龙飞走。

自灯山至宣德门楼横大街，约百余丈，用棘刺围绕，谓之"棘盆"，内设两长竿，高数十丈，以缯彩结束，纸糊百戏人物，悬于竿上，风动宛若飞仙。

内设乐棚，差衙前乐人作乐杂戏，并左右军百戏在其中，驾坐一时呈拽。

宣德楼上皆垂黄缘帘，中一位乃御座。用黄罗设一彩棚，御龙直执黄盖掌扇，列于帘外。

两朵楼各挂灯球一枚，约方圆丈余，内燃椽烛，帘内亦作乐。宫嫔嬉笑之声，下闻于外。

楼下用枋木垒成露台一所，彩结栏槛，两边皆禁卫排立，锦袍幞头簪赐花，执骨朵子。面此乐棚、教坊、钧容直、露台弟子，更互杂剧。近门亦有内等子班直排立。万姓皆在露台下观看，乐人时引万姓山呼。

十四日车驾幸五岳观

正月十四日，车驾幸五岳观迎祥池，有对御谓赐群臣宴也，至晚还内。

围子亲从官，皆顶球头大帽，簪花，红锦团答戏狮子衫，金镀天王腰带，数重骨朵。

天武官皆顶双卷脚幞头，紫上大搭天鹅结带、宽衫。

殿前班顶两脚屈曲向后花装幞头，着绯青紫三色染金线结带，望仙花袍，跨弓剑乘马，一扎鞍辔，缨绋前导。

御龙直一脚指天，一脚圈曲幞头，着红方胜锦袄子，看带、束带，执御从物：如金交椅、唾盂、水罐、果垒、掌扇、缨绋之类。御椅子皆黄罗珠蹙，背座则亲从官执之。

诸班直皆幞头、锦袄、束带，每常驾出，有红纱帖金烛笼二百对，元宵加以琉璃玉柱掌扇灯。快行家各执红纱珠络灯笼。

驾将至，则围子数重外，有一人捧月样兀子，锦覆于马上。天武官十余人，簇拥扶策，喝曰："看驾头"。次有吏部小使臣百余，皆公裳，执珠络球杖，乘马听唤。近侍余官皆服紫绯绿公服，三衙太尉知阁御带罗列前导。

两边皆内等子，选诸军膂力者，着锦袄顶帽，握拳顾望，有高声者，捶之流血。

教坊、钧容直乐部前引，驾后诸班直马队作乐，驾后围子外，左则宰执侍从，右则亲王、宗室、南班官。

驾近则列横门，十余人击鞭，驾后有曲柄小红绣伞，亦殿侍执之于马上。

驾入灯山，御辇院人员辇前喝"随竿媚来"，御辇团转一遭，倒行观灯山，谓之"鹁鸽旋"，又谓之"踏五花儿"，则辇官有喝赐矣。

驾登宣德楼，游人奔赴露台下。

十五日驾诣上清宫

十五日，诣上清宫。亦有对御，至晚回内。

十六日

十六日，车驾不出，自进早膳讫，登门，乐作卷帘，御座临轩宣万姓。先到门下者，犹得瞻见天表，小帽红袍独桌子。左右近侍，帘外伞扇执事之人，须臾下帘则乐作，纵万姓游赏。

两朵楼相对：左楼相对郓王，以次彩棚幕次；右楼相对蔡太师，以次执政戚里幕次。时复自楼上有金凤飞下诸幕次，宣赐不辍。诸幕次中家妓，竞奏新声，与山棚露台上下，乐声鼎沸。

西朵楼下，开封尹弹压，幕次罗列，罪人满前，时复决遣，以警愚民。楼上时传口敕，特令放罪。

于是华灯宝炬，月色花光，霏雾融融，动烛远近。至三鼓，楼上以小红纱灯球，缘索而至半空，都人皆知车驾还内矣。

须臾闻楼外击鞭之声，则山楼上下灯烛数十万盏，一时灭矣。于是贵家车马，自内前鳞切，悉南去游相国寺。

寺之大殿前设乐棚，诸军作乐，两廊有诗牌灯云："天碧银河欲下来，月华如水照楼台。"并"火树银花合，星桥铁锁开"之诗，其灯以木牌为之，雕镂成字，以纱绢幂之，于内密燃其灯，相次排定，亦可爱赏。

资圣阁前安顿佛牙，设以水灯，皆系宰执戚里贵近占设看位。最要闹九子母殿及东西塔院、惠林、智海、宝梵，竞陈灯烛，光彩争华，直至达旦。

其余宫观寺院，皆放万姓烧香。如开宝、景德、大佛寺等处，皆有乐棚，作乐燃灯。惟禁宫观寺院，不设灯烛矣。

次则葆真宫，有玉柱玉帘窗隔灯，诸坊巷、马行诸香药铺席、茶坊、酒肆灯烛，各出新奇。就中莲华王家香铺灯火出群，而又命僧道场打花钹、弄椎鼓，游人无不驻足。诸门皆有官中乐棚。万街千巷，尽皆繁盛浩闹。

每一坊巷口，无乐棚去处，多设小影戏棚子，以防本坊游人小儿相失，以引聚之。

殿前班在禁中右掖门里，则相对右掖门设一乐棚，放本班家口登皇城观看。官中有宣赐茶酒、妆粉钱之类。

诸营班院，于法不得夜游，各以竹竿出灯球于半空，远近高低，若飞星然。阡陌纵横，城堙不禁。

别有深坊小巷，绣额珠帘，巧制新妆，竞夸华丽，春情荡扬，酒兴融怡，雅会幽欢，寸阴可惜，景色浩闹，不觉更阑。宝骑骎骎，香轮辘辘，五陵年少，满路行歌，万户千门，笙簧未彻。

市人卖玉梅、夜蛾、蜂儿、雪柳、菩提叶、科头圆子、拍头焦𫘤。唯焦𫘤以竹架子出青伞上，装缀梅红缕金小灯笼子，架子前后亦设灯笼，敲鼓应拍，团团转走，谓之"打旋罗"，街巷处处有之。

至十九日收灯，五夜城壖不禁，尝有旨展日。

宣和年间，自十二月于酸枣门二名景龙门上，如宣德门，元夜点照，门下亦置露台，南至宝箓宫，两边关扑买卖，晨晖门外设看位一所，前以荆棘围绕，周回约五七十步。

都下卖鹌鹑骨饳儿、圆子𫘤、拍白肠、水晶鲙、科头细粉、旋炒栗子、银杏、盐豉汤、鸡段、金橘、橄榄、龙眼、荔枝诸般市合，团团密摆，准备御前索唤。

以至尊有时在看位内，门司、御药、知省、太尉，悉在帘前，用三五人弟子祗应。糁盆照耀，有同白日。仕女观者，中贵邀住，劝酒一金杯令退。直至上元，谓之"预赏"。

惟周待诏瓠羹贡余者，一百二十文足一个，其精细果别如市店十文者。

收灯都人出城探春

收灯毕，都人争先出城探春。州南则玉津园外学，方池亭榭。玉仙观转龙湾西去，一丈佛园子、王太尉园，奉圣寺前孟景初园，四里桥望牛冈，剑客庙。自转龙湾东去，陈州门外，园馆尤多。

州东宋门外，快活林、勃脐陂、独乐冈、砚台、蜘蛛楼、麦家园、虹桥、王家园、曹、宋门之间东御苑，乾明崇夏尼寺。

州北李驸马园，州西新郑门大路，直过金明池西道者院，院前皆妓馆。以西宴宾楼，有亭榭，曲折池塘，秋千、画舫，酒客税小舟，帐设游赏。

相对祥祺观，直至板桥，有集贤楼、莲花楼，乃之官河东、陕西五路之别馆，寻常饯送置酒于此。

过板桥有下松园、王太宰园、杏花冈。金明池角，南去水虎翼巷，水磨下蔡太师园。南洗马桥西巷内，华严尼寺、王小姑酒店。北金水河两浙尼寺、巴娄寺、养种园，四时花木，繁盛可观。

南去药梁园、童太师园。南去铁佛寺、鸿福寺、东西柏榆村。州北模天坡、角桥，至仓王庙，十八寿圣尼寺、孟四翁酒店。州西北元有庶人园，有创台、流杯亭榭数处，放人春赏。

大抵都城左近，皆是园圃，百里之内，并无闲地。次第春容满野，暖律暄晴。万花争出粉墙，细柳斜笼绮陌。香轮缓辗，芳草如茵，骏骑骄嘶，杏花如绣，莺啼芳树，燕舞晴空。红妆按乐于宝榭层楼，白面行歌近画桥流水，举目则秋千巧笑，触处则蹴鞠疏狂。寻芳选胜，花絮时坠金樽；折翠簪红，蜂蝶暗随归骑。于是相继清明节矣。

卷
之
七

清明节

　　清明节，寻常京师以冬至后一百五日为大寒食。前一日谓之"炊熟"，用面造枣锢、飞燕，柳条串之，插于门楣，谓之"子推燕"，子女及笄者，多以是日上头。

　　寒食第三节，即清明日矣。凡新坟皆用此日拜扫。都城人出郊。禁中前半月，发宫人、车马朝陵，宗室、南班、近亲，亦分遣诣诸陵坟享祀，从人皆紫衫，白绢三角子、青行缠，皆系官给。

　　亦禁中出车马，诣奉先寺、道者院，祀诸宫人坟，莫非金装绀幰，锦额珠帘，绣扇双遮，纱笼前导。士庶阗塞诸门，纸马铺皆于当街，用纸衮叠成楼阁之状。

　　四野如市，往往就芳树之下，或园囿之间，罗列杯盘，互相劝酬。都城之歌儿舞女，遍满园亭，抵暮而归。各携枣锢、炊饼、黄胖、掉刀、名花、异果、山亭、戏具、鸭卵、鸡雏，谓之"门外土仪"。轿子，即以杨柳、杂花装簇顶上，四垂遮映。

　　自此三日，皆出城上坟，但一百五日最盛。节日，坊市卖稠饧、麦糕、乳酪、乳饼之类。缓入都门，斜阳御柳，醉归院落，明月梨花。

诸军禁卫，各成队伍，跨马作乐四出，谓之"摔脚"。其旗旄鲜明，军容雄壮，人马精锐，又别为一景也。

三月一日开金明池、琼林苑

三月一日，州西顺天门外，开金明池、琼林苑，每日教习车驾上池仪范。虽禁从士庶许纵赏，御史台有榜不得弹劾。

池在顺天门外街北，周围约九里三十步，池西直径七里许。入池门内南岸西去百余步，有面北临水殿，车驾临幸观争标，锡宴于此。往日旋以彩幄，政和间用土木工造成矣。

又西去数百步乃仙桥，南北约数百步，桥面三虹，朱漆阑楯，下排雁柱，中央隆起，谓之“骆驼虹”，若飞虹之状。

桥尽处，五殿正在池之中心，四岸石甃向背，大殿中坐，各设御幄，朱漆明金龙床，河间云水戏龙屏风，不禁游人。

殿上下回廊，皆关扑钱物、饮食、伎艺人作场，勾肆罗列左右。桥上两边，用瓦盆内掷头钱，关扑钱物、衣服、动使、游人还往，荷盖相望。

桥之南立棂星门，门里对立彩楼。每争标作乐，列妓女于其上。门相对街南有砖石甃砌高台，上有楼观，广百丈许，曰宝津楼。

前至池门，阔百余丈，下阚仙桥、水殿，车驾临幸观骑射、百戏于此。池之东岸，临水近墙皆垂杨，两边皆彩棚幕次，临水假赁，观看争标。

街东皆酒食店舍，博易场户，艺人勾肆质库，不以几日解下，只至闭池，便典没出卖。

北去直至池后门，乃汴河西水门也。其池之西岸，亦无屋宇，但垂杨蘸水，烟草铺堤，游人稀少，多垂钓之士，必于池苑所买牌子，方许捕鱼。游人得鱼，倍其价买之。临水斫脍，以荐芳樽，乃一时佳味也。

习水教罢，系小龙船于此，池岸正北对五殿起大屋，盛大龙船，谓之"奥屋"，车驾临幸，往往取二十日。

诸禁卫班直，簪花，披锦绣，捻金线衫袍，金带勒帛之类，结束竞呈鲜新。

出内府金枪，宝装弓剑，龙凤绣旗，红缨锦綍，万骑争驰，铎声震地。

驾幸临水殿观争标锡宴

　　驾先幸池之临水殿，锡宴群臣。殿前出水棚，排立仪卫，近殿水中横列四彩舟，上有诸军百戏，如大旗狮豹，棹刀蛮牌，神鬼杂剧之类。

　　又列两船皆乐部，又有一小船，上结小彩楼，下有三小门，如傀儡棚，正对水中乐船，上参军色进致语，乐作，彩棚中门开，出小木偶人，小船子上，有一白衣人垂钓，后有小童举棹划船，辽绕数回，作语乐作，钓出活小鱼一枚，又作乐，小船入棚。继有木偶筑球、舞旋之类，亦各念致语唱和乐作而已，谓之"水傀儡"。

　　又有两画船，上立秋千，船尾百戏人上竿，左右军院虞候监教，鼓笛相和。又一人上蹴秋千，将平架，筋斗掷身入水，谓之"水秋千"。

　　水戏呈毕，百戏乐船并各鸣锣鼓，动乐舞旗，与水傀儡船分两壁退去。

　　有小龙船二十只，上有绯衣军士各五十余人，各设旗鼓铜锣。船头有一军校，舞旗招引，乃虎翼指挥兵级也。

又有虎头船十只，上有一锦衣人，执小旗立船头上，余皆着青短衣、长顶头巾，齐舞棹，乃百姓卸在行人也。

又有飞鱼船二只，彩画间金，最为精巧，上有杂彩戏衫五十余人，间列杂色小旗绯伞，左右招舞，鸣小锣鼓铙铎之类。

又有鳅鱼船二只，止容一人撑划，乃独木为之也。皆进花石朱缅所进。

诸小船竞诣"奥屋"，牵拽大龙船出诣水殿，其小龙船争先团转翔舞，迎导于前。其虎头船以绳牵引龙舟。大龙船约长三四十丈，阔三四丈，头尾鳞鬣，皆雕镂金饰，艎版皆退光，两边列十阁子，充阁分歇泊。中设御座、龙水屏风。艎版到底深数尺，底上密排铁铸大银样如桌面大者，压重庶不欹侧也。

上有层楼台观槛曲，安设御座，龙头上人舞旗，左右水棚排列六桨，宛若飞腾。至水殿叙之一边。水殿前至仙桥，预以红旗插于水中，标识地分远近。

所谓小龙船，列于水殿前，东西相向，虎头、飞鱼等船，布在其后，如两阵之势。

须臾，水殿前水棚上一军校，以红旗招之，龙船各鸣锣鼓出阵，划棹旋转，共为圆阵，谓之"旋罗"。

水殿前又以旗招之，其船分而为二，各圆阵，谓之"海眼"。

又以旗招之，两队船相交互，谓之"交头"。

又以旗招之，则诸船皆列五殿之东面，对水殿排成行列，则有小舟一军校，执一竿，上挂以锦彩银碗之类，谓之"标竿"，插在近殿水中。

又见旗招之，则两行舟鸣鼓并进，捷者得标，则山呼拜舞。

并虎头船之类，各三次"争标"而止。其小船复引大龙船入"奥屋"内矣。

驾幸琼林苑

驾方幸琼林苑，在顺天门大街面北，与金明池相对。大门牙道皆古松怪柏。两傍有石榴园，樱桃园之类，各有亭榭，多是酒家所占。

苑之东南隅，政和间，创筑华觜冈，高数十丈。上有横观层楼，金碧相射。下有锦石缠道，宝砌池塘，柳锁虹桥，花萦凤舸。

其花皆素馨、末莉、山丹、瑞香、含笑、射香等。闽、广、二浙所进南花，有月池、梅亭、牡丹之类，诸亭不可悉数。

驾幸宝津楼宴殿

宝津楼之南有宴殿，驾临幸，嫔御车马在此。寻常亦禁人出入，有官监之。殿之西有射殿，殿之南有横街，牙道柳径，乃都人击球之所。

西去苑西门、水虎翼巷，横道之南，有古桐牙道，两傍亦有小园圃台榭。南过画桥，水心有大撮焦亭子，方池柳步围绕，谓之"虾蟆亭"，亦是酒家占。

寻常驾未幸，习旱教于苑大门。御马立于门上。门之两壁，皆高设彩棚，许士庶观赏，呈引百戏。

御马上池，则张黄盖，击鞭如仪。每遇大龙船出，及御马上池，则游人增倍矣。

驾登宝津楼诸军呈百戏

驾登宝津楼，诸军百戏呈于楼下。先列鼓子十数辈，一人摇双鼓子，近前进致语，多唱"青春三月蓦山溪"也。

唱讫，鼓笛举，一红巾者弄大旗，次狮豹入场，坐作进退，奋迅举止毕。次一红巾者手执两白旗子，跳跃旋风而舞，谓之"扑旗子"。

及上竿、打筋斗之类讫，乐部举动琴家弄令，有花妆轻健军士百余，前列旗帜，各执雉尾、蛮牌、木刀，初成行列拜舞，互变开门夺桥等阵，然后列成偃月阵，乐部复动蛮牌令，数内两人，出阵对舞，如击刺之状，一人作奋击之势，一人作僵仆出场，凡五七对。

或以枪对牌、剑对牌之类，忽作一声如霹雳，谓之"爆仗"，则蛮牌者引退。烟火大起，有假面披发，口吐狼牙烟火，如鬼神状者上场。着青帖金花短后之衣，帖金皂裤，跣足，携大铜锣随身，步舞而进退，谓之"抱锣"。绕场数遭，或就地放烟火之类。

又一声爆仗，乐部动拜新月慢曲，有面涂青碌，戴面具金睛，饰以豹皮锦绣看带之类，谓之"硬鬼"。或执刀斧，或执杵棒之类，作脚步蘸立，为驱捉视听之状。

又爆仗一声，有假面长髯展裹绿袍靴简如钟馗像者，傍一人以小锣相招和舞步，谓之"舞判"。继有二三瘦瘠，以粉涂身，金睛白面，如髑髅状，系锦绣围肚看带，手执软杖，各作魁谐，趋跄举止若排戏，谓之"哑杂剧"。

又爆仗响，有烟火就涌出，人面不相睹，烟中有七人，皆披发文身，着青纱短后之衣，锦绣围肚看带，内一人金花小帽，执白旗，余皆头巾，执真刀，互相格斗击刺，作破面剖心之势，谓之"七圣刀"。

忽有爆仗响，又复烟火出，散处以青幕围绕，列数十辈，皆假面异服，如祠庙中神鬼塑像，谓之"歇帐"。又爆仗响卷退。

次有一击小铜锣，引百余人，或巾裹，或双髻，各着杂色半臂，围肚看带，以黄白粉涂其面，谓之"抹跄"。各执木棹刀一口，成行列，击锣者指呼各拜舞起居毕，喝喊变阵子数次，成"一字阵"，两两出阵格斗，作夺刀击刺之态百端讫，一人弃刀在地，就地掷身，背着地有声，谓之"扳落"。如是数十对讫。

复有一装田舍儿者入场，念诵言语讫，有一装村妇者入场，与村夫相值，各持棒杖，互相击触，如相殴态。其村夫者以杖背村妇出场毕。

后部乐作，诸军缴队杂剧一段，继而露台弟子杂剧一段，是时弟子萧住儿、丁都赛、薛子大、薛子小、杨总惜、崔上寿之辈，后来者不足数。

合曲舞旋讫，诸班直常入祇候子弟所呈马骑，先一人空手出马，谓之"引马"。

次一人磨旗出马，谓之"开道旗"。

次有马上抱红绣之球，系以红绵索掷下于地上，数骑追逐射之，左曰"仰手射"，右曰"合手射"，谓之"拖绣球"。

又以柳枝插于地，数骑以划子箭，或弓或弩射之，谓之"褙柳枝"。

又有以十余小旗，遍装轮上而背之出马，谓之"旋风旗"。

又有执旗挺立鞍上，谓之"立马"。

或以身下马，以手攀鞍而复上，谓之"骗马"。

或用手握定镫裤，以身从后鞦来往，谓之"跳马"。

忽以身离鞍，屈右脚挂马鬃，左脚在镫，左手把鬃，谓之"献鞍"，又曰"弃鬃"。

背坐或以两手握镫袴，以肩着鞍桥，双脚直上，谓之"倒立"。

忽掷脚着地，倒拖顺马而走，复跳上马，谓之"拖马"。

或留左脚着镫，右脚出镫，离鞍横身，在鞍一边，右手捉鞍，左手把鬃存身，直一脚顺马而走，谓之"飞仙膊马"。

又存身拳曲在鞍一边，谓之"镫里藏身"。或右臂挟鞍，足着地顺马而走，谓之"赶马"。

或出一镫，坠身着䩞，以手向下绰地，谓之"绰尘"。

或放令马先走，以身追及握马尾而上，谓之"豹子马"。

或横身鞍上，或轮弄利刃，或重物、大刀、双刀百端讫。

有黄衣老兵，谓之"黄院子"，数辈执小锈龙旗前导，宫监马骑百余，谓之"妙法院女童"。皆妙龄翘楚，结束如男子，短顶头巾，各着杂色锦绣，捻金丝番段窄袍，红绿吊敦束带，莫非玉羁金勒，宝鞯花鞴，艳色耀日，香风袭人。

驰骤至楼前，团转数遭，轻帘鼓声，马上亦有呈骁艺者。中贵人许畋押队招呼成列，鼓声一齐掷身下马，一手执弓箭，揽缰子就地，如男子仪。

拜舞山呼讫，复听鼓声，骗马而上。大抵禁庭如男子装者，便随男子礼起居。复驰骤团旋，分合阵子讫，分两阵，两两出阵，左右使马，直背射弓，使番枪或草棒交马野战，呈骁骑讫，引退。

又作乐，先设彩结小球门于殿前，有花装男子百余人，皆裹角子向后拳曲花幞头，半着红半着青锦袄子，义襕束带丝鞋，各跨雕鞍花鞴驴子，分为两队，各有朋头一名，各执彩画球杖，谓之"小打"。

一朋头用杖击弄球子，如缀球子方坠地，两朋争占，供与朋头，左朋击球子过门入孟为胜，右朋向前争占，不令入孟，互相追逐，得筹谢恩而退。

续有黄院子引出宫监百余，亦如小打者，但加之珠翠装饰，玉带红靴，各跨小马，谓之"大打"。

人人乘骑精熟，驰骤如神，雅态轻盈，妍姿绰约，人间但见其图画矣。呈讫。

驾幸射殿射弓

驾诣射殿射弓，垛子前列招箭班二十余人，皆长脚幞头，紫绣抹额，紫宽衫，黄义襕，雁翅排立。

御箭去则齐声招舞，合而复开，箭中的矣。

又一人口衔一银碗，两肩两手共五只，箭来皆能承之。

射毕，驾归宴殿。

池苑内纵人关扑游戏

池苑内，除酒家、艺人占外，多以彩幕缴络，铺设珍玉、奇玩、匹帛、动使、茶酒器物关扑。有以一笏扑三十笏者。以至车马、地宅、歌姬、舞女，皆约以价而扑之。

出九和合，有名者任大头、快活三之类，余亦不数。池苑所进奉鱼、藕、果实，宣赐有差。后苑作进小龙船，雕牙镂翠，极尽精巧。

随驾艺人，池上作场者，宣政间，张艺多、浑身眼、宋寿香、尹士安小乐器，李外宁水傀儡，其余莫知其数。

池上饮食：水饭、凉水绿豆、螺蛳、肉饶梅花酒、查片、杏片、梅子、香药、脆梅、旋切鱼脍、青鱼、盐鸭卵、杂和辣菜之类。

池上水教罢，贵家以双缆黑漆平船，紫帷帐，设列家乐游池。宣政间，亦有假赁大小船子，许士庶游赏，其价有差。

驾回仪卫

　　驾回则御裹小帽，簪花乘马，前后从驾臣寮，百
司仪卫，悉赐花。

　　大观初，乘骢马至太和宫前，忽宣小乌，其马至
御前，拒而不进，左右曰："此愿封官。"敕赐龙骧将军，
然后就辔。盖小乌平日御爱之马也。

　　莫非锦绣盈都，花光满目，御香拂路，广乐喧空，
宝骑交驰，彩棚夹路，绮罗珠翠，户户神仙，画阁红楼，
家家洞府，游人士庶，车马万数。

　　妓女旧日多乘驴，宣政间惟乘马，披凉衫，将盖
头背系冠子上。

　　少年狎客，往往随后，亦跨马，轻衫小帽，有三、
五文身恶少年控马，谓之"花褪马"。用短缰促马头，
刺地而行，谓之"鞍缰"。呵喝驰骤，竞逞骏逸。

　　游人往往以竹竿挑挂终日关扑所得之物而归。仍
有贵家士女，小轿插花，不垂帘幕。

　　自三月一日，至四月八日闭池，虽风雨亦有游人，

略无虚日矣。

　　是月季春，万花烂漫，牡丹、芍药、棣棠、木香，种种上市。卖花者以马头竹篮铺排，歌叫之声，清奇可听，晴帘静院，晓幕高楼，宿酒未醒，好梦初觉，闻之莫不新愁易感，幽恨悬生，最一时之佳况。

　　诸军出郊，合教阵队。

卷之八

四月八日

　　四月八日，佛生日。十大禅院，各有浴佛斋会，煎香药糖水相遗，名曰"浴佛水"。

　　迤逦时光昼永，气序清和。榴花院落，时闻求友之莺；细柳亭轩，乍见引雏之燕。

　　在京七十二户诸正店，初卖煮酒，市井一新。唯州南清风楼，最宜夏饮，初尝青杏，乍荐樱桃，时得佳宾，觥酬交作。

　　是月茄瓠初出上市，东华门争先供进，一对可直三五十千者。时果则御桃、李子、金杏、林檎之类。

端午

端午节物：百索、艾花、银样鼓儿、花花巧画扇、香糖果子、粽子、白团、紫苏、菖蒲、木瓜，并皆茸切，以香药相和，用梅红匣子盛裹。

自五月一日及端午前一日，卖桃、柳、葵花、蒲叶、佛道艾。

次日，家家铺陈于门首，与粽子、五色水团、茶酒供养，又钉艾人于门上，士庶递相宴赏。

六月六日崔府君生日二十四日神保观神生日

六月六日，州北崔府君生日。多有献送，无盛如此。

二十四日，州西灌口二郎生日，最为繁盛。庙在万胜门外一里许，敕赐神保观。

二十三日，御前献送后苑作与书艺局等处制造戏玩，如球杖、弹弓、弋射之具，鞍辔、衔勒、樊笼之类，悉皆精巧。

作乐迎引至庙，于殿前露台上设乐棚，教坊、钧容直作乐，更互杂剧舞旋。太官局供食，连夜二十四盏，各有节次。

至二十四日，夜五更争烧头炉香，有在庙止宿，夜半起以争先者。天晓，诸司及诸行百姓献送甚多。

其社火呈于露台之上，所献之物，动以万数。自早呈拽百戏，如上竿、趯弄、跳索、相扑、鼓板、小唱、斗鸡、说诨话、杂扮、商谜、合笙、乔筋骨、乔相扑、浪子杂剧、叫果子、学像生、倬刀、装鬼、砑鼓、牌棒、道术之类，色色有之，至暮呈拽不尽。

殿前两幡竿，高数十丈，左则京城所，右则修内司，搭材分占，上竿呈艺解，或竿尖立横木，列于其上，装神鬼，吐烟火，甚危险骇人，至夕而罢。

是月巷陌杂卖

　　是月时物，巷陌路口，桥门市井，皆卖大小米水饭、炙肉、干脯、莴苣笋、芥辣瓜儿、义塘甜瓜、卫州白桃、南京金桃、水鹅梨、金杏、小瑶李子、红菱沙角儿、药木瓜、水木瓜、冰雪凉水、荔枝膏，皆用青布伞，当街列床、凳堆垛。

　　冰雪惟旧宋门外两家最盛，悉用银器。沙糖绿豆、水晶皂儿、黄冷团子、鸡头穰冰雪、细料馉饳儿、麻饮鸡皮、细索凉粉、素签成串、熟林檎、脂麻团子、江豆砣儿、羊肉小馒头、龟儿沙馅之类。

　　都人最重二伏，盖六月中别无时节，往往风亭水榭，峻宇高楼，雪槛冰盘，浮瓜沉李，流杯曲沼，苞鲊新荷，远迩笙歌，通夕而罢。

七夕

七月七夕，潘楼街东宋门外瓦子、州西梁门外瓦子、北门外、南朱雀门外街及马行街内，皆卖磨喝乐，乃小塑土偶耳。悉以雕木彩装栏座，或用红纱碧笼，或饰以金珠牙翠，有一对直数千者。

禁中及贵家与士庶为时物追陪。又以黄蜡铸为凫雁、鸳鸯、鸂鶒、龟鱼之类，彩画金缕，谓之"水上浮"。

又以小板上傅土旋种粟令生苗，置小茅屋花木，作田舍家小人物，皆村落之态，谓之"谷板"。

又以瓜雕刻成花样，谓之"花瓜"。

又以油面糖蜜造为笑靥儿，谓之"果食"，花样奇巧百端，如捻香方胜之类。

若买一斤，数内有一对被介胄者如门神之像，盖自来风流，不知其从，谓之"果食将军"。

又以绿豆、小豆、小麦于磁器内，以水浸之，生芽数寸，以红蓝彩缕束之，谓之"种生"。皆于街心彩幕帐设，出络货卖。

七夕前三五日，车马盈市，罗绮满街，旋折未开荷花，都人善假做双头莲，取玩一时，提携而归，路人往往嗟爱。

又小儿须买新荷叶执之，盖效颦磨喝乐。儿童辈特地新妆，竞夸鲜丽。

至初六日七日晚，贵家多结彩楼于庭，谓之"乞巧楼"。铺陈磨喝乐、花瓜、酒炙、笔砚、针线，或儿童裁诗，女郎呈巧，焚香列拜，谓之乞巧。

妇女望月穿针，或以小蜘蛛安合子内，次日看之，若网圆正，谓之"得巧"。

里巷与妓馆，往往列之门首，争以侈靡相尚。磨喝乐本佛经摩睺罗，今通俗而书之。

中元节

七月十五日，中元节。先数日市井卖冥器：靴鞋、幞头、帽子、金犀假带、五彩衣服，以纸糊架子盘游出卖。潘楼并州东西瓦子，亦如七夕。

要闹处亦卖果食、种生、花果之类，及印卖《尊胜目连经》。又以竹竿斫成三脚，高三五尺，上织灯窝之状，谓之"盂兰盆"。挂搭衣服、冥钱，在上焚之。构肆乐人自过七夕，便般《目连救母》杂剧，直至十五日止，观者增倍。

中元前一日，即卖练叶，享祀时铺衬桌面。又卖麻谷窠儿，亦是系在桌子脚上，乃告祖先秋成之意。又卖鸡冠花，谓之"洗手花"。

十五日供养祖先素食，才明即卖穄米饭，巡门叫卖，亦告成意也。又卖转明菜花、花油饼、馂䭡、沙䭡之类。

城外有新坟者，即往拜扫。禁中亦出车马诣道者院谒坟。本院官给祠部十道，设大会，焚钱山，祭军阵亡殁，设孤魂之道场。

立秋

　　立秋日，满街卖楸叶，妇女儿童辈，皆剪成花样戴之。

　　是月，瓜果梨枣方盛，京师枣有数品：灵枣、牙枣、青州枣、亳州枣。鸡头上市，则梁门里李和家最盛。

　　中贵戚里，取索供卖。内中泛索，金合络绎。士庶买之，一裹十文，用小新荷叶包，糁以麝香，红小索儿系之。卖者虽多，不及李和一色拣银皮子嫩者货之。

秋社

　　八月秋社，各以社糕、社酒相赍送。贵戚宫院以猪、羊肉、腰子、奶房、肚肺、鸭饼、瓜姜之属，切作棋子片样，滋味调和，铺于饭上，谓之"社饭"。请客供养。

　　人家妇女皆归外家，晚归即外公、姨、舅，皆以新葫芦儿、枣儿为遗，俗云"宜良外甥"。

　　市学先生预敛诸生钱作社会，以致雇倩、祗应、白席、歌唱之人。归时各携花篮、果实、食物、社糕而散。

　　春社、重午、重九，亦是如此。

中秋

　　中秋节前，诸店皆卖新酒，重新结络门面彩楼，花头画竿，醉仙锦旆，市人争饮，至午未间，家家无酒，拽下望子。

　　是时螯蟹新出，石榴、榅勃、梨、枣、栗、孛萄、弄色橙橘，皆新上市。

　　中秋夜，贵家结饰台榭，民间争占酒楼玩月。丝篁鼎沸，近内庭居民，夜深遥闻笙竽之声，宛若云外。闾里儿童，连宵嬉戏，夜市骈阗，至于通晓。

重阳

九月重阳，都下赏菊有数种：其黄白色蕊若莲房曰"万龄菊"；粉红色曰"桃花菊"，白而檀心曰"木香菊"，黄色而圆者曰"金铃菊"，纯白而大者曰"喜容菊"，无处无之。酒家皆以菊花缚成洞户。

都人多出郊外登高，如仓王庙、四里桥、愁台、梁王城、砚台、毛驼冈、独乐冈等处宴聚。

前一、二日，各以粉面蒸糕遗送，上插剪彩小旗，掺饤果实，如石榴子、栗子黄、银杏、松子肉之类。又以粉作狮子蛮王之状，置于糕上，谓之"狮蛮"。

诸禅寺各有斋会，惟开宝寺仁王寺有狮子会。诸僧皆坐狮子上，作法事讲说，游人最盛。

下旬即卖冥衣、靴鞋、席帽、衣段，以十月朔日烧献故也。

卷之九

十月一日 · 天宁节 · 宰执亲王宗室百官入内上寿 · 立冬

十月一日

十月一日，宰臣已下受衣着锦袄，三日今五日，士庶皆出城飨坟。

禁中车马出道者院及西京朝陵。宗室车马，亦如寒食节。

有司进暖炉炭。民间皆置酒作暖炉会也。

天宁节

初十日，天宁节。

前一月，教坊集诸妓阅乐。

初八日，枢密院率修武郎以上；初十日，尚书省宰执率宣教郎以上，并诣相国寺罢散祝圣斋筵。

次赴尚书省都厅赐宴。

宰执亲王宗室百官入内上寿

十二日，宰执、亲王、宗室、百官，入内上寿大起居播笏舞蹈。

乐未作，集英殿山楼上教坊乐人，效百禽鸣，内外肃然，止闻半空和鸣，若鸾凤翔集。

百官以下谢坐讫，宰执、禁从、亲王、宗室、观察使已上，并大辽、高丽、夏国使副，坐于殿上。诸卿少百官，诸国中节使人坐两廊。军校以下排在山楼之后，皆以红面青墩黑漆矮偏钉。

每分列环饼，油饼、枣塔为看盘，次列果子。惟大辽加之猪羊鸡鹅兔连骨熟肉为看盘，皆以小绳束之。又生葱、韭、蒜、醋各一碟，三五人共列浆水一桶，立杓数枚。

教坊色长二人，在殿上栏干边，皆诨裹宽紫袍金带义襕，看盏，斟御酒。看盏者举其袖，唱引曰，绥御酒，声绝，拂双袖于栏干而止。宰臣酒，则曰绥酒如前。

教坊乐部，列于山楼下彩棚中，皆裹长脚幞头，

134

随逐部服紫绯绿三色宽衫黄义襕，镀金凹面腰带。前列拍板，十串一行，次一色画面琵琶五十面，次列箜篌两座，箜篌高三尺许，形如半边木梳，黑漆镂花金装画。

下有台座，张二十五弦，一人跪而交手擘之。以次高架大鼓二面，彩画花地金龙，击鼓人背结宽袖，别套黄窄袖，垂结带，金裹鼓棒，两手高举互击，宛若流星。后有羯鼓两座，如寻常番鼓子，置之小桌子上，两手皆执杖击之，杖鼓应焉。

次列铁石方响，明金彩画架子，双垂流苏。次列箫、笙、埙、篪、觱篥、龙笛之类。两旁对列杖鼓二百面，皆长脚幞头、紫绣抹额、背系紫宽衫、黄窄袖、结带、黄义襕。

诸杂剧色皆浑裹，各服本色紫绯绿宽衫义襕镀金带。自殿陛对立，直至乐棚。每遇舞者入场，则排立者叉手，举左右肩，动足应拍，一齐群舞，谓之挼曲子。

第一盏御酒，歌板色一名，唱中腔一遍讫，先笙与箫、笛各一管和，又一遍，众乐齐举，独闻歌者之声。宰臣酒，乐部起倾杯。

百官酒，三台舞旋，多是雷中庆。其余乐人舞者浑裹宽衫，唯中庆有官，故展裹舞曲破攧前一遍。舞者入场，至歇拍，续一人入场，对舞数拍。前舞者退，独后舞者终其曲，谓之舞末。

第二盏御酒，歌板色唱如前。宰臣酒，慢曲子。百官酒，三台舞如前。

第三盏，左右军百戏入场，一时呈拽。所谓左右军，乃京师坊市两厢也，非诸军之军。百戏乃上竿、跳索、倒立折腰弄碗注、踢瓶、筋斗、擎戴之类，即不用狮豹大旗神鬼也。艺人或男或女，皆红巾彩服。殿前自有石镌柱窠，百戏入场，旋立其戏竿。凡御宴至第三盏，方有下酒肉、咸豉、爆肉、双下驼峰角子。

第四盏，如上仪，舞毕，发谭子，参军色执竹竿、拂子，念致语口号，诸杂剧色打和，再作语，勾合大曲舞。下酒槌，炙子骨头、索粉、白肉、胡饼。

第五盏御酒，独弹琵琶。宰臣酒，独打方响。凡独奏乐，并乐人谢恩讫，上殿奏之。

百官酒，乐部起三台舞如前毕。参军色执竹竿子作语，勾小儿队舞。小儿各选年十二三者二百余人，列四行，每行队头一名，四人簇拥，并小隐士帽，着绯绿紫青生色花衫，上领四契义襕，束带，各执花枝排定。

先有四人裹卷脚幞头紫衫者，擎一彩殿子内金贴字牌，擂鼓而进，谓之"队名"，牌上有一联，谓如"九韶翔彩凤，八佾舞青鸾"之句。

乐部举乐，小儿舞步进前，直叩殿陛。参军色作语问，小儿班首近前进口号，杂剧人皆打和毕，乐作群舞合唱，且舞且唱。

又唱破子毕，小儿班首入致语，勾杂剧入场，一场两段，是时教坊杂剧色：鳖膨，刘乔、侯伯朝、孟景初、王彦喜而下，皆使副也。

内殿杂戏，为有使人预宴，不敢深作谐谑，惟用群队装其似像市语，谓之"拽串"。

杂戏毕，参军色作语，放小儿队。又群舞《应天长》曲子出场，下酒：群仙炙、天花饼、太平毕罗、干饭、缕肉羹、莲花肉饼。驾兴歇座。百官退出殿门、幕次。须臾追班，起居再坐。

第六盏御酒，笙起慢曲子，宰臣酒，慢曲子，百官酒，三台舞。左右军筑球，殿前旋立球门，约高三丈许，杂彩结络，留门一尺许。左军球头苏述，长脚幞头红锦袄，余皆卷脚幞头，亦红锦袄十余人。右军球头孟宣，并十余人，皆青锦衣，乐部哨笛杖鼓断送。

左军先以球团转众小筑数遭，有一对次球头小筑数下，待其端正，即供球与球头，打大歼过球门。右军承得球，复团转众小筑数遭，次球头亦依前供球与球头，以大胅打过，或有即便复过者胜。

胜者赐以银碗锦彩，拜舞谢恩，以赐锦共披而拜也。不胜者球头吃鞭，仍加抹枪。下酒：假鼋鱼、密浮酥捺花。

第七盏御酒，慢曲子，宰臣酒，皆慢曲子，百官酒，三台舞讫，参军色作语，勾女童队入场。女童皆选两军妙龄容艳过人者四百余人，或戴花冠，或仙人髻，鸦霞之服，或卷曲花脚幞头，四契红黄生色销金锦绣之衣，结束不常，莫不一时新妆，曲尽其妙。

杖子头四人，皆裹曲脚向后指天幞头簪花，红黄宽袖衫义襕，执银裹头杖子，皆都城角者。当时乃陈奴哥、俎姐哥、李伴奴、双奴，余不足数。

亦每名四人簇拥，多作仙童丫髻仙裳，执花舞步，进前成列。或舞采莲，则殿前皆列莲花。槛曲亦进队名，参军色作语问队，杖子头者进口号，且舞且唱。

乐部断送采莲讫，曲终复群舞，唱中腔毕。女童进致语，勾杂戏入场，亦一场两段讫，参军色作语。放女童队，又群唱曲子，舞步出场。比之小儿，节次增多矣。下酒：排炊羊、胡饼、炙金肠。

第八盏御酒，歌板色一名唱踏歌。宰臣酒，慢曲子，百官酒，三台舞，合曲破舞旋。下酒：假沙鱼、独下馒头、肚羹。

第九盏御酒，慢曲子，宰臣酒，慢曲子，百官酒，三台舞。曲如前。左右军相扑。下酒：水饭、簇饤下饭。驾兴。

御筵酒盏，皆屈卮如菜碗样，而有手把子。殿上纯金，廊下纯银。食器：金银锭漆碗碟也。

宴退，臣僚皆簪花归私第，呵引从人皆簪花并破官钱。诸女童队出右掖门，少年豪俊争以宝贝供送，饮食酒果迎接，各乘骏骑而归。或花冠，或作男子结束，自御街驰骤，竞逞华丽，观者如堵，省宴亦如此。

立冬

是月立冬，前五日，西御园进冬菜。

京师地寒，冬月无蔬菜，上至宫禁，下及民间，一时收藏，以充一冬食用。于是车载马驼，充塞道路。

时物：姜豉、朕子、红丝、末脏，鹅梨、榅桲、蛤蜊、螃蟹。

卷之十

冬至

十一月冬至。京师最重此节。虽至贫者，一年之间，积累假借，至此日更易新衣，备办饮食，享祀先祖，官放关扑，庆贺往来，一如年节。

大礼预教车象

遇大礼年，预于两月前教车象自宣德门至南薰门
外，往来一遭。车五乘以代五辂轻重。每车上置旗二口，
鼓一面，驾以四马。挟车卫士，皆紫衫帽子。

车前数人击鞭。象七头。前列朱旗数十面，铜锣
鼙鼓十数面。先击锣二下，鼓急应三下。执旗人紫衫
帽子。

每一象则一人，裹交脚幞头、紫衫，人跨其颈，
手执短柄铜镬尖其刃，象有不驯击之。象至宣德楼前，
团转行步数遭成列，使之面北而拜，亦能唱喏。

诸戚里、宗室、贵族之家，勾呼就私第观看，赠
之银彩无虚日，御街游人嬉集，观者如织。

卖扑土木粉捏小象儿并纸画，看人携归，以为
献遗。

车驾宿大庆殿

冬至前三日，驾宿大庆殿。殿庭广阔，可容数万人。尽列法驾仪仗于庭，不能周遍。

有两楼对峙，谓之"钟鼓楼"。上有大史局生，测验刻漏。每时刻作鸡唱，鸣鼓一下，则一服绿者，执牙牌而奏之，每刻曰"某时几棒鼓"，一时则曰"某时正"。

宰执百官，皆服法服，其头冠各有品从。宰执亲王加貂蝉笼巾九梁，从官七梁，余六梁至二梁有差。台谏增獬角也。所谓"梁"者，谓冠前额梁上排金铜叶也。皆绛袍皂缘，方心曲领，中单环佩，云头履鞋。随官品执笏。余执事人，皆介帻绯袍，亦有等差。惟阁门御史台，加方心曲领尔。

入殿祗应人给黄方号，余黄长号、绯方长号，各有所至去处。仪仗车辂，谓信幡、龙旗、相风乌、指南车、木辂、象辂、革辂、金辂、玉辂之类。自有《三礼图》可见，更不缕缕。排列殿门内外，及御街远近，禁卫全装，铁骑数万，围绕大内。

是夜内殿仪卫之外，又有裹锦缘小帽、锦络缝宽衫兵士，各执银裹头黑漆杖子，谓之"喝探兵士"。

十余人作一队，聚首而立，凡数十队。各一名喝曰："是与不是？"众曰："是。"又曰："是甚人？"众曰："殿前都指挥使高俅。"更互喝叫不停，或如鸡叫。

又置警场于宣德门外，谓之"武严兵士"。画鼓二百面，角称之。其角皆以彩帛如小旗脚装结其上。兵士皆小帽，黄绣抹额，黄绣宽衫，青窄衬衫。

日晡时，三更时，各奏严也。每奏先鸣角，角罢，一军校执一长软藤条，上系朱拂子，擂鼓者观拂子，随其高低，以鼓声应其高下也。

驾行仪卫

次日五更，摄大宗伯执牌奏中严外办，铁骑前导番衮。

自三更时，相续而行，象七头，各以文锦被其身，金莲花座安其背，金辔笼络其脑，锦衣人跨其颈。次第高旗大扇，画戟长矛，五色介胄跨马之士。

或小帽锦绣抹额者，或黑漆圆顶幞头者，或以皮如兜鍪者，或漆皮如戽斗而笼巾者，或衣红黄罨画锦绣之服者，或衣纯青纯皂以至鞋裤皆青黑者，或裹交脚幞头者，或以锦为绳如蛇而绕系其身者，或数十人唱引持大旗而过者，或执大斧者，胯剑者，执锐牌者，持镫棒者，或持竿上悬豹尾者，或持短杵者。

其矛戟皆缀五色结带铜铎，其旗扇皆画以龙或虎或云彩或山河。又有旗高五丈，谓之"次黄龙"。

驾诣太庙青城，并先到立斋宫前，叉竿舍索旗坐约百余人，或有交脚幞头，胯剑足靴，如四直使者，千百数，不可名状。

余诸司祗应人，皆锦袄。诸班直、亲从亲事官，皆帽子结带红锦，或红罗上紫团答戏狮子，短后打甲背子，执御从物。

御龙直皆真珠结络短顶头巾，紫上杂色小花绣衫，金束带，看带丝鞋。天武官皆顶朱漆金装笠子、红上团花背子。三衙并带御器械官，皆小帽背子，或紫绣战袍，跨马前导。

千乘万骑，出宣德门，由景灵宫太庙。

驾宿太庙奉神主出室

驾乘玉辂，冠服如图画间星官之服，头冠皆北珠装结，顶通天冠，又谓之"卷云冠"，服绛袍，执元圭。

其玉辂顶皆镂金大莲叶攒簇，四柱栏槛镂玉盘花龙凤，驾以四马。后出旗常辂上御座，惟近侍二人，一从官傍立，谓之"执绥"，以备顾问。

挟辂卫士皆裹黑漆团顶无脚幞头，着黄生色宽衫，青窄衬衫，青裤，系以锦绳。辂后四人，擎行马，前有朝服二人，执筊面辂倒行。

是夜、宿太庙，喝探警严如宿殿仪。至三更车驾行事。执事皆宗室。

宫架乐作，主上在殿上东南隅西面立，有一朱漆金字牌曰"皇帝位"。然后奉神主出室，亦奏中严外办，逐室行礼毕。

甲马、仪仗、车辂，番衮出南薰门。

驾诣青城斋宫

驾御玉辂，诣青城斋宫。

所谓"青城"，旧来止以青布幕为之，画砌甃之文，旋结城阙殿宇。宣政间，悉用土木盖造矣。

铁骑围斋宫外，诸军有紫巾绯衣素队约千余，罗布郊野。每队军乐一火。

行宫巡检部领甲马，来往巡逻，至夜严警，喝探如前。

驾诣郊坛行礼

三更，驾诣郊坛行礼，有三重壝墙。驾出青城，南行曲尺西去约一里许，乃坛也。

入外壝东门，至第二墙里面南设一大幕次，谓之"大次"。更换祭服，平天冠二十四旒，青衮龙服，中单朱舄，纯玉佩。

二中贵扶侍，行至坛前。坛下又有一小幕殿，谓之"小次"，内有御座。

坛高三层七十二级。坛面方圆三丈许，有四踏道。正南曰午阶，东曰卯阶，西曰酉阶，北曰子阶。坛上设二黄褥位北面，南曰"昊天上帝"；东南面曰"太祖皇帝"。惟两矮案上设礼料。

有登歌道士十余人，列钟磬二架，余歌色及琴瑟之类，三五执事人而已。

坛前设宫架乐，前列编钟玉磬。其架有如常乐方响，增其高大。编钟形稍褊，上下两层挂之，架两角缀以流苏。玉磬状如曲尺，系其曲尖处，亦架之，上下两层挂之。

次列数架，大鼓或三或五，用木穿贯，立于架座上。又有大钟，曰景钟，曰节鼓。有琴而长者，如筝而大者，截竹如箫管，两头存节而横吹者，有土烧成如圆弹而开窍者，如笙而大者，如箫而增其管者。

有歌者，其声清亮，非郑卫之比。

宫架前立两竿，乐工皆裹介帻如笼巾，绯宽衫勒帛。二舞者，顶紫色冠，上有一横板，皂服，朱裙履。

乐作，初则文舞，皆手执一紫囊，盛一笛管结带。武舞，一手执短戟，一手执小牌，比文舞加数人，击铜铙响环，又击如铜灶突者。又两人共携一铜瓮就地击者，舞者如击刺，如乘云，如分手，皆舞容矣。

乐作，先击柷，以木为之，如方壶画山水之状，每奏乐，击之内外共九下，乐止则击敔，如伏虎，脊上如锯齿，一曲终以破竹刮之。

礼直官奏请驾登坛，前导官皆躬身侧引至坛止，惟大礼使登之，先正北一位拜跪酒，殿中监东向一拜进爵盏，再拜兴，复诣正东一位，才登坛而宫架声止，则坛上乐作。

降坛则宫架乐复作，武舞上复归"小次"，亚献终献上亦如前仪。当时燕越王为亚终献也。

第二次登坛，乐作如初，跪酒毕，中书舍人读册，左右两人举册而跪读。降坛复归"小次"，亚终献如前，再登坛进玉爵盏，皇帝饮福矣，亚终献毕降坛，驾"小次"前立，则坛上礼料币帛玉册，由酉阶而下。

南壝门外，去坛百余步，有燎炉高丈许，诸物上台，一人点唱，入炉焚之。坛三层回踏道之间有十二龛，祭十二宫神。内壝外祭百星。

执事与陪祠官皆面北立班。宫架乐罢，鼓吹未作，外内数十万众肃然，惟闻轻风环佩之声。一赞者喝曰："赞一拜！"皆拜，礼毕。

郊毕驾回

驾自"小次"，祭服还"大次"。惟近侍橡烛二百余条，列成围子，至"大次"更服衮冕，登大安辇。辇如玉辂而大，无轮，四垂大带。辇官服色，亦如挟路者。

才升辇，教坊在外墙东西排列，钧容直先奏乐。一甲士舞一曲破讫，教坊进口号，乐作，诸军队伍鼓吹皆动，声震天地。

回青城，天色未晓，百官常服入贺。赐茶酒毕，而法驾仪仗、铁骑鼓吹入南薰门。

御路数十里之间，起居幕次，贵家看棚，华彩鳞砌，略无空闲去处。

下赦

车驾登宣德楼，楼前立大旗数口，内一口大者，与宣德楼齐，谓之"盖天旗"。旗立御路中心不动。次一口稍小，随驾立，谓之"次黄龙"。青城、太庙，随逐立之，俗亦呼为"盖天旗"。

亦设宫架，乐作，须臾击柝之声，旋立鸡竿，约高十数丈，竿尖有一大木盘，上有金鸡，口衔红幡子，书"皇帝万岁"字。盘底有彩索四条垂下，有四红巾者争先缘索而上，捷得金鸡红幡，则山呼谢恩讫。

楼上以红锦索通门下一彩楼，上有金凤衔赦而下，至彩楼上，而通事舍人得赦宣读。开封府、大理寺排列罪人在楼前。罪人皆绯缝黄布衫，狱吏皆簪花鲜洁，闻鼓声，疏枷放去。

各山呼谢恩讫，楼下钧容直乐作，杂剧舞旋，御龙直装神鬼，斫真刀倬刀。

楼上百官赐茶酒，诸班直呈拽马队，六军归营，至日晡时，礼毕。

驾还择日诣诸宫行谢

驾还内，择日诣景灵东西宫，行恭谢之礼三日。

第三日毕，即游幸别宫观，或大臣私第。

是月，卖糍糕，鹑兔方盛。

十二月

十二月，街市尽卖撒佛花、韭黄、生菜、兰芽、勃荷、胡桃、泽州饧。

初八日，街巷中，有僧尼三五人作队念佛，以银铜沙罗或好盆器，坐一金铜或木佛像，浸以香水，杨枝洒浴，排门教化。

诸大寺作浴佛会，并送七宝五味粥与门徒，谓之"腊八粥"。都人是日各家，亦以果子杂料煮粥而食也。

腊日，寺院送面油与门徒，却入疏教化上元灯油钱，闾巷家家互相遗送。

是月，景龙门预赏元夕于宝箓宫，一方灯火繁盛。

二十四日交年，都人至夜请僧道看经，备酒果送神，烧合家替代钱纸，帖灶马于灶上，以酒糟涂抹灶门，谓之"醉司命"。夜于床底点灯，谓之"照虚耗"。

此月虽无节序，而豪贵之家，遇雪即开筵，塑雪狮，装雪灯，雪灯以会亲旧。

近岁节市井皆印卖门神、钟馗、桃板、桃符，及财门钝驴，回头鹿马，天行帖子。卖干茄瓠、马牙菜、胶牙饧之类，以备除夜之用。

自入此月，即有贫者三数人为一火，装妇人、神鬼，敲锣击鼓，巡门乞钱，俗呼为"打夜胡"，亦驱祟之道也。

除夕

至除日，禁中呈大傩仪，并用皇城亲事官、诸班直戴假面，绣画色衣，执金枪龙旗。

教坊使孟景初身品魁伟，贯全副金镀铜甲，装将军。用镇殿将军二人，亦介胄装门神。

教坊南河炭丑恶魁肥，装判官，又装钟馗小妹、土地、灶神之类，共千余人，自禁中"驱祟"，出南薰门外转龙湾，谓之"埋祟"而罢。

是夜，禁中爆竹山呼，声闻于外。士庶之家，围炉团坐，达旦不寐，谓之"守岁"。

凡大礼与禁中节次，但尝见习按，又不知果为如何，不无脱略。或改而正之，则幸甚。

跋

祖宗仁厚之德，涵养生灵，几二百年，至宣、政间，太平极矣。礼乐刑政，史册具在，不有传记小说，则一时风俗之华，人物之盛，讵可得而传焉。

宋敏求《京城记》，载坊门公府，宫寺第宅为甚详。而不及巷陌店肆，节物时好。

幽兰居士记录旧所经历为《梦华录》，其间事关宫禁典礼，得之传闻者，不无谬误；若市井游观，岁时物货，民风俗尚，则见闻习熟，皆得其真。

余顷侍先大父，与诸耆旧亲承謦欬，校之此录，多有合处。

今甲子一周，故老沦没，旧闻日远，后余生者，尤不得而知，则西北寓客绝谈矣。因锓木以广之，使观者追念故都之乐，当共起风景不殊之叹。

淳熙丁未岁十月朔旦，浚仪赵师侠介之书于坦庵。

武林旧事

中华书局

前　言

　　都城，是中国古人心目中的"天下之中"。"天下之中"，未必是地理上的中心，但一定是车马辐辏、熙熙攘攘的人群中心。

　　长安、洛阳、开封、杭州，这四个中国古代最繁华的都城，也是当时世界上最令人向往的地方。在那里，有庄严的宫殿、静谧的寺院、舞榭歌台、珠帘绣户，深宅大院中，皇亲贵胄钟鸣鼎食，街巷闾里间，市井百姓引车卖浆……

　　城市是柔软的，它像海绵一样吸纳着四面八方的人们和他们的希望。如果你在那里生活过，它将永远与你同在。即使有一天，昔日繁华不再，对城市的回忆与眷恋也在人们口中不断述说。

　　骆天骧是元代一个家住长安的世家子弟，留心身边的历史遗迹。七十多岁时，他编成《类编长安志》，把长安的宫殿、苑囿、馆阁、亭园、街市、寺观，从西周、汉唐一直讲到宋元，描绘出长安城千年的故事。

　　杨衒之目睹过北魏时期盛极一时的都城洛阳，那时

皇帝崇奉佛教，一城内外寺院千余所。东魏时，他再次经过战火之后的洛阳，追思往昔，在《洛阳伽蓝记》中对见证城市兴废的佛寺如数家珍，勾连起这个城市里生活过的人，发生过的事。

孟元老早年随父亲来到北宋的东京开封，他在州西金梁桥西夹道的南边一住二十多年。靖康之乱后，他南渡杭州，写下《东京梦华录》，追忆开封的巍峨宫城、街巷闹市、茶坊酒楼、饮食起居、岁时民俗。

周密南宋末年在京城杭州做官，宋亡后，他不再出仕。抱着遗民之痛，他在《武林旧事》中回顾南宋都城临安的城市风貌，细数那时的朝廷典礼、山川风俗、市肆经纪、四时节物。

《类编长安志》《洛阳伽蓝记》《东京梦华录》《武林旧事》，这四部书是人们关于长安、洛阳、开封、杭州的记忆，我们将它们汇集在一起，名为《都城风物》。

翻开《都城风物》，让生活在现代城市中的你，窥见四个古代都城的繁华风物，听到千年前城市居民的隐隐喧嚣。

中华书局编辑部

2020 年 7 月

目　录

卷六

卷七

卷八

卷九

卷十

序

　　乾道、淳熙间，三朝授受，两宫奉亲，古昔所无。一时声名文物之盛，号"小元祐"。丰亨豫大，至宝祐、景定，则几于政、宣矣。

　　予曩于故家遗老得其梗概。及客修门闲，闻退珰老监谈先朝旧事，辄倾耳谛听，如小儿观优，终日夕不少倦。既而曳裾贵邸，耳目益广，朝歌暮嬉，酣玩岁月，意谓人生正复若此，初不省承平乐事为难遇也。

　　及时移物换，忧患飘零，追想昔游，殆如梦寐，而感慨系之矣。岁时檀栾，酒酣耳热，时为小儿女戏道一二，未必不反以为夸言欺我也。

　　每欲萃为一编，如吕荥阳《杂记》而加详，孟元老《梦华》而近雅，病忘慵惰，未能成书。世故纷来，惧终于不暇纪载，因撮大概，杂然书之。

　　青灯永夜，时一展卷，恍然类昨日事，而一时朋游沦落，如晨星霜叶，而余亦老矣。

　　噫！盛衰无常，年运既往，后之览者，能不兴"忾我寤叹"之悲乎！

四水潜夫书

卷
一

庆寿册宝 · 四孟驾出 · 大礼南郊　明堂 · 登门肆赦 · 恭
谢 · 圣节

庆寿册宝

　　寿皇圣孝，冠绝古今，承颜两宫，以天下养，一时盛事，莫大于庆寿之典，今摭录大略于此。

　　淳熙三年，光尧圣寿七十，预于旧岁冬至加上两宫尊号，立春日行庆寿礼。至十三年，太上八十，正月元日，再举庆典。

　　其日，文武百僚集大庆殿，各服朝服，用法驾五百三十四人，大乐四十八架，乐正乐工一百八十八人，及列仪仗鼓吹于殿门外。

　　上服通天冠、绛纱袍，执大圭，恭行册宝之礼。鼓吹振作，礼仪使已下皆导从，上乘辇从至德寿宫，俟太上升御座，宫架乐作，皇帝北向再拜，奏起居，致词曰：

　　臣某稽首言，伏惟圣号太上皇帝陛下，寿同天永，德与日新。典册扬徽，华夷赖庆。

　　左相宣答曰：

　　圣号太上皇帝圣旨：皇帝迎阳展采，镂牒荣亲，何幸吾身屡观盛事。

次皇太子以下称贺致词，宣答讫，并再拜舞蹈，礼毕。次诣太上皇后殿，行礼如前。

候解严讫，皇帝入宫，进奉礼物，行家人礼，御宴极欢。自皇帝以至群臣禁卫吏卒，往来皆簪花。

后三日，百官拜表称贺于文德殿，四方万姓，不远千里，快睹盛事。都民垂白之老，喜极有至泣下者。

杨诚斋诗云：

> 长乐宫前望翠华，玉皇来贺太皇家。
> 青天白日仍飞雪，错认东风转柳花。
>
> 春色何须羯鼓催，君王元日领春回。
> 牡丹芍药蔷薇朵，都向千官帽上开。

任斯庵诗云：

> 金爵觚棱晓日开，三朝喜气一时回。
> 圣人先御红鸾扇，天子龙舆万骑来。
>
> 霜晓君王出问安，宝香随辇护朝寒。
> 五云深处三宫宴，九奏声中二圣欢。

四孟驾出

先期禁卫所阁门牒临安府约束居民，不许登高及秋袒观看。男子并令衫带，妇人裙背。仍先一日封闭楼门，取责知委，不许容著来历不明之人。

殿步三司分拨统制将官军兵六千二百人摆蹾诸巷大礼则倍此数。至日五鼓，地分头项沿门驱逐杂人外，仪卫节次如后：

地分约拦，诸厢约拦，缉捕使臣、都辖官约拦；军器库从物，内藏库从物，御酒库从物，御厨从物，祗候库从物；骐骥院御马两行，御药院药架；引从舍人两行，诸司库务官两行，搜视行宫司，行宫殿门，控拢亲从二百十五人，前驱亲从两行各二十一人，赞喝舍人两行各八人，天武两行各八人居外，都下亲从两行各八人居内，驾头阁门祗候乘骑捧驾，引驾主首两行各五人，阁门提点两行，御史台知班两行，尚书省录事，密院副承旨；珠子御座，御马院马喝御座，阁门簿书两行，宣赞舍人两行，茶酒班，环卫官，带御器械，拦前等；辇官人员，逍遥辇辇官十六人，御辇院官，阁门承受两行，御燎子头笼，翰林司官；御丝鞋所，御服所，御座马两行十匹，马院总管，御军器库，睿思殿库，阁门库；阁门觉察官两行，长人祗候两行各二十六人，茶酒班殿侍各二十一人，快行亲从各三十二人，击鞭两行各七人，殿前指挥使两行各二十一人居外，茶酒班殿侍两行各六人执从物居内，编排禁卫行子三十人于内往来编排，等子人员十将两行各四人居外，御龙直共八十二人执从物居内，知阁门事乘马行围子内，步帅乘马行围子内，亲从方围子两行各一百四十人。

围子两边各四重：第一重内殿直已下两边各一百人，第二重崇政殿围子两边各一百人，第三重御龙直两边各一百人，第四重崇政殿围子两边各一百人，水手并觑捕等子两边各五人，拦前崇政殿亲从十七人，殿帅乘骑行围子内中道，主管禁军所内官等子两边各二十五人居外，中道第二日并恭谢。教坊乐人迎驾，念致语口号等，并教坊乐部于此排立，快行亲从两行各三十人，麈、斧、拂子、水晶骨朵、香球二人，打烛快行两行，驾回不用，编排官二人，执烛笼亲从两行，各七十四人，到众安桥去烛，驾回先行，行门两行各十二人，当食官，听宣官，辇官人员，平辇辇官十六人，黄罗御伞二，黄罗御扇二，挟辇御药，带插外御带，带插阁下官，阁门觉察舍人，拦后围子，挟辇指挥使各二十一人，輦后乐东西两边共三十六人，第一日不作，天武两行各八人居外，都下亲从两行各八人，扇筤，挟辇内殿直各二十二人，宰臣，使相，执政，宰执后约拦亲从二十二人，从驾臣僚分东西两班东班系尚书侍郎两制等官，西班系正位宗室遥郡，阁门觉察宣赞舍人，侍从后约拦亲从各二十二人。

　　车驾所经，诸司百官皆结彩门，迎驾起居。俟驾头将至，知班行门喝"班到排立"，次喝"躬身拜，再拜"驾回不拜，值雨免拜，班首奏"圣躬万福"，喝唱直身立觇巷军兵则呼"万岁"。

大礼南郊　明堂

三岁一郊。预于元日降诏，以冬至有事于南郊；或用次年元日行事明堂止于半年前降诏，用是岁季秋上辛日。

先于五六月内择日命帅漕及修内司修饰郊坛，及绞缚青城斋殿等屋，凡数百间，悉覆以苇席，护以青布。

并差官兵修筑泥路，自太庙至泰禋门，又自嘉会门至丽正门，计九里三百二十步明堂止自太庙至丽正门，皆以潮沙填筑，其平如席，以便五辂之往来。

每队各有"歌头"，以彩旗为号，唱和《杵歌》等曲以相，两街居民各以彩段钱酒为犒。

又命象院教象，前导朱旗，以二金三鼓为节，各有幞头紫衣蛮奴乘之，手执短镘，旋转跪起，悉如人意。市井因竞市绘塑小象以馈遗四方。

又以车五乘，压之以铁，多至万斤，与辂轻重适等，以观疾徐倾侧之势。至前一月进呈，谓之"闪试"。

及驾出前一日，缚大彩屋于太庙前，置辂其中，许都人观瞻。

先自前一月以来，次第按试习仪，殆无虚日。郊前十日，执事陪祀等官，并受誓戒于尚书省宗室赴太庙受誓戒。前三日，百官奏请皇帝致斋于大庆殿。

是日，上服通天冠，绛纱袍，绔结佩，升高座，侍中奏请降座，就斋室。次日，车驾诣景灵宫，服衮冕行礼仪从并同四孟。

礼毕驾回，就赴太庙斋殿宿斋。是夕四鼓，上服衮冕，诣祖宗诸室行朝飨之礼。是夜，卤簿仪仗军兵于御路两傍分列，间以粨盆贲烛，自太庙直至郊坛、泰禋门，辉映如昼。

宰执亲王，贵家巨室，列幕栉比，皆不远千里、不惮重费，预定于数月之前，而至期犹有为有力所夺者。珠翠锦绣，绚烂于二十里间，虽寸地不容间也。

歌舞游遨，工艺百物，辐辏争售，通宵骈阗。至五鼓则辇稍先驱，所至皆灭灯火，盖清道被除之义。

黎明，上御玉辂，从以四辂金、象、革、木，导以驯象，千官百司，法驾仪仗，锦绣杂遝，盖十倍孟飨之数，声容文物，不可尽述。次第出嘉会门，至青城斋宿明堂则径入丽正门斋殿斋宿。

四壁皆三衙诸军，周庐坐甲，军幕旌旗，布列前后，传呼唱号，列烛互巡，往来如织。行宫至暮则严更警场太庙斋宿亦然，鼓角轰振。

又有卫士十余队，每队十余人，互喝云："是与不是？"众应曰："是！"又喝云："是甚人？"众应曰："殿前都指挥使某人。"谓之"喝探"。

至三鼓，执事陪祀官并入，就黄坛排立，万灯辉耀，灿若列星。凡靘灯皆自为志号，谓如捧俎官，则画一人为捧俎之状等类。盖灯多，不容不以此辨认，亦有好奇可笑者。用丑时一刻行事。

至期，上服通天冠、绛纱袍，乘辇，至大次，礼部侍郎奏中严外办，礼仪使奏请皇帝行事。上服衮冕，步至小次，升自午阶。

天步所临皆藉以黄罗，谓之"黄道"。中贵一人以大金合贮片脑，迎前撒之。礼仪使前导，殿中监进大圭。

至版位，礼直官奏："有司谨具，请行事。"宫架乐作。自此上进止皆乐作。时墠坛内外，凡数万众，皆肃然无哗。天风时送佩环韶濩之音，真如九天吹下也。太社令升烟燔牲首。

上先诣昊天位，次皇地祇，次祖宗位，奠玉，祭酒，读册，文武二舞，次亚、终献。

礼毕，上诣饮福位，受爵，饮福酒登歌乐作。礼直官喝"赐胙"，次"送神"，次"望燎"讫，礼仪使奏礼毕。

上还大次，更衣，乘辇还斋宫，百僚追班，贺礼成于端诚殿。

黎明，上乘大安辇，从以五辂进发。教坊排立，奏念致语口号，讫；乐作；诸军队伍，亦次第鼓吹振作。

千乘万骑，如云奔潮涌，四方万姓，如鳞次蚁聚，迤逦入丽正门。教坊排立，再奏致语口号，舞毕，降辇小憩，以俟办严，登门肆赦。

弁阳老人有诗云：

> 黄道宫罗瑞脑香，衮龙升降佩锵锵。
>
> 大安辇奏乾安曲，万点明星簇紫皇。

又曰：

> 万骑云从簇锦围，内官排办马如飞。
>
> 九重阊阖开清晓，太母登楼望驾归。

李鹤田诗云：

> 严更频报夜何其，万甲声传远近随。
>
> 栀子灯前红炯炯，大安辇上赴坛时。

郊坛：天盘至地高三丈二尺四寸，通七十二级，分四成；上广七丈，共十二阶，分三十六龛；午阶阔一丈，主上升降由此阶，其余各阔五尺。

圆坛之上，止设昊天上帝、皇地祇二神位，及太祖、太宗配。三十六龛共祀五帝、太乙、感生、北极、北斗，及分祀众星三百六十位。仪仗用六千八百八十九人，自太庙排列至青城。

玉辂下祗应人共三百二十一人：呵喝人员二人，教马官二人，挟捧轮将军四人，推轮车子官健八人，驾士班直二百三十二人，千牛卫将军二员，抱太常龙旗官六员，职掌五人，专知官一名，手分一名，库子八人，装挂匠二人，诸作工匠十五人，盖覆仪鸾司十一人，监官三员。金、象、革、木辂，每辂下一百五十六人。玉辂青饰，金辂黄饰，象辂红饰，革辂浅色饰，木辂黑饰辂下人冠服并依辂色。

玉辂前仪仗骑导：骑导官，左壁文臣，右壁武臣。六军仪仗官兵二千二百三十二人。左右诸卫将军十三员中道五员，左右八员。金吾街仗司：执犝稍八十人，摄将军八员，仗下监门三十六员，鼓吹五百八十三人，导架乐人三百三十人。

登门肆赦

　　其日，驾自文德殿，诣丽正门御楼，教坊作乐迎导，参军色念致语，杂剧色念口号。至御幄降辇，门下阁门进"中严外办"牌讫，御药喝唱"卷帘"，上出幄临轩，门下鸣鞭，宫架奏曲，帘卷，扇开，乐止，撞右五钟。

　　黄伞才出，门下宰臣以下两拜，分班立。门上中书令称："有敕，立金鸡。"门下侍郎应喏，宣："奉敕，立金鸡。"鸡竿一起，门上仙鹤童子捧赦书降下，阁门接置案上，太常寺击鼓，鼓止，捧案至楼前中心。

　　知阁称："宣付三省。"参政跪受，捧制书出班跪奏，请付外施行。门上中书令承旨宣曰："制可。"门下参政称："宣付三省。"遂以制书授宰臣，跪受讫，阁门提点开拆，授宣赦舍人，捧诣宣制位，起居舍人一员摘句读。舍人称："有制。"宰臣以下再拜。俟读至"咸赦除之"，狱级奏脱枷讫，罪囚应喏，三呼万岁，歌呼而出。

候宣赦讫，门上舍人赞，枢密及中书令曲贺两拜，门下宣制舍人捧制书授宰臣，宰臣授刑部尚书，尚书授刑房录事讫。归班两拜，致词，三舞蹈，三叩头。

知阁称："有制。"宰臣已下再拜。知阁宣答云："若时大庆，与卿等同之。"又拜舞如前。门上中书令奏礼毕，扇合，宫架乐作，帘降，乐止，撞左五钟。

门下礼部郎中奏解严，上还幄次，门下鸣鞭，舍人喝："奉敕放仗。"宰臣已下再拜，退。次宣劳将士讫。乘辇归内，至南宫门，教坊迎驾，念致语口号如前。至文德殿降辇，舞毕，退。

弁阳翁诗云：

> 换辇登门卷御帘，侍中承制舍人宣。
>
> 凤书乍脱金鸡口，一派欢声下九天。

金鸡竿，长五丈五尺，四面各百戏，一人缘索而上，谓之"抢金鸡"。先到者得利物，呼万岁缬罗袄子一领，绢十匹，银碗一只重三两。

诸州进奏院各有递铺腰铃黄旗者数人，俟宣赦讫，即先发太平州、万州、寿春府，取"太平万寿"之语。以次俱发，铃声满道，都人竞观。

楼下排立次第：青龙、白虎旗各一，信旗二，方扇二，方圆罕罼二，幢四，剑二；将军二，僧众居左，道众居右，玉辂居中，太常宫架乐，宣赦台，招拜红旗，击鼓，三院罪囚狱级居左，御马六匹居右，宣制位居中，横门，快行，承旨，三省官已下。

恭谢

　　大礼后，择日行恭谢礼。

　　第一日，驾出如四孟仪，诣景灵宫天兴殿圣祖前行恭谢礼，次诣中殿祖宗神御前行礼，还斋殿进膳讫，引宰臣以下赐茶，茶毕奏事讫，还内。

　　第二日，上乘辇自后殿门出，教坊都管已下于祥曦殿南迎驾起居，参军色念致语，杂剧色念口号，乐作，驾后乐东西班则于和宁门外排立，后从作乐。将至太乙宫，道士率众执威仪于万寿观前，入围子内迎驾起居，作法事。前导入太乙宫门降辇，候班齐，诣灵休殿参神，次诣五福、十神、太乙，次诣申佑殿本命、北辰殿、通真殿佑圣、顺福殿太后本命、延寿殿南极、火德殿。

　　礼毕，宣宰臣以下合赴坐官并簪花，对御赐宴。上服幞头，红上盖，玉束带，不簪花。教坊乐作，前三盏用盘盏，后二盏屈卮。

　　御筵毕，百官侍卫吏卒等并赐簪花从驾，缕翠滴金，各竞华丽，望之如锦绣。衙前乐都管已下三百人，自新桩桥西中道排立迎驾，念致语、口号如前。乐动《满路花》，至殿门起《寿同天》曲破，舞毕，退。

姜白石有诗云：

> 六军文武浩如云，花簇头冠样样新。
>
> 惟有至尊浑不戴，尽将春色赐群臣。
>
> 万数簪花满御街，圣人先自景灵回。
>
> 不知后面花多少，但见红云冉冉来。

是日皇后及内中车马先还，宫中呼后为"圣人"。

圣节

其日，候宰执奏事讫，追班，上坐垂拱殿，先引枢密院并管军官上寿东京分为二日，今只并为一日，礼毕，再坐紫宸殿。

上公已下分立，候奏班齐，上公诣御茶床前，躬进御酒，跪致词云："文武百僚臣某等稽首言：'天基令节圣节名逐朝换，臣等不胜大庆，谨上千万岁寿。'"下殿再拜。枢密宣答云："得公等寿酒，与公等内外同庆。"又再拜。

教坊乐作，接盏讫，跪起，舞蹈如仪。阁门官喝："不该赴坐官先退。"枢密喝："群臣升殿。"阁门分引上公已下合赴坐官升殿。

第一盏宣视盏，送御酒，歌板色唱《祝尧龄》，赐百官酒，觱篥起舞《三台》后并准此，供进肉咸豉。第二盏赐御酒，歌板起中腔，供进杂爆。第三盏歌板唱踏歌，供进肉鲊，候内官起茶床，枢密跪奏，礼毕。群臣降阶，舞蹈拜退。

此上寿仪大略也。若锡宴节次，大率如《梦华》所载，兹不赘书。今偶得理宗朝禁中寿筵乐次，因列于此，庶可想见承平之盛观也。

天基圣节排当乐次正月五日

乐奏夹钟宫，觱篥起《万寿永无疆》引子，王恩。

上寿：

第一盏，觱篥起《圣寿齐天乐慢》，周润。

第二盏，笛起《帝寿昌慢》，潘俊。

第三盏，笙起《升平乐慢》，侯璋。

第四盏，方响起《万方宁慢》，余胜。

第五盏，觱篥起《永遇乐慢》，杨茂。

第六盏，笛起《寿南山慢》，卢宁。

第七盏，笙起《恋春光慢》，任荣祖。

第八盏，觱篥起《赏仙花慢》，王荣显。

第九盏，方响起《碧牡丹慢》，彭先。

第十盏，笛起《上苑春慢》，胡宁。

第十一盏，笙起《庆寿乐慢》，侯璋。

第十二盏，觱篥起《柳初新慢》，刘昌。

第十三盏，诸部合《万寿无疆·薄媚》曲破。

初坐：

乐奏夷则宫，觱篥起《上林春》引子，王荣显。

第一盏，觱篥起《万岁·梁州》曲破，齐汝贤；舞头，豪俊迈；舞尾，范宗茂。

第二盏，觱篥起《圣寿永》歌曲子，陆恩显；琵琶起《捧瑶卮慢》，王荣祖。

第三盏，唱《延寿长》歌曲子，李文庆；稽琴起《花梢月慢》，李松。

第四盏，玉轴琵琶独弹正黄宫《福寿永康宁》，俞达；拍，王良卿。觱篥起《庆寿新》，周润；进谭子笛哨，潘俊；杖鼓，朱尧卿；拍，王良卿。进念致语等，时和：

伏以华枢纪节，瑶墀先五日之春；玉历发祥，圣世启千龄之运。欢腾薄海，庆溢大廷。恭惟皇帝陛下睿哲如尧，俭勤迈禹。躬行德化，跻民寿域之中；治洽泰和，措世春台之上。皇后殿下道符坤顺，位俪乾纲，宫闱资阴教之修，海宇仰母仪之正。有德者必寿，六十个甲子环周；申命其用休，亿万载皇图巩固。臣等生逢华旦，叨预伶官，辄采声诗，恭陈口号：

> 上圣天生自有真，千龄宝运纪休辰。
>
> 贯枢瑞彩昭璇象，满室红光袅翠麟。

黄阁清夷瑶英晓，未央闲暇玉厄春。

箕畴五福咸敷敛，皇极躬持锡庶民。

日迟鸾斾，喜聆舜乐之和；天近鹓墀，宜进《齐谐》之伎。上奉天颜。吴师贤已下，上进小杂剧。

杂剧：吴师贤已下做《君圣臣贤爨》，断送《万岁声》。

第五盏，笙独吹小石角《长生宝》宴乐，侯璋；拍，张亨；笛起《降圣乐慢》，卢宁。杂剧：周朝清已下做《三京下书》，断送《瑶池游》。

第六盏，筝独弹高双调《聚仙欢》，陈仪；拍，谢用；方响起《尧阶乐慢》，刘民和；《圣花》，金宝。

第七盏，玉方响独打道调宫《圣寿永》，余胜；拍，王良卿；筝起《出墙花慢》，吴宣。杂手艺《祝寿进香仙人》，赵喜。

第八盏，《万寿祝天基》，断队。

第九盏，箫起《缕金蝉慢》，傅昌宁；笙起《托娇莺慢》，任荣祖。

第十盏，诸部合《齐天乐》曲破。

再坐：

第一盏，觱篥起《庆芳春慢》，杨茂；笛起《延寿曲慢》，潘俊。

第二盏，笙起《月中仙慢》，侯璋；嵇琴起《寿炉香慢》，李松。

第三盏，觱篥起《庆箫韶慢》，王荣显；笙起《月明对花灯慢》，任荣祖。

第四盏，琵琶独弹高双调《会群仙》，方响起《玉京春慢》，余胜。杂剧：何晏喜已下做《杨饭》，断送《四时欢》。

第五盏，诸部合《老人星降黄龙》曲破。

第六盏，觱篥独吹商角调《筵前保寿乐》。杂剧：时和已下做《四偌少年游》，断送《贺时丰》。

第七盏，鼓笛曲拜舞《六幺》。弄傀儡《踢架儿》，卢逢春。

第八盏，箫独吹双声调《玉箫声》。

第九盏，诸部合无射宫《碎锦梁州歌头》大曲。杂手艺《永团圆》，赵喜。

第十盏，笛独吹高平调《庆千秋》。

第十一盏，琵琶独弹大吕调《寿齐天》。撮弄《寿果放生》，姚润。

第十二盏，诸部合《万寿兴隆乐》法曲。

第十三盏，方响独打高宫《惜春》。傀儡舞《鲍老》。

第十四盏，筝、琵、方响合，《缠令神曲》。

第十五盏，诸部合夷则羽《六幺》。巧百戏，赵喜。

第十六盏，管下独吹无射商《柳初新》。

第十七盏，鼓板。舞绾《寿星》，姚润。

第十八盏，诸部合《梅花伊州》。

第十九盏，笙独吹正平调《寿长春》。傀儡《群仙会》，卢逢春。

第二十盏，觱篥起《万花新》曲破。

祗应人：

都管：周朝清、陆恩显。

杂剧色：吴师贤、赵恩、王太一、朱旺、时和、金宝、俞庆、何晏喜、沈定、吴国贤、王寿、赵宁、胡宁、郑喜、陆寿。

歌板色：李文庆。

拍板色：王良卿、张亨、谢用。

箫色：傅昌宁、朱明复、李允信。

筝色：陈仪、豪辅文、吴宣、豪俊贤、徐显祖、张广。

琵琶色：王荣祖、俞达、豪俊民、豪俊迈、段继祖。

嵇琴色：李松、侯端、孙民显。

笙色：侯璋、叶茂青、任荣祖、董茂、张瑾、潘宝、姚拱、范椿、孙昌、莫正、周珍、马椿、姚舜臣、陈保。

觱篥色：齐汝贤、周润、杨茂、王恩、王荣显、姜师贤、刘昌、杨彬、王福、杜明、喻祥、周忠恕、夏福、徐珏、周喜、闻澄、沈寿、丁预、郑亨、周佐、杨瑾、沈康、郑聪、莫寿、潘显祖、时润、胡侁、周信、李圭、李润、史显、金寿。

笛色：杨德茂、潘俊、卢宁、彭俊、贺昌、贺寿、胡师文、寿椿、姚宝、张茂祖、崔兴、朱珍、张茂才、金贵、潘显祖、沈寿、周兴、李大用、董大有、金明、赵喜、莫及、张春、叶茂、胡宁、任显、张椿、孙宁、彭进、李荣、全宁、金彦恭、董喜、王佑、来亨、王喜、顾和、顾松、金显、董宁、杜松、李椿、张椿、何福、管思齐、朱喜、花椿、李拱辰。

方响色：余胜、彭先、刘民和、黄桂、姜大亨、张荣。

杖鼓色：朱尧卿、冯喜、时忠、施荣、朱拱辰、周忠、李显、姚宝、叶茂、李荣祖。

大鼓色：王喜、邓珍、王宣、顾荣。

舞旋色：范宗茂。

内中上教：张明、倪椿、潘恩、石琇、张琳。

弄傀儡：卢逢春等六人。

杂手艺：姚润等九人。

女厮扑：张椿等十人。

筑球军：陆宝等二十四人。

百戏：沈庆等六十四人。

百禽鸣：胡福等二人。

卷
二

御教

寿皇留意武事，在位凡五大阅乾道二年、四年、六年、淳熙四年、十年，或幸白石，或幸茅滩，或幸龙山。一时仪文、士马、戈甲、旌旗之盛，虽各不同。今撮其要，以著于此。

驾入教场，升幄殿。殿帅执梃躬奏："诸司人马排立齐！"举黄旗招诸军向御殿敲梆子，一鼓唱喏，一鼓呼"万岁"，再一鼓又呼"万岁"，叠鼓呼"万万岁"，又一鼓唱喏。

殿帅奏取圣旨，鸣角发严；上御金装甲胄，登将坛，幄殿鸣角戒严；殿帅奏取圣旨，马步军整队成屯，以备教战。

连三鼓，马军上马，步军起旗、枪分东西，为应敌之势。举白旗教方阵，黄旗变圆阵，皂旗变曲阵，青旗变直阵，绯旗变锐阵，绯心皂旗作长蛇阵，绯心青旗作伏虎阵。

殿帅奏取圣旨，两阵各遣勇将挑战，变八圆阵。叠鼓举旗，左马军战右步军，右马军战左步军；再叠鼓交旗，击刺混战；三叠金，分阵，大势马军四面大战；三叠金，分阵，殿帅奏教阵讫。

取旨，人马摆列当头，鸣角簇队，以候放教。诸军呈大刀、车、炮、烟、枪诸色武艺，御前传宣，抚谕将士。

射生官进献獐鹿，上更戎服，赐宰臣以下对御酒五行。殿帅奏取旨谢恩如前，唱喏讫，驾出教场。

是日，太上皇于都亭驿设帘幄以观。驾至，邀上入幄，宣唤管军官，赐大金碗酒于帘外。都人赞叹，以为盛观。

时殿司旗帜以黄，马司以绯，步司以白。以道路隘促，止用从驾军一万二千四百人，分为二百四十八小队。戈甲耀日，旌旗蔽天，连亘二十余里，粲如锦绣。都人纵观，以为前所未有。

凡支犒金银钱帛，以巨万计，悉出内库，户部不与焉。

御教仪卫次第

文物仪卫，并同四孟驾出，今止添入后项。

弹压前队侍立使臣都辖：执黄龙旗使臣，执绣龙旗使臣，带弓箭、汗胯、豹尾使臣四员，带汗胯、员琦剑使臣十员。

弹压后队侍立使臣都辖：黄罗戏珠龙旗，黄绣龙旗二，豹尾使臣四，员琦剑使臣十人。供进马四匹，带甲御马，御前金装甲马，管押使臣幕士，内中正供马，兽医押槽，黄绣龙传宣旗二，小龙传宣旗十，随逐巡视官，马院禁卫官，引马监官二员，供马监官二员，圣驾供鞭通管二员，掇梢提辖二员，日乌独脚旗，挟驾指挥使四十二人，销金龙旗二，犀皮御座椅，铃、锤、刀子左，匙、箸、刀子右，青毡御笠，褐毡御笠，金凤瓶，丝鞋箧子，御膳箧子，玉靶于阗刀，金洗漱，皂白御靴，马脑于阗刀，水晶于阗刀，通犀于阗刀，角靶于阗刀，酒鳖子大小，白豹皮杖檛，梳刷马盂袋，黑漆套盘，圭木套盘，白虎皮杖檛，销金弓箭葫芦，虎豹皮弓箭袋葫芦，饮水角，拍板二，哨笛四，番鼓二十四人，弹压乐器使臣，管押训练官，杏黄龙旗二，觱篥二，札子九，大鼓十，龙笛四，从驾官宰臣已下并如常日，临安府弹压官属。

燕射

淳熙元年九月，孝宗幸玉津园，讲燕射礼，皇太子、宰执、使相、侍从、正任皆从。辇至殿门外少驻，教坊进念致语、口号，作乐，出丽正门，由嘉会门至玉津园，赐宴酒三行。

上服头巾、窄衣、束带、丝鞋，临轩，内侍御带进弓箭。看箭人喝："看御箭！"教坊乐作。射垛前排立，招箭班应喏，皇帝第二箭射中，皇太子已下各再拜称贺，进御酒，并宣劝讫。皇太子及臣僚射弓，第四箭射中。上再射第五箭，又中的，传旨不贺。

舍人先引皇太子当殿赐窄衣、金束带，次引射中臣僚受赐如前。再进御酒，奏乐，用杂剧。次赐宰臣以下十两银碗各一只。

上赋七言诗，丞相曾怀已下属和以进，上乘逍遥辇，出玉津园，教坊进念口号，至祥曦殿，降辇。

招箭班者服紫衣、幞头，叉手立于垛前。御箭之来，能以幞头取势转导入的，亦绝伎也。

公主下降

南渡以来，公主无及嫁者。独理宗朝周汉国公主，出降慈明太后侄孙杨镇，礼文颇盛，今摭梗概于此。

先是择日，遣天使宣召驸马至东华门，引见便殿，赐玉带、靴、笏、鞍马及红罗百匹、银器百两、衣着百匹、聘财银一万两，对御赐筵五盏，用教坊乐，候毕，谢恩讫。乘涂金御仙花鞍辔狨座马，执丝鞭，张三檐伞，教坊乐部五十人前引还第，谓之"宣系"。进财物件，并照《国朝会要》，太常寺关报有司办造。

先一月，宣宰执常服系鞋，诣后殿西廊，观看公主房奁：真珠九翚四凤冠，褕翟衣一副，真珠玉佩一副，金革带一条，玉龙冠，绶玉环，北珠冠花篦环，七宝冠花篦环，真珠大衣、背子，真珠翠领四时衣服，累珠嵌宝金器，涂金器，贴金器，出从贴金银装檐等，锦绣销金帐幔、陈设、茵褥、地衣、步障等物。

其日，驸马常服玉带，乘马至和宁门，易冕服，至东华门，用雁币、玉马等，行亲迎礼用熙宁故事。

公主戴九翚四凤冠，服褕翟缫袖，升檐。

其前：天文官，本位从物从人，烛笼二十，本位使臣，插钗童子八人，方扇四，圆扇四，引障花十，提灯二十，行障，坐障。皇后亲送，乘九龙檐子，皇太子乘马，围子左右两重，其后太师判宗正寺荣王、荣王夫人及诸命妇。

至第，赐御筵九盏。筵毕，皇后、太子先还，公主归位，行同牢礼用开宝礼。然后亲行盥馈舅姑之礼开宝通礼。谒见舅姑，用名纸一副，衣一袭，手帕一盒，妆奁，藻豆袋，银器三百两，衣着五百匹，余亲各有差。

三朝，公主、驸马并入内谢恩，宣赐礼物，赐宴禁中。外庭奉表称贺，赐宰执、亲王、侍从、内职管军副都指挥使已上，金银钱币会子有差依熙宁式，驸马家亲属，各等第推恩。

唱名

第一名承事郎，第二名、第三名并文林郎，第一甲赐进士及第，第二甲同进士及第，第三甲、第四甲赐进士出身，第五甲同进士出身。武举第一名秉义郎。特奏第一名同进士出身。

上御集英殿，拆号唱进士名，各赐绿襕袍、白简、黄衬衫。武举人赐紫罗袍、镀金带、牙笏。赐状元等三人酒食五盏，余人各赐泡饭。

前三名各进谢恩诗一首，皆重戴、绿袍、丝鞭、骏马。快行各持敕黄于前，黄幡杂遝，多至数十百面，各书诗一句于上。

呵殿如云，皆平日交游亲旧相迓之人，或三学使令斋臧辈。若执事之人，则系帅漕司差到状元局祗应。亦有术人相士辈，自炫预定魁选，鼓舞于中。

自东华门至期集所，豪家贵邸，竞列彩幕纵观，其有少年未有室家者，亦往往于此择婿焉。

期集所例置局于礼部贡院前，三人主之，于内遴选所长，以充职事，有纠弹、笺表、主管、题名、小录、掌仪、典客、掌计、掌器、掌膳、掌酒果、监门等。后旬日朝谢。又数日，拜黄甲，叙同年。

其仪：三名设褥于堂上，东西相向，四十已上立于东廊，四十已下立于西廊，皆再拜。拜已，择榜中年长者一人，状元拜之；复择少者一人，拜状元。

又数日，赴国子监，谒谢先圣先师讫，赐闻喜宴于局中，侍从已上及馆职皆与，知举官押宴，遂立题名石刻。凡费悉出于官及诸阃馈遗云。

元正

朝廷元日、冬至，行大朝会。

仪则：百官冠冕朝服，备法驾，设黄麾仗三千三百五十人视东京已减三之一，用太常雅乐、宫架、登歌，太子、上公、亲王、宰执并赴紫宸殿立班进酒，上千万岁寿。上公致辞，枢密宣答，次诸国使人及诸州入献朝贺，然后奏乐、进酒、赐宴。

此礼不能常行，每岁禁中止是。以三茅钟鸣，驾兴，上服幞头、玉带、靴、袍，先诣福宁殿龙墀及圣堂炷香用蜡沉脑子，次至天章阁祖宗神御殿，行酌献礼，次诣东朝奉贺，复回福宁殿，受皇后、太子、皇子、公主、贵妃至郡夫人、内官、大内已下贺。

贺毕，驾始过大庆殿，御史台、阁门分引文武百僚，追班称贺，大起居十六拜，致辞上寿，枢密宣答，礼毕，放仗。

是日，后苑排办御筵于清燕殿，用插食盘架。午后，修内司排办晚筵于庆瑞殿，用烟火、进市食、赏灯，并如元夕。

立春

前一日，临安府造进大春牛，设之福宁殿庭。及驾临幸，内官皆用五色丝彩杖鞭牛，御药院例取牛睛，以充眼药。

余属直阁婆号管人都行首掌管。预造小春牛数十，饰彩幡、雪柳，分送殿阁巨珰，各随以金银钱彩段为酬。

是日，赐百官春幡胜，宰执、亲王以金，余以金裹银及罗帛为之，系文思院造进。各垂于幞头之左入谢。

后苑办造春盘供进，及分赐贵邸、宰臣、巨珰，翠缕红丝，金鸡玉燕，备极精巧，每盘直万钱。

学士院撰进春帖子，帝后、贵妃、夫人、诸阁，各有定式，绛罗金缕，华粲可观。

临安府亦鞭春开宴，而邸第馈遗，则多效内廷焉。

元夕

禁中自去岁九月赏菊灯之后，迤逦试灯，谓之"预赏"。一入新正，灯火日盛，皆修内司诸珰分主之，竞出新意，年异而岁不同。往往于复古、膺福、清燕、明华等殿张挂，及宣德门、梅堂、三闲台等处，临时取旨，起立鳌山。

灯之品极多见后灯品，每以苏灯为最：圈片大者，径三四尺，皆五色琉璃所成，山水、人物、花竹、翎毛，种种奇妙，俨然著色便面也。

其后福州所进，则纯用白玉，晃耀夺目，如清冰玉壶，爽彻心目。

近岁新安所进益奇，虽圈骨悉皆琉璃所为，号"无骨灯"。禁中尝令作琉璃灯山，其高五丈，人物皆用机关活动，结大彩楼贮之；又于殿堂梁栋窗户间为涌壁，作诸色故事，龙凤噀水，蜿蜒如生，遂为诸灯之冠。

前后设玉栅帘，宝光花影，不可正视。仙韶内人，迭奏新曲，声闻人间。殿上铺连五色琉璃阁，皆球文、戏龙、百花。小窗间垂小水晶帘，流苏宝带，交映璀璨。中设御座，恍然如在广寒清虚府中也。

至二鼓，上乘小辇幸宣德门观鳌山。擎辇者皆倒行以便观赏。金炉脑麝，如祥云五色，荧煌炫转，照耀天地。山灯凡数千百种，极其新巧，怪怪奇奇，无所不有。中以五色玉栅簇成"皇帝万岁"四大字。

其上伶官奏乐，称念口号致语；其下为大露台，百艺群工，竞呈奇伎。内人及小黄门百余，皆巾裹翠蛾，效街坊清乐、傀儡，缭绕于灯月之下。

既而取旨，宣唤市井舞队及市食盘架。先是，京尹预择华洁及善歌叫者谨伺于外，至是歌呼竞入。既经进御，妃嫔内人而下，亦争买之，皆数倍得直，金珠磊落，有一夕而至富者。

宫漏既深，始宣放烟火百余架，于是乐声四起，烛影纵横，而驾始还矣。大率效宣和盛际，愈加精妙，特无登楼赐宴之事，人间不能详知耳。

都城自旧岁冬孟驾回，则已有乘肩小女、鼓吹舞绡者数十队，以供贵邸豪家幕次之玩；而天街茶肆，渐已罗列灯球等求售，谓之灯市。自此以后，每夕皆然。三桥等处，客邸最盛，舞者往来最多。每夕楼灯初上，则箫鼓已纷然自献于下，酒边一笑，所费殊不多，往往至四鼓乃还。自此日盛一日。姜白石有诗云：

> 灯已阑珊月色寒，舞儿往往夜深还。
>
> 只应不尽婆娑意，更向街心弄影看。

又云：

> 南陌东城尽舞儿，画金刺绣满罗衣。
>
> 也知爱惜春游夜，舞落银蟾不肯归。

吴梦窗《玉楼春》云：

> 茸茸狸帽遮梅额。金蝉罗剪胡衫窄。乘肩争看小腰身，倦态强随闲鼓笛。　　问称家在城东陌。欲买千金应不惜。归来困顿褪春眠，犹梦婆娑斜趁拍。

深得其意态也。

至节后渐有大队，如四国朝、傀儡、杵歌之类，日趋于盛，其多至数十百队。天府每夕差官点视，各给钱酒油烛，多寡有差，

且使之南至升旸宫支酒烛，北至春风楼支钱。终夕天街鼓吹不绝，都民士女，罗绮如云，盖无夕不然也。

至五夜，则京尹乘小提轿，诸舞队次第簇拥，前

后连亘十余里，锦绣填委，箫鼓振作，耳目不暇给。吏魁以大囊贮楮券，凡遇小经纪人，必犒数十，谓之"买市"。至有黠者，以小盘贮梨、藕数片，腾身迭出于稠人之中，支请官钱数次者，亦不禁也。

李筼房诗云：

斜阳尽处荡轻烟，辇路东风入管弦。

五夜好春随步暖，一年明月打头圆。

香尘掠粉翻罗带，蜜炬笼绡斗玉钿。

人影渐稀花露冷，踏歌声度晓云边。

京尹幕次，例占市西坊繁闹之地，贾烛粃盆，照耀如昼，其前列荷校囚数人，大书犯由云："某人，为不合抢扑钗环、挨搪妇女。"继而行遣一二，谓之"装灯"，其实皆三狱罪囚，姑借此以警奸民。

又分委府僚，巡警风烛，及命都辖房使臣等分任地方，以缉奸盗。三狱亦张灯，建净狱道场，多装狱户故事及陈列狱具。

邸第好事者，如清河张府、蒋御药家，间设雅戏、烟火，花边水际，灯烛灿然，游人士女纵观，则迎门酌酒而去。又有幽坊静巷好事之家，多设五色琉璃泡灯，更自雅洁，靓妆笑语，望之如神仙。

白石诗

> 沙河云合无行处，惆怅来游路已迷。
>
> 却入静坊灯火空，门门相似列蛾眉。

又云：

> 游人归后天街静，坊陌人家未闭门。
>
> 帘里垂灯照樽俎，坐中嬉笑觉春温。

或戏于小楼，以人为大影戏，儿童喧呼，终夕不绝。此类不可遽数也。

西湖诸寺，惟三竺张灯最盛，往往有宫禁所赐、贵珰所遗者，都人好奇，亦往观焉。白石诗云：

> 珠络琉璃到地垂，凤头衔带玉交枝。
>
> 君王不赏无人进，天竺堂深夜雨时。

元夕节物，妇人皆戴珠翠、闹蛾、玉梅、雪柳、菩提叶、灯球、销金合、蝉貂袖、项帕，而衣多尚白，盖月下所宜也。游手浮浪辈则以白纸为大蝉，谓之"夜蛾"；又以枣肉炭屑为丸，系以铁丝燃之，名"火杨梅"。

节食所尚，则乳糖、圆子、馓饀、科斗粉、豉汤、水晶脍、韭饼及南北珍果，并皂儿膏、宜利少、澄沙团子、滴酥鲍螺、酪面、玉消膏、琥珀饧、轻饧、生熟灌藕、诸色珑缠、蜜煎、蜜裹糖、瓜蒌煎、七宝姜豉、十般糖之类，皆用镂锡装花盘架车儿，簇插飞蛾，红灯彩盏，歌叫喧阗。幕次往往使之吟叫，倍酬其直。

白石亦有诗云：

> 贵客钩帘看御街，市中珍品一时来。
>
> 帘前花架无行路，不得金钱不肯回。

竞以金盘钿盒簇钉馈遗，谓之"市食合儿"。翠帘绡幕，绛烛纱笼，遍呈舞队，密拥歌姬，脆管清吭，新声交奏，戏具纷婴，鬻歌售艺者，纷然而集。

至夜阑，则有持小灯照路拾遗者，谓之扫街，遗钿堕珥，往往得之，亦东都遗风也。

舞队

大小全棚傀儡：

查查鬼查大、李大口一字口、贺丰年、长弧敛长头、兔吉兔毛大伯、吃遂、大憨儿、粗旦、麻婆子、快活三郎、黄金杏、瞎判官、快活三娘、沈承务、一脸膜、猫儿相公、洞公觜、细旦、河东子、黑遂、王铁儿、交椅、夹棒、屏风、男女竹马、男女杵歌、大小斫刀鲍老、交衮鲍老、子弟清音、女童清音、诸国献宝、穿心国入贡、孙武子教女兵、六国朝、四国朝、遏云社、绯绿社、胡安女、凤阮嵇琴、扑胡蝶、回阳丹、火药、瓦盆鼓、焦锤架儿、乔三教、乔迎酒、乔亲事、乔乐神马明王、乔捉蛇、乔学堂、乔宅眷、乔像生、乔师娘、独自乔、地仙、旱划船、教象、装态、村田乐、鼓板、踏跷、扑旗、抱锣装鬼、狮豹蛮牌、十斋郎、耍和尚、刘衮、散钱行、货郎、打娇惜。

其品甚夥，不可悉数，首饰衣装，相矜侈靡，珠翠锦绮，眩耀华丽，如傀儡、杵歌、竹马之类，多至十余队。

　　十二、十三两日，国忌禁乐，则有装宅眷，笼灯前引，珠翠盛饰，少年尾其后，诃殿而来，卒然遇之，不辨真伪。及为乔经纪人，如卖蜂糖饼、小八块风子、卖字本、虔婆卖旗儿之类，以资一笑者尤多也。

灯品

灯品至多，苏、福为冠，新安晚出，精妙绝伦。

所谓无骨灯者，其法用绢囊贮粟为胎，因之烧缀，及成去粟，则混然玻璃球也，景物奇巧，前无其比。又为大屏，灌水转机，百物活动。

赵忠惠守吴日，尝命制春雨堂五大间，左为汴京御楼，右为武林灯市，歌舞杂艺，纤悉曲尽，凡用千工。

外此有魫灯，则刻镂金珀玳瑁以饰之；珠子灯，则以五色珠为网，下垂流苏，或为龙船、凤辇、楼台故事；羊皮灯，则镞镂精巧，五色妆染，如影戏之法；罗帛灯之类尤多，或为百花，或细眼间以红白，号"万眼罗"者，此种最奇。

外此有五色蜡纸、菩提叶、若沙戏影灯，马骑人物，旋转如飞。又有深闺巧娃，剪纸而成，尤为精妙。又有以绢灯剪写诗词，时寓讥笑，及画人物，藏头隐语及旧京诨语，戏弄行人。

有贵邸尝出新意，以细竹丝为之，加以彩饰，疏明可爱。穆陵喜之，令制百盏，期限既迫，势难卒成，而内苑诸珰，耻于不自己出，思所以胜之，遂以黄草布剪镂，加之点染，与竹无异，凡两日，百盏已进御矣。

挑菜

二月一日，谓之中和节，唐人最重。今惟作假，及进单罗御服，百官服单罗公裳而已。

二日，宫中排办挑菜御宴。

先是，内苑预备朱绿花斛，下以罗帛作小卷，书品目于上，系于红丝，上植生菜、荠花诸品。俟宴酬乐作，自中殿以次，各以金篦挑之，后妃、皇子、贵主、婕妤及都知等，皆有赏无罚。

以次每斛十号，五红字为赏，五黑字为罚：上赏则成号真珠、玉杯、金器、北珠、篦环、珠翠、领抹，次亦铤银、酒器、冠镯、翠花、段帛、龙涎、御扇、笔墨、官窑、定器之类；罚则舞唱、吟诗、念佛、饮冷水、吃生姜之类，用此以资戏笑。王宫贵邸亦多效之。

进茶

仲春上旬，福建漕司进第一纲蜡茶，名"北苑试新"，皆方寸小夸，进御止百夸，护以黄罗软盏，藉以青箬，裹以黄罗夹复，臣封朱印，外用朱漆小匣镀金锁，又以细竹丝织笈贮之，凡数重。

此乃雀舌水芽所造，一夸之直四十万，仅可供数瓯之啜耳。或以一二赐外邸，则以生线分解，转遗好事，以为奇玩。

茶之初进御也，翰林司例有品尝之费，皆漕司邸吏赂之，间不满欲，则入盐少许，茗花为之散漫，而味亦漓矣。

禁中大庆贺，则用大镀金氅，以五色韵果簇钉龙凤，谓之"绣茶"，不过悦目，亦有专其工者，外人罕知，因附见于此。

赏花

禁中赏花非一。先期后苑及修内司分任排办，凡诸苑亭榭花木，妆点一新，锦帘绡幕，飞梭绣球，以至裀褥设放，器玩盆宪，珍禽异物，各务奇丽。

又命小珰、内司列肆关扑珠翠冠朵、篦环绣段、画领花扇、官窑定器、孩儿戏具、闹竿龙船等物，及有买卖果木酒食、饼饵蔬茹之类，莫不备具，悉效西湖景物。

起自梅堂赏梅，芳春堂赏杏花，桃源观桃，粲锦堂金林檎，照妆亭海棠，兰亭修禊，至于钟美堂赏大花为极盛。

堂前三面，皆以花石为台三层，各植名品，标以象牌，覆以碧幕；台后分植玉绣球数百株，俨如镂玉屏；堂内左右各列三层雕花彩槛，护以彩色牡丹画衣，间列碾玉水晶金壶，及大食玻璃、官窑等瓶，各簪奇品，如姚、魏、御衣黄、照殿红之类几千朵；别以银箔间贴大斛，分种数千百窠，分列四面；至于梁栋窗户间，亦以湘筒贮花，鳞次簇插，何啻万朵。

堂中设牡丹红锦地裀，自中殿、妃嫔以至内官，各赐翠叶牡丹、分枝铺翠牡丹、御书画扇、龙涎金盒之类有差。下至伶官乐部应奉等人，亦沾恩赐，谓之"随花赏"。或天颜悦怿，谢恩赐予，多至数次。

至春暮，则稽古堂、会瀛堂赏琼花，静侣亭紫笑，净香亭采兰挑笋，则春事已在绿阴芳草间矣。

大抵内宴赏，初坐、再坐、插食盘架者，谓之"排当"，否则但谓之"进酒"。

卷
三

西湖游幸都人游赏

淳熙间，寿皇以天下养，每奉德寿、三殿游幸湖山，御大龙舟，宰执从官，以至大珰、应奉、诸司及京府弹压等，各乘大舫，无虑数百。

时承平日久，乐与民同，凡游观买卖，皆无所禁。画楫轻舫，旁午如织。至于果蔬、羹酒、关扑、宜男、戏具、闹竿、花篮、画扇、彩旗、糖鱼、粉饵、时花、泥婴等，谓之"湖中土宜"。

又有珠翠、冠梳、销金彩段、犀钿、髹漆、织藤、窑器、玩具等物，无不罗列。如先贤堂、三贤堂、四圣观等处最盛。或有以轻桡趁逐求售者。歌妓舞鬟，严妆自炫，以待招呼者，谓之"水仙子"。

至于吹弹、舞拍、杂剧、杂扮、撮弄、胜花、泥丸、鼓板、投壶、花弹、蹴踘、分茶、弄水、踏混木、拨盆、杂艺、散耍、讴唱、息器、教水族飞禽、水傀儡、鬻水、道术、烟火起轮、走线、流星、水爆、风筝，不可指数，总谓之"赶趁人"。盖耳目不暇给焉。

御舟四垂珠帘锦幕，悬挂七宝珠翠、龙船梭子、闹竿、花篮等物；宫姬韶部，俨如神仙；天香浓郁，花柳避妍。小舟时有宣唤赐予，如宋五嫂鱼羹，尝经御赏，人所共趋，遂成富媪。

朱静佳六言诗云：

柳下白头钓叟，不知生长何年。

前度君王游幸，卖鱼收得金钱。

往往修旧京金明池故事，以安太上之心，岂特事游观之美哉？

湖上御园，南有聚景、真珠、南屏，北有集芳、延祥、玉壶，然亦多幸聚景焉。

一日，御舟经断桥，桥旁有小酒肆，颇雅洁，中饰素屏，书《风入松》一词于上，光尧驻目称赏久之。宣问何人所作，乃太学生俞国宝醉笔也，其词云：

一春长费买花钱。日日醉湖边。玉骢惯识西泠路，骄嘶过、沽酒楼前。红杏香中歌舞，绿杨影里秋千。

东风十里丽人天。花压鬓云偏。画船载取春归去，余情在、湖水湖烟。明日重携残酒，来寻陌上花钿。

上笑曰:"此词甚好,但末句未免儒酸。"因为改定,云:"'明日重扶残醉',则迥不同矣。"即日命解褐云。

西湖天下景,朝昏晴雨,四序总宜;杭人亦无时而不游,而春游特盛焉。承平时,头船如大绿、间绿、十样锦、百花宝、胜明玉之类,何翅百余;其次则不计其数,皆华丽雅靓,夸奇竞好。

而都人凡缔姻、赛社、会亲、送葬、经会、献神,仕宦恩赏之经营,禁省台府之嘱托,贵珰要地,大贾豪民,买笑千金,呼卢百万,以至痴儿騃子,密约幽期,无不在焉。日糜金钱,靡有纪极,故杭谚有"销金锅儿"之号,此语不为过也。

都城自过收灯,贵游巨室,皆争先出郊,谓之"探春",至禁烟为最盛。龙舟十余,彩旗叠鼓,交午曼衍,粲如织锦。内有曾经宣唤者,则锦衣花帽,以自别于众。

京尹为立赏格,竞渡争标,内珰贵客,赏犒无算。都人士女,两堤骈集,几于无置足地;水面画楫,栉比如鱼鳞,亦无行舟之路。歌欢箫鼓之声,振动远近,其盛可以想见。

若游之次第,则先南而后北,至午则尽入西泠桥里湖,其外几无一舸矣。弁阳老人有词云:"看画船尽入西泠，闲却半湖春色。"盖纪实也。

　　既而小泊断桥，千舫骈集，歌管喧奏，粉黛罗列，最为繁盛。桥上少年郎，竞纵纸鸢以相勾引，相牵剪截，以线绝者为负，此虽小技，亦有专门。爆仗、起轮、走线之戏，多设于此。至花影暗而月华生，始渐散去。绛纱笼烛，车马争门，日以为常。张武子诗云：

　　　　帖帖平湖印晚天，踏歌游女锦相牵。

　　　　都城半掩人争路，犹有胡琴落后船。

最能状此景。

　　茂陵在御，略无游幸之事。离宫别馆，不复增修。黄洪诗云：

　　　　龙舟大半没西湖，此是先皇节俭图。

　　　　三十六年安静里，棹歌一曲在康衢。

理宗时亦尝制一舟，悉用香楠木抢金为之，亦极华侈，然终于不用。

　　至景定间，周汉国公主得旨，偕驸马都尉杨镇泛湖，一时文物亦盛，仿佛承平之旧，倾城纵观，都人为之罢市。

然是时，先朝龙舫久已沉没，独有小舟号"小乌龙"者，以赐杨郡王之故尚在。其舟平底有舵，制度简朴。或传此舟每出，必有风雨。余尝屡乘，初无此异也。

放春

　　蒋苑使有小圃，不满二亩，而花木匼匝，亭榭奇巧。春时悉以所有书画、玩器、冠花、器弄之物罗列满前，戏效关扑。有珠翠冠仅大如钱者，闹竿、花篮之类，悉皆镂丝金玉为之，极其精妙。

　　且立标竿、射垛及秋千、梭门、斗鸡、蹴踘诸戏事，以娱游客。衣冠士女至者，招邀杯酒，往往过禁烟乃已。

　　盖效禁苑，具体而微者也。

社会

二月八日，为桐川张王生辰，霍山行宫朝拜极盛，百戏竞集。如绯绿社杂剧、齐云社蹴球、遏云社唱赚、同文社耍词、角抵社相扑、清音社清乐、锦标社射弩、锦体社花绣、英略社使棒、雄辩社小说、翠锦社行院、绘革社影戏、净发社梳剃、律华社吟叫、云机社撮弄，而七宝、灏马二会为最：玉山宝带，尺璧寸珠，璀璨夺目；而天骥龙媒，绒鞯宝辔，竞赏神骏。

好奇者至剪毛为花草人物、厨行果局，穷极肴核之珍；有所谓意思作者，悉以通草罗帛雕饰，为楼台故事之类，饰以珠翠，极其精致，一盘至直数万。然皆浮靡无用之物，不过资一玩耳。奇禽则红鹦白雀，水族则银蟹金龟，高丽、华山之奇松，交广、海峤之异卉，不可缕数，莫非动心骇目之观也。

若三月三日殿司真武会、三月二十八日东岳生辰，社会之盛，大率类此，不暇赘陈。

祭扫

清明前三日为寒食节，都城人家，皆插柳满檐，虽小坊幽曲，亦青青可爱。大家则加枣𥹍于柳上。然多取之湖堤，有诗云："莫把青青都折尽，明朝更有出城人。"

朝廷遣台臣中使、宫人车马，朝飨诸陵原庙，荐献用麦糕、稠饧；而人家上冢者，多用枣𥹍、姜豉。南北两山之间，车马纷然，而野祭者尤多：如大昭庆、九曲等处，妇人泪妆素衣，提携儿女，酒壶肴罍，村店山家，分馂游息；至暮，则花柳土宜，随车而归。

若玉津、富景御园，包家山之桃，关东、青门之菜市，东西马塍，尼庵道院，寻芳讨胜，极意纵游，随处各有买卖赶趁等人。野果山花，别有幽趣。

盖辇下骄民，无日不在春风鼓舞中，而游手末技为尤盛也。

浴佛

　　四月八日为佛诞日，诸寺院各有浴佛会。僧尼辈竞以小盆贮铜像，浸以糖水，覆以花棚，铙钹交迎，遍往邸第富室，以小杓浇灌，以求施利。是日西湖作放生会，舟楫甚盛，略如春时，小舟竞卖龟鱼螺蚌放生。

迎新

户部点检所十三酒库，例于四月初开煮，九月初开清。先至提领所呈样品尝，然后迎引至诸所隶官府而散。每库各用匹布，书库名高品，以长竿悬之，谓之"布牌"。以木床铁擎为仙佛鬼神之类，驾空飞动，谓之"台阁"。

杂剧百戏诸艺之外，又为《渔父习闲》、《竹马出猎》、《八仙故事》，及命妓家女，使裹头花巾为酒家保，及有花窠五熟盘架、放生笼养等，各库争为新好。

库妓之琤琤者，皆珠翠盛饰、销金红背，乘绣鞯宝勒骏骑，各有皂衣黄号私身数对，诃导于前；罗扇衣笈、浮浪闲客，随逐于后；少年狎客，往往簇钉持杯，争劝马首，金钱彩段，沾及舆台。

都人习以为常，不为怪笑。所经之地，高楼邃阁，绣幕如云，累足骈肩，真所谓"万人海"也。

端午

先期学士院供帖子，如春日禁中排当，例用朔日，谓之"端一"，或传旧京亦然。

插食盘架设天师、艾虎、意思山子数十座，五色蒲丝、百草霜，以大合三层，饰以珠翠、葵、榴、艾花、蜈蚣、蛇、蝎、蜥蜴等，谓之"毒虫"。及作糖霜韵果、糖蜜巧粽，极其精巧。又以大金瓶数十，遍插葵、榴、栀子花，环绕殿阁。

及分赐后妃、诸阁、大珰、近侍翠叶、五色葵榴、金丝翠扇、真珠百索、钗符、经筒、香囊、软香、龙涎、佩带及紫练、白葛、红蕉之类。大臣贵邸，均被细葛、香罗、蒲丝、艾朵、彩团、巧粽之赐，而外邸节物，大率效尤焉。

巧粽之品不一，至结为楼台舫辂，又以青罗作赤口白舌帖子，与艾人并悬门楣，以为禳祎。

道宫法院，多送佩带符篆，而市人门首，各设大盆，杂植艾、蒲、葵花，上挂五色纸钱，排钉果粽，虽贫者亦然。湖中是日游舫亦盛，盖迤逦炎暑，晏游渐稀故也。

俗以是日为马本命，凡御厩、邸第上乘，悉用五彩为鬃尾之饰，奇鞯宝辔，充满道途，亦可观玩也。

禁中纳凉

　　禁中避暑，多御复古、选德等殿，及翠寒堂纳凉。长松修竹，浓翠蔽日，层峦奇岫，静窈萦深，寒瀑飞空，下注大池可十亩。池中红白菡萏万柄，盖园丁以瓦盎别种，分列水底，时易新者，庶几美观。

　　又置茉莉、素馨、建兰、麝香藤、朱槿、玉桂、红蕉、阇婆、薝蔔等南花数百盆于广庭，鼓以风轮，清芬满殿。

　　御笰两旁，各设金盆数十架，积雪如山；纱厨后先，皆悬挂伽兰木、真蜡龙涎等香珠百斛；蔗浆金碗、珍果玉壶，初不知人间有尘暑也。

　　闻洪景卢学士尝赐对于翠寒堂，三伏中体粟战栗，不可久立。上问故，笑遣中贵人以北绫半臂赐之，则境界可想见矣。

都人避暑

六月六日，显应观崔府君诞辰，自东都时，庙食已盛。是日都人士女，骈集炷香，已而登舟泛湖，为避暑之游。

时物则新荔枝、军庭李、奉化项里之杨梅、聚景园之秀莲、新藕、蜜筒、甜瓜、椒核、枇杷、紫菱、碧芡、林禽、金桃、蜜渍昌元梅、木瓜、豆儿水、荔枝膏、金橘、水团、麻饮、芥辣、白醪、凉水、冰雪爽口之物。

关扑香囊、画扇、涎花、珠佩，而茉莉为最盛。初出之时，其价甚穹，妇人簇戴，多至七插，所直数十券，不过供一晌之娱耳。

盖入夏则游船不复入里湖，多占蒲深柳密宽凉之地，披襟钓水，月上始还。或好事者，则敞大舫、设蕲簟，高枕取凉，栉发快浴，惟取适意，或留宿湖心，竟夕而归。

乞巧

立秋日，都人戴楸叶，饮秋水、赤小豆。七夕节物，多尚果食、茜鸡。及泥孩儿号"摩睺罗"，有极精巧饰以金珠者，其直不赀。并以蜡印凫雁、水禽之类，浮之水上。

妇人女子，至夜对月穿针，饾饤杯盘，饮酒为乐，谓之乞巧。及以小蜘蛛贮盒内，以候结网之疏密，为得巧之多少。小儿女多衣荷叶半臂，手持荷叶，效颦摩睺罗，大抵皆中原旧俗也。

七夕前，修内司例进摩睺罗十卓，每卓三十枚，大者至高三尺，或用象牙雕镂，或用龙涎佛手香制造，悉用镂金珠翠，衣帽、金钱、钗镯、佩环、真珠、头须及手中所执戏具，皆七宝为之，各护以五色镂金纱厨。制阃、贵臣及京府等处，至有铸金为贡者。宫姬市娃，冠花衣领，皆以乞巧时物为饰焉。

中元

　　七月十五日，道家谓之"中元节"，各有斋醮等会；僧寺则于此日作盂兰盆斋；而人家亦以此日祀先，例用新米、新酱、冥衣、时果、彩段、面棋，而茹素者几十八九，屠门为之罢市焉。

中秋

　　禁中是夕，有赏月延桂排当，如倚桂阁、秋晖堂、碧岑，皆临时取旨。

　　夜深，天乐直彻人间。御街如绒线、蜜煎、香铺，皆铺设货物，夸多竞好，谓之"歇眼"。灯烛华灿，竟夕乃止。

　　此夕浙江放"一点红"羊皮小水灯数十万盏，浮满水面，烂如繁星，有足观者。或谓此乃江神所喜，非徒事观美也。

观潮

浙江之潮，天下之伟观也。自既望以至十八日为最盛。方其远出海门，仅如银线，既而渐近，则玉城雪岭，际天而来，大声如雷霆，震撼激射，吞天沃日，势极雄豪。杨诚斋诗云"海涌银为郭，江横玉系腰"者是也。

每岁，京尹出浙江亭教阅水军，艨艟数百，分列两岸，既而尽奔腾分合五阵之势，并有乘骑弄旗、标枪舞刀于水面者，如履平地。倏尔黄烟四起，人物略不相睹，水爆轰震，声如崩山；烟消波静，则一舸无迹，仅有敌船为火所焚，随波而逝。

吴儿善泅者数百，皆披发文身，手持十幅大彩旗，争先鼓勇，溯迎而上，出没于鲸波万仞中，腾身百变，而旗尾略不沾湿，以此夸能。

而豪民贵宦，争赏银彩，江干上下十余里间，珠翠罗绮溢目，车马塞途，饮食百物，皆倍穹常时，而僦赁看幕，虽席地不容间也。

禁中例观潮于天开图画，高台下瞰，如在指掌。都民遥瞻黄伞雉扇于九霄之上，真若箫台、蓬岛也。

重九

禁中例于八日作重九排当，于庆瑞殿分列万菊，灿然眩眼，且点菊灯，略如元夕。内人乐部，亦有随花赏，如前"赏花"例。盖赏灯之宴，权舆于此，自是日盛矣。或于清燕殿、缀金亭赏橙橘，遇郊祀岁则罢宴。

都人是月饮新酒、泛萸、簪菊，且各以菊糕为馈：以糖、肉、秫面杂糅为之；上缕肉丝鸭饼，缀以榴颗，标以彩旗；又作蛮王狮子于上，及糜栗为屑，合以蜂蜜，印花脱饼，以为果饵。又以苏子微渍梅卤，杂和蔗霜、梨、橙、玉榴小颗，名曰"春兰秋菊"。雨后新凉，则已有炒银杏、梧桐子，吟叫于市矣。

开炉

　　是日，御前供进夹罗御服，臣僚服锦袄子夹公服，"授衣"之意也。自此御炉日设火，至明年二月朔止。皇后殿开炉节排当。

　　是月遣使朝陵，如寒食仪。都人亦出郊拜墓，用绵球楮衣之类。

冬至

朝廷大朝会庆贺排当，并如元正仪。而都人最重一阳，贺冬车马，皆华整鲜好，五鼓已填拥杂遝于九街；妇人小儿，服饰华炫，往来如云；岳祠、城隍诸庙炷香者尤盛。三日之内，店肆皆罢市，垂帘饮博，谓之"做节"。

享先则以馄饨，有"冬馄饨、年馎饦"之谚。贵家求奇，一器凡十余色，谓之"百味馄饨"。

赏雪

　　禁中赏雪多御明远楼禁中称楠木楼。后苑进大小雪狮儿，并以金铃彩缕为饰，且作雪花、雪灯、雪山之类，及滴酥为花及诸事件，并以金盆盛进，以供赏玩。并造杂煎品味，如春盘饾饤、羊羔儿酒以赐。

　　并于内藏库支拨官券数百万，以犒诸军，及令临安府分给贫民，或皇后殿别自支犒，而贵家富室，亦各以钱米犒闾里之贫者。

岁除

禁中以腊月二十四日为小节夜，三十日为大节夜。呈女童驱傩，装六丁、六甲、六神之类，大率如《梦华》所载。

后苑修内司，各进消夜果儿，以大合簇钉，凡百余种，如蜜煎珍果，下至花饧、萁豆，以至玉杯宝器、珠翠花朵、犀象博戏之具，销金斗叶、诸色戏弄之物，无不备具，皆极小巧。

又于其上作玉辂，高至三四尺，悉以金玉等为饰，护以贴金龙凤罗罩，以奇侈求胜。一合之费，不啻中人十家之产，止以资天颜一笑耳。

后妃、诸阁又各进岁轴儿及珠翠百事吉、利市袋儿、小样金银器皿，并随年金钱一百二十文，旋亦分赐亲王贵邸、宰臣巨珰。

至于爆杖，有为果子人物等类不一；而殿司所进屏风，外画钟馗捕鬼之类，而内藏药线，一爇，连百余不绝。

箫鼓迎春，鸡人警唱，而玉漏渐移，金门已启矣。

岁晚节物

腊日，赐宰执亲王、三衙从官、内侍省官并外阃、前宰执等腊药，系和剂局造进，及御药院特旨制造银合，各一百两以至五十两、三十两各有差。伏日，赐暑药亦同。

都下自十月以来，朝天门内外，竞售锦装新历、诸般大小门神、桃符钟馗、狻猊虎头及金彩缕花、春帖幡胜之类，为市甚盛。

八日，则寺院及人家用胡桃、松子、乳蕈、柿、栗之类为粥，谓之"腊八粥"。医家亦多合药剂，侑以虎头丹、八神屠苏，贮以绛囊，馈遗大家，谓之"腊药"。至于馈岁盘合、酒檐羊腔，充斥道路。

二十四日，谓之"交年"。祀灶用花饧、米饵及烧替代，及作糖豆粥，谓之"口数"。市井迎傩，以锣鼓遍至人家，乞求利市。

至除夕，则比屋以五色纸钱、酒果，以迎送六神于门。至夜，贲烛粞盆，红映霄汉，爆竹鼓吹之声，喧阗彻夜，谓之"聒厅"。小儿女终夕博戏不寐，谓之"守岁"。又明灯床下，谓之"照虚耗"。

及贴天行帖儿、财门于楣。祀先之礼，则或昏或晓，各有不同。如饮屠苏、百事吉、胶牙饧、烧术、卖懵懂等事，率多东都之遗风焉。

守岁之词虽多，极难其选，独杨守斋《一枝春》，最为近世所称，并书于此云：

竹爆惊春，竞喧阗、夜起千门箫鼓。流苏帐暖，翠鼎缓腾香雾。停杯未举。奈刚要、送年新句。应自赏、歌字清圆，未夸上林莺语。

从他岁穷日暮。纵闲愁、怎减刘郎风度。屠苏办了，迤逦柳忪梅妒。宫壶未晓，早骄马、绣车盈路。还又把、月夕花朝，自今细数。

卷
四

故都宫殿 · 乾淳教坊乐部

故都宫殿

门：

丽正南门、和宁北门、东华东门、西华西门、苑东、苑西、北宫、南宫、南水门、东水门、会通、上阁、宣德、隔门、斜门、关门、玉华阁、含和、贻谟二门系天章阁。

殿：

垂拱常朝四参、文德六参、宣布、大庆明堂朝贺、紫宸上寿、集英策士。以上谓之"正朝"，亦有随事更名者。

后殿：

延和宿斋、避殿、崇政即祥曦、福宁寝殿、复古高宗建、选德孝宗建。御屏有监司、郡守姓名、缉熙理宗建、熙明即修政。度宗建、明华、清燕、膺福、庆瑞即顺庆。理宗改、射殿、需云大燕、符宝贮恭膺天命之宝、嘉明度宗以绎己堂改、明堂即文德，合祭改、坤宁皇后、秾华皇后、慈明杨太后。累朝母后皆旋更名、慈元谢太后、仁明全太后、进食即勤政、钦先神御、孝思神御、清华。

堂：

翠寒高宗以日本罗木建，古松数十株、澄碧观堂、芳春、凌寒、钟美牡丹、灿锦海棠、燕喜、静华、清赏、稽古御书院、清远、清彻、澄碧水堂、蕊渊、环秀山堂、文囿御书院、书林御书院、华馆、衍秀、披香、德勤、云锦荷堂。李阳冰书扁、清霁、萼绿华梅堂。李阳冰书额，度宗易名"琼姿"、碧琳、凝光、澄辉、绣香、呈芳、会景青花石柱，香楠袱额，玛瑙石砌、正始后殿。谢后改"寿宁殿"、怡然惠顺位、信美婉容位。

斋：

损斋高宗建、彝斋、谨习斋、燕申斋。

楼：

博雅书楼、观德、万景、清暑、清美、明远、倚香。

阁：

龙图太祖、太宗、天章真宗。并祀祖宗神御、宝文仁宗、显谟神宗、徽猷哲宗、敷文徽宗、焕章高宗、华文孝宗、宝谟光宗、宝章宁宗、显文理宗、云章度宗、御书、清华、凌虚、清漏、倚桂、来凤、观音、芙蓉、万春太后殿。

台：

钦天奉天、宴春、秋芳、天开图画、舒啸、跄台。

轩：

晚清。

阁：

清华、睿思、怡真、容膝、受釐、绿绮。

观：

云涛。

亭：

清凉、清趣、清颢、清晖、清迥、清隐、清寒、清激放水、清玩、清兴、静香、静华、春妍、春华、春阳、春信梅、融春、寻春、映春、余春、留春、皆春、寒碧、寒香、香琼、香玉梅、香界、碧岑、滟碧鱼池、琼英、琼秀、明秀、濯秀、衍秀、深秀假山、锦烟、锦浪桃花、绣锦、万锦、丽锦、丛锦、照妆海棠、浣绮、缀金橙橘、缀琼梨花、秾香、暗香、晚节香菊、岩香桂、云岫山亭、映波、含晖、达观、秀野、凌寒梅竹、涵虚、平津、真赏、芳远、垂纶近池、鱼乐池上、喷雪放水、流芳、芳屿山子、玉质、此君竹、聚芳、延芳、兰亭、激湍、崇峻、惠和、浮醴、泛羽并流杯亭、凌穹山顶、迎熏、会英、正己射亭、丹晖、凝光、雪径梅、参月、共乐、迎祥、莹妆、植杖村庄、可乐、文杏、壶中天、别是一家春度宗新创。或谓此非佳谶也，未几果验。

园：

小桃源观桃、杏坞、梅冈、瑶圃、村庄、桐木园。

庵：

寂然、怡真。

坡：

玛瑙、洗马。

桥：

万岁、清平、春波、玉虹。

泉：

穗泉。

御舟：

兰桡、荃桡、旱船。

教场：

南教场、北教场。

禁中及德寿宫皆有大龙池、万岁山，拟西湖冷泉、飞来峰，若亭榭之盛、御舟之华，则非外间可拟。春时竞渡及买卖诸色小舟，并如西湖，驾幸宣唤，锡赉巨万。大意不欲数跸劳民，故以此为奉亲之娱耳。

御园：

聚景园清波门外，孝宗致养之地，堂扁皆孝宗御书。淳熙中，屡经临幸；嘉泰间，宁宗奉成肃太后临幸。其后并皆荒芜不修。高疏寮诗曰："翠华不向苑中来，可是年年惜露台。水际春风寒漠漠，官梅却作野梅开。"会芳殿、瀛春堂、揽远堂、芳华堂、花光亭八角、瑶津、翠光、桂景、滟碧、凉观、琼芳、彩霞、寒碧、柳浪桥、学士桥。

玉津园嘉会门外。绍兴间，北使燕射于此；淳熙中，孝宗两幸；绍熙中，光宗临幸。

富景园新门外。孝宗奉太后临幸不一。俗呼"东花园"。

屏山园钱湖门外。以对南屏山，故名。理宗朝改名"翠芳园"。余见西湖门。

玉壶园钱塘门外。本刘鄜王园，有明秀堂。余见西湖门。

琼华园。小隐园。

集芳园葛岭。元系张婉仪园，后归太后。殿内有古梅老松甚多。理宗赐贾平章。旧有清胜堂、望江亭、雪香亭等。余见西湖门。

延祥园西依孤山，为林和靖故居，花寒水洁，气象幽古。三朝临幸。余见西湖门。

瀛屿在孤山之椒。旧名凉堂，四壁萧照画山水，理宗易今名。今为西太乙宫黄庭殿。

挹翠堂旧名黑漆堂，理宗御书、香远旧秀莲亭、香月倚里湖，旧名水堂，理宗御书、清新旧六橡堂、白莲堂、六一泉堂、桧亭、梅亭、上船亭、东西车马门、西村水阁、御舟港、林逋墓、陈朝桧有御书诗、金沙井、玛瑙坡、六一泉。

高疏寮诗云：

水明一色抱神州，雨压轻尘不敢浮。

山北山南人唤酒，春前春后客凭楼。

射熊馆暗花扶戾，下鹄池深柳拂舟。

白发邦人能道旧，君王曾奉上皇游。

德寿宫孝宗奉亲之所：

聚远楼高宗雅爱湖山之胜，恐数跸烦民，乃于宫内凿大池，引水注之，以象西湖冷泉；叠石为山，作飞来峰。因取坡诗"赖有高楼能聚远，一时收拾与闲人"名之。周益公进端午帖子云："聚远楼高面面风，冷泉亭下水溶溶。人间炎热何由到，真是瑶台第一重。"孝宗御制《冷泉堂诗》以进，高宗和韵，真盛事也。

香远堂荷、清深堂竹、松菊三径菊、芙蓉、竹、梅坡、月榭、清妍荼䕷、清新桂、芙蓉冈。已上并东地分。

射厅、载忻堂御宴之所、临赋荷池、粲锦金林檎、至乐池上、清旷桂、半绽红郁李、泻碧金鱼池。已上并南地分。

冷泉堂古梅、文杏馆、静乐牡丹、浣溪海棠。已上并西地分。

绛华罗木堂、旱船、俯翠茅亭。已上并北地分。

重华宫孝宗内禅所居，即德寿宫、慈福宫宪圣书，成二太后所居，即重华宫、寿慈宫即慈福宫。初改重寿殿。

东宫：

资善堂、凤山楼、荣观堂、玉渊堂、清赏堂、新益堂、绎己堂、射圃。

乾淳教坊乐部

杂剧色

德寿宫：

刘景长使臣、王喜保义郎头，名都管使臣，又名公谨，号玩隐老人、茆山重茅芽头、盖门贵、盖门庆末、侯谅侯大头，次末、张顺、曹辛、宋兴燕子头、李泉现引兼舞三台。

衙前：

龚士美使臣都管、刘恩深都管、陈嘉祥节级、吴兴祐德寿宫引兼舞三台、吴斌、金彦升管干教头、王青、孙子贵引、潘浪贤引兼末部头、王赐恩引、胡庆全蜡烛头、周泰次、郭名显引、宋定次德寿宫蚌蛤头、刘信副部头、成贵副、陈烟息副大口、王侯喜副、孙子昌副末节级、焦金色、杨名高末、宋昌荣副，欢喜头。

前教坊：

伊朝新、王道昌。

前钧容直：

忤谷丰五味粥、李外喜。

和顾：

刘庆次刘衮、梁师孟、朱和次贴衙前鳝鱼头、宁贵宁镢、蒋宁次贴衙前利市头、司进丝瓜儿、郝成次贴衙前小锹、高门兴、高门显羔儿头、高明灯搭儿、刘贵、段世昌段子贵、司政仙鹤儿、张舜朝、赵民欢、龚安节、严父训、宋朝清、宋昌荣二名守衙前、周旺丈八头、卞畴、宋吉、伊俊、汪泰、王原全次贴衙前、王景、郑乔、王来宣、张显守阙祗应黑俏、焦喜焦梅头。

歌板色

德寿宫：

李行高笛兼。

衙前：

王信拍兼。

拍板色衙前笛色，王均；觱篥色，郑彦；周贤良，兼拍板。

德寿宫：

刘益使臣、谢春泽。

衙前：

吴兴祖节级、赵永部头、花成、时世俊守阙节级。

前钩容直：

崔喜。

琵琶色衙前豪师古兼琵琶。

德寿宫：

胡永年武功大夫、谢圣泽。

衙前：

焦进部头、赵昌祖、段从善。

和顾：

吴良辅、豪士英、曹彦国。

箫色

衙前：

曾延庆部头、刘珣、周济部头。

和顾：

朱世良兼筝、王谨、刘宗旺、周亨、陈钥。

嵇琴色

德寿宫：

曹友闻_{承节郎守阙都管}。

衙前：

杨春和_{人员守阙都管}、魏国忠_{节级兼舞}、孙良佐、石俊、
冯师贤。

和顾：

刘运成、赵进_{杖鼓兼}、惠和、冯师贤、王处仁。

筝色

德寿宫：

朱邦直_{忠训郎}。

衙前：

张行福_{部头}、豪士良、高俊。

前教坊：

聂庭俊。

前钧容直：

李吉。

笙色

德寿宫：

汤士成、孙显祖。

衙前：

宋世宁_{节级}、豪师古_{兼琵琶}、傅诏_{管干人}、邓孝仁、赵福_{兼德寿宫}。

前钧容直：

吴胜。

前教坊：

刘永显。

和顾：

张世荣、康彦和、王兴祖。

觱篥色

德寿宫：

田正德_{教坊大使}、鞠思忠、孙庆祖、刘舜俞、陈永良。

衙前：

李祥_{守阙节级}、仇彦_{节级}、王恩_{节级}、李和_{部头}、时世荣_{部头}、王正德、王道和、慢守恭、李遇、金宗信兼德寿宫、郑彦兼拍板、张匀、刘道、朱贵管干人、曹彦兴、吴良佐、孟诚、陈祐、丘彦管干人、邓孝元、王永、周贤良兼拍板、陈师授兼德寿宫、陈永良兼德寿宫。

前教坊：

戚兴道、李彦美、郭席珍。

前钧容直：

王宣、唐政。

和顾：

于庆兼舞、冯宣、王椿、倪润、李祥守阙节级、陈继祖、季伦、张彦明、陈良畴、冯昇、商翼、时世显、王文信、王延庆、谢润、张荣第三名守阙衙前、时显祖、费仍裕、任再兴、李乐正、蔡邦彦、郑彬、时允恭、金润、王寿、王思齐、于成、孙良辅、崔显、卢茂春、王师忠、宋康宁、张端、顾宣、王仲礼、郭达宗、刘顺守阙衙前。

笛色

德寿宫：

元守正忠翊郎、孙福使臣、孙继祖、张行谨。

衙前都管：

孙福使臣、朱榛人员守阙都管、张守忠节级、杨胜节级、王喜节级、张师孟部头、岳兴部头、李智友、段从礼、朱顺、陈俊、雷兴祖、王仕宁、时宝部头兼德寿宫、孙进、郭彦、杨选兼德寿宫、金仪、赵俊守阙节级、赵顺、杨元庆、时定、赵兴祖、阴显祖、丘遇、徐识、孙显、王筠兼德寿宫拍板、张荣、郭亨、元舜道。

前教坊：

金宗训、俞德、谢祖良、曾延广、李进。

前钧容直：

王喜、俞德、冀恩。

和顾：

张亿、茆庆、张师颜、刘国臣、赵昌、张广、元舜臣、沈琮杖鼓、胡良臣、王师仲、徐亨、张义、林显、郑青、陈士恭、巫彦、朱世荣、朱绍祖、翟义、张孝恭、汪定、费兴、李升、冯士恭、陈宝、杨善、尹师授、张介、贺宣、朱荣、朱元守阙衙前、轩定鼓板、张成鼓板、阎兴鼓板、王和鼓板、陈焕、张世亨、许珍、张渊、孙显宗、崔成守阙衙前。

方响色

德寿宫：

齐宣、田世荣。

衙前：

葛元德部头、于喜、齐宗亮管干人。

前钧容直：

高福

和顾：

马重荣、尹朝、于通、刘才高。

杖鼓色

德寿宫：

张名高、孟清。

衙前：

高宣节级、时思俊守阙节级部头兼板、程盛、齐喜、孟文叔守阙节级、时和、邓友端、徐宗旺、吴兴福兼德寿宫、邓世荣、张兴禄管干人、叶喜兼德寿宫。

前教坊：

鞠端。

前钧容直：

阎兴、邢智。

和顾：

张士成、张润、张义、张世昌、张世显、孙荣、段锦新、蔡显忠、齐宗景、郭兴祖、时康宁、高润、张皋、傅良佐、李晋臣、思芸、范琦、段锦。

大鼓色

德寿宫：

张佑、李吉。

衙前：

董福部头、李进、周均小唱、张佑兼德寿宫。

和顾：

赵庆鼓儿、刘成、孙成鼓儿习学大鼓、王富勾般习学大鼓、尹师聪鼓儿、张守道唱道情、张升鼓儿、宋棠掌仪下书写文字、喻祥小唱、钱永守阙衙前。

舞旋稽琴，魏国忠；琵琶，豪士英并兼舞三台。

德寿宫：

刘良佐武德郎。

衔前：

杜士康。

和顾：

于庆。

杂剧三甲

刘景长一甲八人：

戏头李泉现，引戏吴兴祐，次净茆山重、侯谅、周泰，副末王喜，装旦孙子贵。

盖门庆进香一甲五人：

戏头孙子贵、引戏吴兴祐、次净侯谅、副末王喜。

内中祗应一甲五人：

戏头孙子贵、引戏潘浪贤、次净刘衮、副末刘信。

潘浪贤一甲五人：

戏头孙子贵、引戏郭名显、次净周泰、副末成贵。

筑球三十二人

左军一十六人：

球头张俊、跷球王怜、正挟朱选、副挟施泽、左竿网丁诠、右竿网张林、散立胡椿等。

右军一十六人：

球头李正、跷球朱珍、正挟朱选、副挟张宁、左竿网徐宾、右竿网王用、散立陈俊等。

杂班：

双头侯谅，散耍刘衮、刘信。

小乐器：

嵇琴曹友闻、箫管孙福、篥刘运成、拍侯谅。

鼓板

衙前一火：

鼓儿尹师聪，拍张顺，笛杨胜、张师孟。

和顾二火：

笛张成老僧、阎俊望伯、张喜、鼓儿张升、笛王和小四、鼓儿孙成换僧、拍张荣狗儿。

马后乐

拍板：吴兴祖。

觱篥：田正德、孙庆祖、陈师授。

笛：孙福、时宝、元守正。

提鼓：孙子贵、札子、孟清、时世俊、高宣、吴兴福、张兴禄。

内中上教博士

王喜、刘景长、曹友闻、朱邦直、孙福、胡永年各支月银一十两。

杂剧：王喜、侯谅、吴兴福、吴兴祐、刘景长、张顺。

拍板：田正德、谢春泽。

琵琶：胡永年。

舞：刘良佐。

嵇琴：曹友闻、杨春和。

筝：朱邦直。

方响：齐宣。

笙：汤士成。

篥：刘运成。

觱篥：孙庆祖。

笛：孙福、时宝。

掌仪范等合干人

掌仪范：

朱邦直、曹友闻、元守正、孙福、朱榛守阙。

衙前都管：

刘恩深、孙福、王公谨守阙。

管干教头：

朱贵、张兴禄、丘彦、傅绍、齐宗亮。

逐色部头：

刘信、赵永、焦进、周济、杨春和、宋世宁、李和、时世荣、时宝、岳兴、葛元德、高宣、董福、时世俊、杜士康、潘浪贤。

卷
五

湖山胜概

湖山胜概

南山路

自丰乐楼南，至暗门钱湖门外，入赤山烟霞石屋止。南高峰、方家峪、大小麦岭并附于此。

丰乐楼

旧为"众乐亭"，又改"耸翠楼"，政和中改今名。淳祐间，赵京尹与䙫重建，宏丽为湖山冠。又甃月池，立秋千、梭门，植花木、构数亭，春时游人繁盛，旧为酒肆，后以学馆致争，但为朝绅同年，会拜乡会之地。

林晖、施岳皆有赋，赵忠定《柳梢青》云："水月光中，烟霞影里，涌出楼台。空外笙箫，云间笑语，人在蓬莱。天香暗逐风回。正十里、荷花盛开。买个小舟，山南游遍，山北归来。"吴梦窗尝大书所赋《莺啼序》于壁，一时为人传诵。

湖堂

旧在耸翠楼侧，又有集贤亭，今并不存。

吕洞宾祠

旧传洞宾尝至此。

灵芝崇福寺

钱王故苑，以芝生其间，舍以为寺，故名灵芝。高宗、孝宗凡四临幸。有浮碧轩、依光堂，亦为新进士会拜、题名之所。

朱静佳诗云："黄金匝地小桥通，四面清平纳远空。云气常扶天子座，日光浮动梵王宫。残碑几字莓苔雨，清磬一声杨柳风。沙鸟不知行乐事，背人飞过夕阳东。"

显应观

祀磁州神崔府君，六月六日生日，其朝游人甚盛。咸淳间改昭应，今归灵芝寺。旧有萧照山水及苏汉臣画壁，今不复存矣。

杨郡王府上船亭、聚景园详见御园门、灵应堂俗呼包道堂、宝莲院、紫霄宫廨院、宝成院旧名释迦、兴福院、永隆院、慧光尼庵张循王府、省马院船步内有正觉、超化二院、长桥、妙净院。

宝德寺

杨和王重建，充三衙建圣节道场。

希夷道堂

刘蓑衣建于南屏园左，今移于此。

真珠园

有真珠泉、高寒堂、杏堂、水心亭、御港，曾经临幸，今归张循王府。

南园

中兴后所创，光宗朝，赐平原郡王韩侂胄，陆放翁为记。后复归御前，改名"庆乐"。赐嗣荣王与芮，又改"胜景"。有许闲堂、和容射厅、寒碧台、藏春门、凌风阁、西湖洞天、归耕庄、清芬堂、岁寒堂、夹芳、豁望、矜春、鲜霞、忘机、照香、堆锦、远尘、幽翠、红香、多稼、晚节香等亭，秀石为山，内作十样锦亭，并射圃、流杯等处。

弁阳翁诗云："清芬堂下千株桂，犹是韩家旧赐园。白发老翁和泪说，百年中见两平原。"

又云："旧事凄凉尚可寻，断碑空卧草深深。凌风阁下槎牙树，当日人疑是水沉。"

雷峰显严院

郡人雷氏所居，故名"雷峰"。钱王妃建寺筑塔，名"皇妃塔"。或云地产黄皮，遂讹为"黄皮塔"。

山顶有通玄亭、望湖楼。

普宁寺

又名"白莲"，有铁塔一，石塔二。

云涛观

净相院

旧名"瑞相"，有无尽意阁、娱客轩、一段奇轩，幽深可喜。今皆不存。

上清宫

葛仙炼丹旧址，道士胡莹微祖筑庵，郑丞相清之曾此读书。淳祐中重建，赐今额，理宗御书"清净道场"。

甘园

内侍甘昇园，又名"湖曲"，曾经临幸。至今有御爱松、望湖亭、小蓬莱、西湖一曲，后归赵观文，又归谢节使。

弁阳翁诗云："小小蓬莱在水中，乾淳旧赏有遗踪。园林几换东风主，留得庭前御爱松。"

御船坊

理宗御舟在焉。

净慈报恩光孝禅寺

孝宗尝临幸。山曰南屏，有慧日峰，旧名"慧日永明"。太宗赐"寿宁院"额，孝宗御书"慧日阁"。有千佛阁、五百罗汉堂。理宗御书"华严法界"、"正偏知阁"等额。梁贞明大铁锅存焉。画壁作五十三参等。寺后庵宇甚幽，大抵规模与灵隐相若，故二寺号南北山之最。东坡诗云："卧闻禅老入南山，净扫清风五百间。"其宏壮自昔已然，今益侈大矣。

山南照庆院、惠照寺

后为斋宫今归净慈。

南屏御园

正对南屏山，又名翠芳。

南屏兴教寺

旧名"善庆"，有齐云亭、清旷楼、米元章书"琴台"及唐人磨崖八分家人卦、《中庸》、《乐记》篇，后人于石傍刊"右司马温公书"六字，其实非公书也。

广法院

齐王功德院，有清旷亭。

法因院

景献太子所，有古铁塔、钱王井。

宝林院

庄文太子殡所，旧名总持，有可赋轩。

赤山殡宫

旧为瑞龙寺，后为安穆、成恭、慈懿、恭淑四后殡所，今为炽盛光寺。

修吉寺

旧瑞龙寺移于此，有西湖奇艳。

正济寺

又名普门。

法雨寺

旧名水心，又改云龙，有赵清献、杨无为题名等。

安福尼寺、极乐尼寺

高丽寺

旧名"惠因寺"，湖山间惟此寺无敕额。元丰间，高丽王子僧统义天入贡，学贤首教于此，因施金建华严阁，有易庵、期忏堂。皇姑成国公主殡所。

惠因桥

秦少游《龙井纪游》所谓"濯足于惠因涧"，即此是焉。

玉岑山、广果寺

开化尼寺、六通慈德院旧名惠德塔、法兴院、保福院、长耳相院旧名法相、定光庵有定光泉、永庆院、延长真如院、延寿山、净梵院旧名瑞峰、崇教院

石屋洞

大仁院，有石庵、天成石罗汉，其洞后，又一石洞，名蝙蝠洞。

水乐洞

院名"西关净化"，即满觉院山。孝宗时赐李隶，慈明殿赐杨郡王，后归贾平章。山石奇秀，中一洞嵌空有声，以此得名。有声在堂、界堂、爱此留照、独喜玉渊、漱石宜晚、上下四方之宇诸亭及金莲池。

满觉院

旧名圆兴，今在水乐洞岭傍、石佛接待庵。

烟霞洞

清修院，有象鼻石、佛手岩、石罗汉、东坡留题等。

归云庵

宁宗时，水庵清禅师坐禅石窟中，闻南峰钟鸣，遂大悟。今改永兴庵。

关真人道院、小龙井井侧有龙王祠

南高峰塔

荣国寺。有白龙王祠及五显祠。险峻甚于北峰，中有坠石。相传云，昔有道者镇魔于此。又有颍川泉。

方家峪

自方家峪至冷水峪、慈云岭泥路，嘉会门外至大慈山、龙山。

遇真道院、悟真道院、崇真道院、广教院号小南屏

褒亲崇寿寺

在凤凰山。刘贵妃功德，有凤凰泉、瑞应泉、松云亭、观音洞、笔架池、偃松、交枝桧。三门有陈公储画龙，甚奇。弁阳翁诗云："鹤羽鸾绡事已空，奉华遗寺对高松。宫斜凤去无人见，且看门前粉壁龙。"奉华，刘妃阁名。

西莲瑞相院黄贵妃功德、地藏尼寺

慈光尼寺张府功德、广慈院旧名广福

宝藏院

有乌龙井、钱武肃庙碑。改额"表忠观"，立碑，碑抬府学。今钱氏五王庙在焉。

宁清广福院

陈淑妃香火，院虽小而幽邃可喜。

福全尼寺、广严院

旧名妙严。有徐正节墓。

广恩院、净教院

蔡贵妃殡所。

安福禅院

内侍陈都知香火，名"小陈寺"。

水月寺

路口有灵因石。

崇教院

旧名"荐福"，有珍珠泉。

慈云岭

华津洞

赵翼王府，园水石甚奇胜，有仙人棋台。

西林法惠院

旧名兴庆，钱王建。有雪斋，秦少游记、东坡诗。

冷水峪、梯子岭

净明院

郊坛斋宫，有"易安斋、梅岩"高孝两朝御和诗。满山皆棕榈。旧有江月庵、筼筜亭。

龙华宝乘院

本钱王瑞萼园舍建，有傅大士塔，并拍板、门槌犹存，有温公祠堂题名。

天华寺

镜清禅师道场，旧名"千春龙册"，有颐轩、妙音楼、化生池。

感业寺

旧名"天龙"，有木观音像。

胜相院

旧名"龙兴千佛"，有五丈观音像二并阁、释迦丈六金身像。

大通院

旧名"显明"。

天真院

旧名"登云台"，有灵化洞。

龙华山

有石如龙，与两石龙寺接。

下石龙净胜院、上石龙永寿院

旧名"资贤"，石崖刻仁宗《佛牙赞》。

郊台

钱王郊台亦近焉。

道林院

旧名"普济"

大慈寺、般若院

宝惠院

旧名"普济"。

钱王坟

文穆、忠献二王葬此。

长庆崇福院

皇叔祖太师和王功德。

窑池

一名"乌菱池"。

圣果寺

在包家山。

真觉院

旧名"奉庆"，有东坡《瑞香花》诗。

包家山桃花关

桃花甚盛，旧有"蒸霞"二字，春日游人甚多。

法云寺

旧名"资崇"。

大慈山

旧有"广福"金书院额。

虎跑泉

旧传性空禅师居此，无泉，二虎跑地而出。东坡诗云："虎移泉眼趁行脚，龙作浪花供抚掌。"

干溪寨、小杨寺、香严寺

小麦岭

饮马桥前后巷至龙井，止九溪十八涧。

道人山有石洞、饮马桥地名"放马场"。

旌德显庆教寺

咸淳甲戌冬，改"旌德袭庆"。慈明太后香火。
方丈有轩，曰"云扉"；后山有泉石甚奇，曰"林泉"。
有清壑、凝紫、静云等诸亭。

南山禅关

又名"龙井路"，今又改"南天竺"。

仰妃墓

吴越钱王妃。

梅坡园

杨郡王园。又名"总秀"。

灵隐观

宁宗朝张知宫创，御书"冲隐庵"。淳祐中道士范
善迁重建，赐名今额。今庵在观右，而观改"仁寿院"矣。

太清宫

宁宗时朱灵宝守固建，杨太后书《道德经》石幢。
有岁寒轩、养性、凝神二堂，后为贾贵妃功德，今改

观音院。

松庵

杨郡王府。

崇报显庆院

旧名"栖真"，章綖质夫功德，后为永王、祈王殡所。

章司徒墓

名得象，枢使綖之祖，栖真院碑可考。

翁五峰墓

名孟寅，字宾旸。

徐典乐墓

名申，字干臣，号青山翁。

强金紫墓

名至，字几圣，今石羊虎犹存。其子文宪公渊明墓，在西溪岭钦贤乡，诸子亦多祔此。

陈拾遗墓

唐人，岁久莫考名字，在积庆山下。

冰壑书堂

金枢密渊，号冰壑，尝作书堂于此，因葬焉。积庆、永清二山在后，平鼎山在左，湖山在前。凡钱塘城邑江湖之胜，皆近在几席间。乃南北二峰中之最高一山也。有君子、天一二泉。理宗御书"积庆山怡颜藏书农圃"以赐，又赐功德寺名曰"积庆教忠"，后不及建而止。

赞宁塔

天圣间葬此。

灵石山、薛开府墓名居正，谥贞显

崇因报德院

有灵石泉，又名"岁寒泉"，甚清。高宗尝临幸。院与积庆山后永清院皆薛开府功德。此院已废，独灵石塔犹存。

净林广福院

开府杨庆祖坟庵，土人呼为"上杨庵"。有松关、南泉、芳桂亭。姜白石与钴朴翁等三人来游，诗云："四人松下共盘桓，笔砚花壶石上安。今昔兴怀同此味，老仙留字在屏颜。"后为演福寺，遂废。

无垢寺

旧名"无著"，乃无著禅师道场，旧在石人岭。

庆元中，韩平原以寺为生坟，遂移寺于此。嘉定十一年重修，有鸦鸡岩、仙人台、清音轩，偃松下有茯苓，因名泉为"茯苓泉"，后为演福寺，遂废。

崇恩演福教寺

宝祐丁巳重建，咸淳中，改禅寺，德祐后，复为教寺。贾贵妃殡所。周汉国端孝公主祔焉。旧山门有妙庄严域，及生清净心亭、诸天阁、真如亭、罗汉阁、灵石堂。

鸡笼山、金钟峰

褚家坎

汉末褚盛族，旧有居此者。

白莲院

相传晋肇法师讲经于此。

风篁岭、小水乐福邸园

二老亭

后改"德威"，旧在风篁岭头。东坡、辩才往来于此，皆有诗。今移于龙井祠下。

龙井

吴赤乌中，葛稚川尝炼丹于此。在风篁岭上，岩壑林樾幽古，石窦一泓，清澈翠寒，甘美可爱，虽久旱不涸。石上流水处，其色如丹，游者视久水辄溢，人去即减，其深不可测。相传与江海通，有龙居之，每祷雨必应。或见小蟹、斑鱼、蜥蜴之类。井傍有惠济龙王祠。

陈寺丞墓

名刚中。绍兴中，以言事，与张状元九成连坐，谪知虔州安远县而卒，后葬风篁岭沙盆坞。

胡侯墓

名则，知杭州。庙在墓前。

刘庵

孝宗朝刘婉容殡所。今归龙井寺。

龙井延恩衍庆寺

辩才故地，旧名"报国看经院"，后改"寿圣"，东坡书额犹存。又改"广福"，元祐以来，诸贤留题甚多，及东坡《竹石》、廉宣仲《枯木》。寺前有过溪桥，又名"归隐桥"，又名"二老桥"。寺有方圆庵、寂照阁、清献赵公闲堂、讷斋、潮音堂、涤心沼、镜清堂、冲泉、萨埵石、辩才清献东坡三贤祠、辩才塔、诸天阁，山有狮子峰。

叶苔矶墓

元素，字唐卿，诗人。

五云山

中有真际院。岭上有天井，大旱不竭。

九溪十八涧

大麦岭

法空寺

旧名资庆。

南资圣院濮王坟

花家山、净安院内侍董宋臣香火

卢园

内侍卢允升园。景物奇秀，西湖十景所谓"花港观鱼"即此处也。

崇真宫

昔为女冠，今为永净尼寺。

茆家步、独角门、净严广报院内侍董永仲功德

隆兴庵

杨寺廨院、黄泥岭。

水陆庵

杨寺廨院，后名"庆安院"、妙心寺、水竹坞。

西湖三堤路

苏公堤自南新路直至北新路口，小新堤自曲院至马蝗桥。

苏公堤

元祐中，东坡守杭日所筑。起南迄北，横截湖面，夹道杂植花柳，中为六桥九亭。坡诗云："六桥横截天汉上，北山始与南屏通。忽惊二十五万丈，老蛟席卷苍烟空。"后守林希榜之曰"苏公堤"。章子厚诗云："天面长虹一鉴痕，直通南北两山春。"

第一桥

港通赤山教场南来，名"映波"。

旌德观

元系定香寺旧址，宝庆间，京尹袁韶改建为观。有西湖道院，虚舟、云锦二亭。今复为定香教寺。

先贤堂

名"仰高"，祠许由以下共四十人，刻石作赞，具载事迹。中以宝庆初巴陵之事，谓潘阆有从秦王之嫌，遂去之，及节孝妇孙夫人以下五人，今止三十有九人焉。中有振衣、古香、清风堂。山亭流芳，花竹萦纡，小山曲径。今归旌德，堂宇皆废。

第二桥

通赤山麦岭路，名"锁澜"。

湖山堂

旁有水阁，尤宏丽。

三贤堂

祠白乐天、林和靖、苏东坡；后有三堂，曰：水西云北、月香水影、晴光雨色；后有小亭，曰虚舟、曰云梯。

第三桥

通花家山港，名"望山"。

第四桥

通茆家步港，名"压堤"。北新路第三桥。

施水庵

名"圆通"，有石台笼灯，以照夜船。

雪江书堂

胡贤良侁所居。

新水仙王庙

龙王祠，与葛岭者为二。

崇真道院

贾平章建，后有阁，今改为僧寺。

松窗

张濡别墅。

第五桥

通曲院港，名"东浦"。北新路第二桥。

第六桥

通耿家步港，名"跨虹"。北新路第一桥。

小新堤

淳祐中，赵京尹与𥲔自北新路第二桥至曲院筑堤，
以通灵竺之路，中作四面堂、三亭，夹岸花柳比苏堤，
或名"赵公堤"。

履泰将军庙

有天泽井、葛仙翁所植虬松。将军钱塘人，姓孙名显忠，仕吴越。时嘉熙中，赵与欢尹京祷雨，有验奏闻，因敕封天泽侯。

杨园

杨和王府。

永宁崇福院

又名"小隐寺"，元系内侍陈源适安园。近世所歌《菊花新》曲破之事，正系此处。献重华宫，为小隐园，孝宗拨赐张贵妃。寺前有涧曰双峰，又曰金沙。

裴园

裴禧园。诚斋诗云："岸岸园亭傍水滨，裴园飞入水心横。旁人莫问游何处，只拣荷花开处行。"

乔园

乔幼闻园。

史园

史屏，右微孙。

资国院

旧名"报国"。有东坡书"隐秀斋"，赵令畤德麟跋语。

淳固先生墓

斌，姓宋，号庸斋，师晦庵先生。

马蝗桥

孤山路

西陵桥

又名“西林桥”，又名“西泠桥”，又名“西村”。

孤山

旧有柏堂、竹阁、四照阁、巢居阁、林处士庐，今皆不存。

四圣延祥观

有韦太后沈香四圣像、小蓬莱阁、瀛屿堂、金沙井、六一泉。余见御园类。

西太一宫

旧四圣观园，理宗朝建。今黄庭殿，乃昔凉堂也。两壁萧照画尚存。亭馆名并见御园类。弁阳翁诗云：“蕊宫广殿号黄庭，突兀浮云最上层。五福贵神留不住，水堂空照九枝灯。”有和靖墓、玛瑙坡、陈朝柏。

四面堂、处士桥以和靖得名、涵碧桥。

高菊涧墓

名九万，葬孤山后谈家山。

断桥

又名"段家桥"。万柳如云，望如裙带。白乐天诗云："谁开湖寺西南路，草绿裙腰一带斜。"

北山路

自丰乐楼北，沿湖至钱塘门外，入九曲路，至德胜桥南印道堂、小溜水桥、黄山桥、扫帚坞、鲍家田、青芝坞、玉泉、驼巘、栖霞岭、东山衕、霍山、昭庆教场、水磨头、葛岭、九里松、灵隐寺、石人岭、西溪路止。三天竺附。

柳洲、龙王庙名"会灵"，所谓"柳洲五龙王"也。

惠明院

旧名"资福"，今呼"柳洲寺"，其地旧为通元庵。

上船亭、养鱼庄杨郡王府

环碧园杨郡王府，堂扁皆御书、迎光楼张循王府

刘氏园

内侍刘公正所居、一清堂后改"玉莲"。竞渡争标于此。

菩提院

旧名"惠严"，与昭庆寺相连。有灵感大悲像阁、绿野、白莲堂、碧轩、四观轩、南漪、迎熏、澄心、涵碧、玉壶、氍毹，今废。

玉壶御园、杨和王府水阁、贾府上船亭、钱塘门上船亭、秀邸新园

谢府园

有一碧万顷堂、隐秀园刘鄌王府。

先得楼

即古望湖楼，坡诗有"望湖楼下水连天"是也。

择胜园

秀邸。有御书"择胜"、"爱闲"二堂。

九曲城下。

法济院

旧名"观音院"，有明、爽二轩。

五圣庙

有苏汉臣画壁存焉。

妙因院元系慈光庵、宝严院、真觉尼院元系隐静庵。

钱氏院华亭钱府、新岳庙、东湖道院。

关王庙

旧满路种桃，号"半道红"。

古北关、杨府廨宇

杨郡王府今舍为寺。

玉虚观、崇果院德胜桥南，旧名"罗汉"、印道堂、赵郭园、罗汉院、史府今为慧日寺、水丘园、西隐精舍、丰乐院、铁佛寺、梅冈御园、张氏园、王氏园、小溜水桥、精进院斋宫。旧名"精修"、延庆院、澄寂院桃花衕、黄山桥、扫帚坞、万花小隐谢府园、常清宫沂王功德、聚秀园杨府、鲍家田、秀野园谢府、南禅资福尼寺、极乐尼寺、思故塔、屠墟圣昭庙广惠侯、资寿院元系"大圣庵"、明觉院旧名"报先"。有虚心轩、永庵阎府、万安院旧名"清化永安"、罗寺

慈圣院

旧名"慈云"。潘、李二贵妃殯所。有圣水池，大旱不涸。

妙智院

旧名报国观音院。

玉泉净空院

泉色清澈，蓄大金鱼。有龙王祠。

西观音山、青芝坞。

愍忠资福普向院

杨和王建，专充殿前诸军功德，及为诸军瘗所。

上关寺

内侍关少师功德，名"崇先显庆"。

竹所。

杜北山墓

汝能，字叔谦，太后诸孙，居曲院，能诗有声。

天清宫女冠、灵峰院裴氏功德、裴坟有双节亭、驼巘岭、
灵耀观、西峰净严院感义郡王功德、大明院。

圆明崇福禅院

岩阿有井泉，极清冽，内侍霍汝弼功德。

栖霞岭、神仙宫有偃松如龙，名"御爱松"、干湿水
洞有一寺在侧、净元观、妙明院、东山衕、永安院元系吴
秦王府香火庵，有清芬亭、不空院旧名"传经"、护国仁王

128

禅院后有龙洞，龙王祠在焉、西靖官女冠、宁国院、广照院、霍山、长庆院旧名"华严庵"，主张王香火、张王广惠庙、永庆院、光相塔院山水甚奇、涌泉高宗尝取瀹茗、清心院旧名"涌泉"、瑶池园吕氏、金轮梵天院旧名"金轮寺"，后即巾子峰、宝胜院旧名应天、金牛护法院、洞明庵、天龙庵道者无门所居

云洞园

杨和王府。有万景、天全、方壶、云洞、潇碧、天机、云锦、紫翠、闲濯缨、五色云、玉玲珑、金粟洞、天砌台等处。花木皆蟠结香片，极其华洁。盛时，凡用园丁四十余人、监园使臣二名。

大昭庆寺

与前菩提寺相连，旧名"菩提寺"，有戒坛。

策选锋教场、古柳林。

钱塘县尉司

旧有平湖轩、英游阁，又有片石，周益公字之曰"奇俊"，盖相传为王子高旧居故也

葛岭路

水磨头、石函桥有水闸，泄湖水入下湖

放生亭、德生堂理宗御书、泳飞亭理宗御书

总宜园

水张太尉，后归赵平远淇，今为西太一宫。

大吴园、小吴园

水月园

绍兴中赐杨和王。孝宗拨赐嗣秀王。水月瀛、燕堂、玉林堂，皆御书。

葛岭

葛仙常往来于此，故得名，亦名"葛坞"。

兜率院

十三间楼相严院

旧名"十三间楼石佛院"，东坡守杭日，每治事于此。有冠胜轩、雨亦奇轩。

大石佛院

旧传为秦始皇缆船石，俗名"西石头"。宣和中，僧思净就石镌成大佛半身。或云下通海眼。

保叔塔崇寿院

咸平中，僧永保修，故得名。有应天塔、极乐庵、落星石、石狮峰，又名巾子峰，及石屏风在焉。碑刻旧有《屏风院记》、《封山记》。

瑞峰堂、宝稷山、敷惠庙

多宝院

旧名"宝积"，有绿阴堂。

嘉泽庙

祠水仙王。有荐菊泉及亭。

孙花翁墓

惟信，字季蕃，隐居湖山，弃官自放，能诗，词尤工。赵节斋葬之，刘后村为志，杜清献为文以祭之。

普安院、挹秀园杨驸马、秀野园刘郿王。有四并堂

上智果院

有参寥泉，东坡题。梁广王殡所。

治平寺

有锦坞、烟云阁。

江湖伟观

即观台旧址，尽得江湖之胜。

寿星院

有寒碧轩、此君轩、观台、杯泉、平秀轩、明远堂、东坡祠及诗刻。

宝云庵

旧名"千光王寺"，邳王殡所。有宝云庵、清轩、月窟、澄心阁、南隐堂、妙思堂、云巢，今不复存。又有灵泉井、宝云庵、初阳台，亦废。

玛瑙宝胜院

昔在孤山，后改为四圣观，遂迁于此。有中庸子陶器墓，乃法惠法师智圆自号也。有高僧阁、仆夫泉、夜讲堂。

养乐园

贾平章。有光禄阁、春雨观、潇然养乐堂、嘉生堂、生意生物之府。

玉清宫

有葛仙炼丹井。

半春园史卫王府、小隐园史府

集芳御园

后赐贾平章。内有假山石洞，通出湖滨，名曰"后乐园"。有蟠翠、雪香、翠岩、倚秀、挹露、玉蕊、清胜，以上皆高宗御题，亦"集芳"旧物也；西湖一曲奇勋，理宗御书；秋壑遂初容堂，度宗御书。又有初阳精舍、警室、熙然台、无边风月、见天地心、琳琅步归舟等不一。

香月邻

廖莹中园，后归贾相。

嘉德永寿教寺

毛娘娘功德。有翔泳堂、芝岩堂。

喜鹊寺

即禅宗院，以鸟窠禅师得名。魏婉仪殡所。白乐天有《紫杨花》诗。

宝严院

旧名"垂云"，有垂云亭、借竹轩、无量福海。

赵紫芝墓

名师秀，在宝严院后。

定业院

鸟窠禅师道场。有君子泉、石甑山、环峰堂、袭梦轩。

虎头岩

介于宝严、定业之间。

施梅川墓

名岳，字仲山，吴人，能词，精于律吕。杨守斋为寺后树梅作亭以葬，薛梯飙为志，李筜房书，周草窗题盖。

仁寿尼庵、招贤寺

上官良史墓

在招贤寺后，良史字季长，号淇园。

报恩院

旧名"报先"，即孤山六一泉寺，后以其地为延祥观，遂迁于此。德国公主殡所。

广化院

旧名"永福"，自孤山迁于此。旧有白公竹阁、栢堂、水鉴堂、涵晖亭、凌云阁、金沙井、辟支佛骨塔、慧琳塔、白公祠堂。黄宜山诗云："移自孤山占此山，荒凉老屋万琅玕。樱桃杨柳空花梦，千古清风满阁寒。"

快活园

赵氏。

水竹院落

贾平章园。御书阁曰"奎文之阁"，有秋水观、第一春、思刻亭、道院。

显明院

旧名"兴福保清"，仪王仲湜殡所。有鉴空阁、绿净堂存焉。

北新路口、栖霞岭口、古剑关栖霞岭下

岳王墓

岳武穆王飞葬所，其子云亦祔焉。

叶靖逸诗云："万古知心只老天，英雄堪恨复堪怜。如公少缓须臾死，此虏安能八十年。漠漠凝尘空偃月，堂堂遗像在凌烟。早知埋骨西湖路，学取鸱夷理钓船。"

林弓寮诗云："天意只如此，将军足可伤。忠无身报主，冤有骨封王。苔雨楼墙暗，花风庙路香。沉思百年事，挥泪洒斜阳。"

王修竹诗云："埋骨西湖土一丘，残阳荒草几经秋。

中原望断因公死，北客犹能说旧愁。"

褒忠演福院

元系"智果观音院"，后充岳鄂王香火。岳云所用铁枪犹存。

冲虚宫

旧名"宁寿庵"、耿家步、东山衢口。

福寿院

旌德寺子院。有宁宗御书"桂堂"二字。

廖药洲园

有花香、竹色、心太平、相在、世彩、苏爱、君子、习说等亭。

小石板巷口

九里松、一字门

唐刺史袁仁敬守杭日，植松于左右各三行，门扁吴说书，高宗尝欲易之，自以不及，但金饰其字。

驼巘岭口、石板巷口、曲院巷口、行春桥、小行春桥、忠勇庙统制张玘祠、左军教场

马三宝墓

在教场内。传云向曾欲去之,有黑蜂数百自墓中出,不可向,遂止。至元十五年六月,内有军厮名狗儿者,因樵采垦土,得一铁券,上有字云"雁门马氏葬于横冲桥"云云,后又有十字云:"至元十五六,狗儿坏我屋。"盖古人知数者耳。始知"横春桥"本名"横冲桥"云。

三藏塔院、明真宫女冠。今改为三藏寺

资德院

慕容贵妃香火。

万寿院

南山。白云宗建。

唐家衖、后涧溪

紫芝道院

道士陈崇真。

瑞冈坞、燕脂岭以土色得名

普福教寺芝云堂、崇寿院、崇亲资福院张淑妃香火

天申万寿圆觉教寺

旧为了义法师塔院，有归云堂、三昧正受阁并高宗御书，累朝临幸。有御座御榻，理宗御书"清凉觉地"。

石狮子路、香林园、斑衣园韩府

金沙涧

灵、竺之水自此东入于湖。

显慈集庆教寺

阎贵妃香火。寺扁、殿阁皆理宗御书。有月桂亭甚佳。金碧为湖山诸寺之冠。

灵隐、天竺寺门

俗呼"二寺门"。袁居中书白乐天诗"一山门作两山门，两寺元从一寺分"，正此也。

合涧桥

灵、竺二山之水会合于此。

龙脊桥

武林山

又曰"灵隐山"，又曰"灵苑山"，又曰"仙居山"；上有五峰，曰飞来、曰白猿、曰稽留、曰月桂、曰莲华；山前有涧，即武林泉也。

呼猿洞

龙泓洞

有蒋之奇篆字，前后诸贤题字极多。二洞在飞来峰。

女儿山

一名玉女岩、青林岩。

理公岩

乃灵隐开山慧理法师，在灵鹫寺后。

冷泉

有亭在泉上，"冷泉"二字乃白乐天书，"亭"字乃东坡续书。诗扁充栋，不能悉录。林丹山诗云："一泓清可沁诗脾，冷暖年来只自知。流出西湖载歌舞，回头不似在山时。"

温泉、醴泉二泉在冷泉之上

葛坞、朱塈、候仙亭、蛩雷亭

观风亭

又有虚白、见山、袁君、紫薇、翠微、石桥、月桂等亭，及丹灶、隐居、许迈思真三堂、连岩栈、伏龙溅等，今皆废。

景德灵隐禅寺

相传"灵隐禅寺"乃葛仙书，或云宋之问书。景德中，续加"景德"二字。有百尺弥勒阁、莲峰堂，方丈曰直指堂、千佛殿、延宾水阁、望海阁，理宗御书"觉皇宝殿、妙庄严域"。又有巢云亭、见山堂、白云庵、松源庵、东庵等，在山后，尤幽寂可喜。

北高峰塔

在灵隐寺山后绝顶，比南高峰尤高。上有五显祠，远近炷香，四时不绝。

法安院

旧名"广严"，唐韬光禅师筑庵于院后。有清献、东坡题名。

保宁院

旧名"保安无量寿"。

资圣院

旧名"大明"。开山咸泽禅师。

韬光庵

韬光禅师道场，与乐天同时。周伯弨有诗，前后诸贤留题甚多。旧有僧尝于此降仙，请至释子兰以下

十人，凡七士三释，皆唐人能诗者，各书一诗，语极
奇绝，曲尽其景。今诗尚存壁间。

永福寺

隆国黄夫人功德。咸淳九年建，在灵隐西石笋山下。

石笋普圆院

天福二年，黄氏重修。旧名"资严山"。有石如笋，
高数十丈，故名"石笋寺"。有超然台，金沙、白沙
二泉。郏公庵：杭守祖无择，爱此山之胜，结庵于此，
取公所封名之。方丈左右，金漆板扉，皆赵清献、诸
贤苏、秦、黄、陈留题，及文与可竹数枝，如张总得
父子、吴傅朋等，题字甚多。岁久暗淡，犹隐隐可见。
寺极清古幽邃，为湖山诸刹之冠。后隆国黄夫人，以
超然台为葬地，遂移此院于山之西，而古意不复存矣。

天圣灵鹫院

僧德贤建。

铁舌庵

隆亲永福院

温国成夫人香火，今废。

时思荐福寺

吴益王坟寺，旧以下竺为坟寺，后以古刹，遂别建于此。高宗尝临幸。吴太后手书《金刚经》，有杨太后跋，及高宗御书《心经》，并刻石藏下竺灵山塔下。益王神道碑，蒋灿书，字甚佳。墓前二石马，琢刻如生，旧传夜辄驰骤，其秋鬐光莹如玉，至今苔藓不侵。寺有宜对亭、通云亭、双珠亭、万玉轩、雨华堂。湖山至此，极幽邃矣。

黄妃墓钱王妃、卓笔峰

明惠尼院

旧名"定惠"，钱王孙妃香火。

石人岭、海峰庵。

无著禅师塔

旧有无垢院，韩平原以为寿地，迁院于灵石山侧。后杨郡王复取为寿地，遂启其塔，乃陶龛，容色如生，发垂至肩，指爪皆绕身，舍利无数，留三日不坏，竟荼毗之。僧肇淮海有诗云："一定空山五百年，不须惆怅启颓砖。路傍多少麒麟冢，过眼无人赠纸钱。"今地为永福所有。

西溪路

毕官师墓

毕再遇之父子皆葬于此。

三天竺

自灵鹫至上竺郎当岭止。

陈明大王庙

汉灵帝熹平余杭令陈浑，后唐明宗长兴中封太平灵卫王。

灵鹫兴圣寺

慧理法师卓锡之地，吴越王建。有灵山海会阁，理宗御书，理公岩、滴翠轩、九品观、东坡祠、东坡题名。

隋观法师塔

下竺，开山祖师真观。

下天竺灵山教寺

在隋号"南天竺"；五代时号"五百罗汉院"；祥符初号"灵山寺"；天禧复名"天竺寺"；绍兴改赐"天竺时思荐福"，为吴秦王香火；庆元复今额。有御书阁，藏仁宗及中兴五朝御书。曲水亭、前塔、跳珠泉、枕流亭、适安亭、清晖亭、九品观堂石、面灵桃石、莲华水波石、悟侍者塔并祠、草堂、西岭卧龙石、石门涧、神尼舍利塔、日观庵。方丈曰"佛国"法堂，二字乃云房锺离权书，甚奇古。金光明三昧堂、神御殿、瑞光塔、普贤殿、无量寿阁、回轩亭、七叶堂、客儿亭、大悲泉、重荣桧、葛仙丹井、白少傅烹茶井、石梁翻经台、望海阁、香林亭、香林洞、无根藤、斗鸡岩、夜讲台、登啸亭、灵山后塔、慈云忏主榻、七宝普贤阁、旃檀观音瑞像有记。大抵灵竺之胜，周回数十里，岩壑尤美，实聚于下天竺寺。自飞来峰转至寺后诸岩洞，皆嵌空玲珑、莹滑清润，如虬龙瑞凤、如层华吐萼、如皱毂迭浪，穿幽透深，不可名貌。林木皆自岩骨拔起，不土而生。传言兹岩韫玉，故腴润若此。石间波纹水迹，亦不知何时有之。其间唐宋游人题名，不可殚纪，览者顾景兴怀云。

吴越孝献世子墓文穆王子、枫木坞

永清寺
薛开府居正香火。

中天竺天宁万寿永祚禅寺
隋开皇，千岁宝掌和尚开山建寺，吴越时名"崇寿院"，政和中改赐今名。有摩利支天像、华严阁、如意泉。

弥陀兴福教院

皇子兖、邠二王殯所。

显亲多福院旧名光福、大明寺元系"兴国庵"

上天竺灵感观音院

天福中建，名"天竺看经院"；咸平初，赐今名；淳祐中，赐广大灵感观音教寺。旧寺额蔡襄书。后理宗易以御书。外山门乃蔡京书。绍兴、乾道、淳熙皆尝临幸。有十六观堂、应真阁。"超诸有海"，理宗御书。有云汉之阁，藏累朝所赐御书。两峰堂、白云堂、中印堂、清华轩、延桂阁、秋芳阁、伴云阁，前后赐珠冠、玉炉、珍玩甚多。每水旱，朝廷必祷焉。外古迹有肃仪亭、梅峰庵、崇老桥、金佛桥、复庵、流虹涧、梦泉、植杖亭、谢履亭、凝翠泉、观音泉、云液池、孙公亭、无竭泉。

双桧峰、白云峰、乳窦峰、杨梅岭、郎当岭

卷
六

诸市

　　药市炭桥、花市官巷、珠子市融和坊南、官巷、米市北关外黑桥头、肉市大瓦修义坊、菜市新门外、东青门霸子头、鲜鱼行候潮门外、鱼行北关外水冰桥、南猪行候潮门外、北猪行打猪巷、布行便门外横河头、蟹行新门外南土门、花团官巷口、钱塘门内、青果团候潮门内泥路、柑子团后市街、鲞团便门外浑水闸、书房橘园亭。

瓦子勾栏

城内隶修内司，城外隶殿前司

　　南瓦清冷桥熙春楼、中瓦三元楼、大瓦三桥街。亦名上瓦、北瓦众安桥。亦名下瓦、蒲桥瓦亦名东瓦、便门瓦便门外、候潮门瓦候潮门外、小堰门瓦小堰门外、新门瓦亦名四通馆瓦、荐桥门瓦荐桥门外、菜市门瓦菜市门外、钱湖门瓦省马院前、赤山瓦后军寨前、行春桥瓦、北郭瓦又名大通店、米市桥瓦、旧瓦石板头、嘉会门瓦嘉会门外、北关门瓦又名新瓦、艮山门瓦艮山门外、羊坊桥瓦、王家桥瓦、龙山瓦。

　　如北瓦、羊棚楼等，谓之"游棚"。外又有勾栏甚多，北瓦内勾栏十三座，最盛。或有路岐不入勾栏，只在耍闹宽阔之处做场者，谓之"打野呵"，此又艺之次者。

酒楼

和乐楼升旸宫南库、和丰楼武林园南上库、中和楼银瓶子中库、春风楼北库、太和楼东库、西楼金文西库、太平楼、丰乐楼、南外库、北外库、西溪库。

已上并官库,属户部点检所。每库设官妓数十人,各有金银酒器千两,以供饮客之用。每库有祗直者数人,名曰"下番"。饮客登楼,则以名牌点唤侑樽,谓之"点花牌"。元夕,诸妓皆并番互移他库。夜卖,各戴杏花冠儿,危坐花架,然名娼皆深藏邃阁,未易招呼。

凡肴核杯盘,亦各随意携至库中,初无庖人。官中趁课,初不藉此,聊以粉饰太平耳。往往皆学舍士夫所据,外人未易登也。

熙春楼、三元楼、五间楼、赏心楼、严厨、花月楼、银马杓、康沈店、翁厨、任厨、陈厨、周厨、巧张、日新楼、沈厨、郑厨只卖好食,虽海鲜、头羹皆有之、虼蟆眼只卖好酒、张花。

已上皆市楼之表表者，每楼各分小阁十余，酒器悉用银，以竞华侈。每处各有私名妓数十辈，皆时妆衵服，巧笑争妍，夏月茉莉盈头，香满绮陌，凭槛招邀，谓之"卖客"；又有小鬟不呼自至，歌吟强聒，以求支分，谓之"擦坐"；又有吹箫、弹阮、息气、锣板、歌唱、散耍等人，谓之"赶趁"；及有老妪，以小炉炷香为供者，谓之"香婆"；有以法制青皮、杏仁、半夏、缩砂、荳蔻、小蜡茶、香药、韵姜、砌香、橄榄、薄荷、至酒阁分俵得钱，谓之"撒暂"；又有卖玉面狸、鹿肉、糟决明、糟蟹、糟羊蹄、酒蛤蜊、柔鱼、虾茸、蛏干者，谓之"家风"；又有卖酒浸江鳐、章举蛎肉、龟脚锁管、蜜丁脆螺、鲎酱法虾、子鱼鰶鱼诸海味者，谓之"醒酒口味"。

凡下酒羹汤，任意索唤，虽十客各欲一味，亦自不妨；过卖、铛头，记忆数十百品，不劳再四；传喝如流，便即制造供应，不许少有违误。酒未至，则先设看菜数碟；及举杯，则又换细菜。如此屡易，愈出愈奇，极意奉承。或少忤客意，及食次少迟，则主人随逐去之。歌管欢笑之声，每夕达旦，往往与朝天车马相接，虽风雨暑雪，不少减也。

歌馆

平康诸坊，如上下抱剑营、漆器墙、沙皮巷、清河坊、融和坊、新街、太平坊、巾子巷、狮子巷、后市街、荐桥，皆群花所聚之地。外此，诸处茶肆，如清乐茶坊、八仙茶坊、珠子茶坊、潘家茶坊、连三茶坊、连二茶坊及金波桥等两河以至瓦市，各有等差，莫不靓妆迎门，争妍卖笑，朝歌暮弦，摇荡心目。

凡初登门，则有提瓶献茗者，虽杯茶亦犒数千，谓之"点花茶"；登楼甫饮一杯，则先与数贯，谓之"支酒"；然后呼唤提卖，随意置宴，赶趁、祗应、扑卖者，亦皆纷至，浮费颇多。或欲更招他妓，则虽对街，亦呼肩舆而至，谓之"过街轿"。

前辈如赛观音、孟家蝉、吴怜儿等甚多，皆以色艺冠一时，家甚华侈。近世目击者，惟唐安安，最号富盛。凡酒器、沙锣、冰盆、火箱、妆合之类，悉以金银为之。帐幔茵褥，多用锦绮，器玩珍奇，它物称是。下此虽力不逮者，亦竞鲜华。盖自酒器、首饰、被卧、衣服之属，各有赁者。故凡佳客之至，则供具为之一新，非习于游者不察也。

赁物

花檐、酒檐、首饰、衣服、被卧、轿子、布囊、酒器、帏设、动用、盘合、丧具。

凡吉凶之事，自有所谓茶酒厨子，专任饮食请客宴席之事。

凡合用之物，一切赁至，不劳余力；虽广席盛设，亦可咄嗟办也。

作坊

熟药圆散、生药饮片、麸面、团子、馒头、爊炕鹅鸭、爊炕猪羊、糖蜜枣儿、诸般糖、金橘团、灌肺、馓子、萁豆、印马、蚊烟。

都民骄惰，凡卖买之物，多与作坊行贩已成之物，转求什一之利。或有贫而愿者，凡货物盘架之类，一切取办于作坊，至晚始以所直偿之，虽无分文之储，亦可糊口，此亦风俗之美也。

骄民

　　都民素骄，非惟风俗所致，盖生长辇下，势使之然。若住屋，则动蠲公私房赁，或终岁不偿一镮，诸务税息，亦多蠲放，有连年不收一孔者，皆朝廷自行抱认。

　　诸项窠名，恩赏则有"黄榜钱"；雪降则有"雪寒钱"；久雨久晴，则又有赈恤钱米；大家富室，则又随时有所资给；大官拜命，则有所谓"抢节钱"；病者则有施药局；童幼不能自育者，则有慈幼局；贫而无依者，则有养济院；死而无殓者，则有漏泽园。民生何其幸欤！

游手

浩穰之区，人物盛夥，游手奸黠，实繁有徒。有所谓美人局以娼优为姬妾，诱引少年为事、柜坊赌局以博戏、关扑结党手法骗钱、水功德局以求官、觅举、恩泽、迁转、讼事、交易等为名，假借声势，脱漏财物，不一而足。

又有卖买物货，以伪易真，至以纸为衣、铜铅为金银、土木为香药，变换如神，谓之"白日贼"。若阛阓之地，则有剪脱衣囊环佩者，谓之"觅贴儿"。其他穿窬肤箧，各有称首。以至顽徒，如拦街虎、九条龙之徒，尤为市井之害。

故尹京政先弹压，必得精悍钩巨，长于才术者乃可。都辖一房有都辖使臣，总辖供申院长，以至厢巡地分头项火下，凡数千人，专以缉捕为职，其间雄驵有声者，往往皆出群盗，而内司又有海巡八厢以察之。

市食

鹌鹑馉饳儿、肝脏馂子、香药灌肺、灌肠、猪胰
胡饼、羊脂韭饼、窝丝姜豉、划子、科斗细粉、玲珑
双条、七色烧饼、杂爆、金铤裹蒸、市罗角儿、宽焦
薄脆、糕糜、旋炙犯儿、八糙鹅鸭、炙鸡鸭、爆肝、
罐里爆、爆鳗鳝、爆团鱼、煎白肠、水晶脍、煎鸭子、
脏驼儿、焦蒸饼、海蛰鲊、姜虾米、辣齑粉、糖叶子、
豆团、麻团、螺头、膘皮、辣菜饼、炒螃蟹、肉葱齑、
羊血、鹿肉犯子。

果子:
皂儿膏、宜利少、瓜蒌煎、鲍螺、裹蜜、糖丝线、
泽州饧、蜜麻酥、炒团、澄沙团子、十般糖、甘露饼、
荔枝膏、蜜姜豉、韵姜糖、玉屑膏、爆木瓜、糖脆梅、
破核儿、查条、橘红膏、花花糖、二色灌香藕、糖豌
豆、芽豆、栗黄、乌李、酪面、蓼花、蜜弹弹、望口消、
桃穰酥、重剂、蜜枣儿、天花饼、乌梅糖、玉柱糖、

乳糖狮儿、薄荷蜜、琥珀蜜、饧角儿、诸色糖蜜煎。

菜蔬：

姜油多、薤花茄儿、辣瓜儿、倭菜、藕鲊、冬瓜鲊、笋鲊、茭白鲊、皮酱、糟琼枝、莼菜笋、糟黄芽、糟瓜齑、淡盐齑、鲊菜、醋姜、脂麻辣菜、拌生菜、诸般糟淹、盐芥。

粥：

七宝素粥、五味粥、粟米粥、糖豆粥、糖粥、糕粥、馓子粥、绿豆粥、肉盦饭。

犯鲊：

算条、界方条、线条、鱼肉影戏、胡羊犯、削脯、槌脯、松脯、兔犯、麈犯鹿脯、糟猪头、干咸豉、皂角铤、腊肉、炙骨头、旋炙荷包、荔枝皮、鹅鲊、荷包旋鲊、三和鲊、切鲊、骨鲊、桃花鲊、雪团鲊、玉板鲊、鲟鳇鲊、春子鲊、黄雀鲊、银鱼鲊、蜮鲊。

凉水：

甘豆汤、椰子酒、豆儿水、鹿梨浆、卤梅水、姜蜜水、

木瓜汁、茶水、沉香水、荔枝膏水、苦水、金橘团、
雪泡缩脾饮、梅花酒、香薷饮、五苓大顺散、紫苏饮。

糕：

糖糕、蜜糕、栗糕、粟糕、麦糕、豆糕、花糕、糍糕、
雪糕、小甑糕、蒸糖糕、生糖糕、蜂糖糕、线糕、间炊糕、
干糕、乳糕、社糕、重阳糕。

蒸作从食：

子母茧、春茧、大包子、荷叶饼、芙蓉饼、寿带龟、
子母龟、欢喜、捻尖、剪花、小蒸作、骆驼蹄、大学
馒头、羊肉馒头、细馅、糖馅、豆沙馅、蜜辣馅、生馅、
饭馅、酸馅、笋肉馅、麸蕈馅、枣栗馅、薄皮、蟹黄、
灌浆、卧炉、鹅项、枣锢、仙桃、乳饼、菜饼、秤锤
蒸饼、睡蒸饼、千层、鸡头篮儿、鹅弹、月饼、馉子、
炙焦、肉油酥、烧饼、火棒、小蜜食、金花饼、市罗、
蜜剂、饼𫗦、春饼、胡饼、韭饼、诸色饼子、诸色包子、
诸色角儿、诸色果食、诸色从食。

诸色酒名

蔷薇露、流香并御库；宣赐碧香、思堂春三省激赏库；凤泉殿司、玉练槌祠祭；有美堂、中和堂、雪醅、真珠泉、皇都春出卖、常酒出卖、和酒出卖。并京酝；皇华堂浙西仓；爱咨堂浙东仓；琼花露扬州；六客堂湖州；齐云清露、双瑞并苏州；爱山堂、得江并东总；留都春、静治堂并江阃；十洲春、玉醅并海阃；海岳春西总；筹思堂江东漕；清若空秀州；蓬莱春越州、第一江山、北府兵厨、锦波春、浮玉春并镇江；秦淮春、银光并建康；清心堂、丰和春、蒙泉并温州；潇洒泉严州；金斗泉常州；思政堂、龟峰并衢州；错认水婺州；谷溪春兰溪；庆远堂秀邸；清白堂杨府；蓝桥风月吴府；紫金泉杨郡王府；庆华堂杨驸马府；元勋堂张府；眉寿堂、万象皆春并荣邸；济美堂、胜茶并谢府。

点检所酒息日课，以数十万计，而诸司邸第及诸州供送之酒不与焉，盖人物浩繁，饮之者众故也。

161

小经纪

他处所无者

班朝录、供朝报、选官图、诸色科名、开先牌、写牌额、裁板尺、诸色指挥、织经带、棋子棋盘、蒱牌骰子、交床试篮、卖字本、掌记册儿、诸般簿子、诸色经文、刀册儿、纸画儿、扇牌儿、印色盝、剪字、缠令、耍令、琴阮弦、开笛、龅笙、鞔鼓、口簧、位牌、诸般盝儿、屋头挂屏、剪镞花样、檐前乐、见成皮鞋、提灯龊灯、头须编掠、香橼络儿、香橼坐子、拄杖、粘竿、风幡、钓钩、钓竿、食罩、吊挂、拂子、蒲坐、椅褥、药焙、烘篮、风袋、烟帚、糊刷、鞋楦、桶钵、搭罗儿、姜擦子、帽儿、鞋带、修皮鞋、穿交椅、穿罣罳、鞋结底、穿珠、领抹、钗朵、牙梳、洗翠、修冠子、小梳儿、染梳儿、接补梳儿、香袋儿、面花儿、绢孩儿、符袋儿、画梅七香丸、胶纸、稳步膏、手皴药、凉药、香药、膏药、发垛儿、头髮、磨镜、弩儿、弩弦、弹弓、箭翎、射帖、壶筹、鹁鸽铃、风筝、药线、象棋、鞬子、斗叶、香炉灰、纰刷儿、篦子剔、剪截段尺、出洗衣服、簇头消息、提茶瓶、鼓炉钉铰、钉看窗、札熨斗、供香饼、使绵、打炭墼、补锅子、泥灶、整漏、箍桶、襻膊儿、竹猫儿、消息子、老鼠药、蚊烟、闹蛾儿、凉筒儿、纽扣子、接绦、修扇子、钱索、麻索、红索儿、席草、鸡笼、修竹作、使法油、油纸、油单、毡坐子、修砧头、磨刀、磨剪子、棒槌、舂米、劈柴、擂槌俗谚云,杭州人一日吃三十丈木头,盖以三十万家为率,大约每十家日吃擂槌一分合而计之,则三十丈矣、淘井、猫窝、猫鱼、卖猫儿、改猫犬、鸡食、鱼食、虫蚁食、诸般虫蚁、鱼儿活、蛇蚪儿、促织儿、小螃蟹、金麻、马蜇儿、蜘蟟、虫蚁笼、促织盆、麻花子、荷叶、灯草、发烛、肥皂团、茶花子、买瓶掇、旧铺衬、圪伯纸、竹钉、淘灰土、淘河、剔拨叉、黄牛粪灰、挑疥虫、卖烟火、旋影戏。

　　若夫儿戏之物,名件甚多,尤不可悉数,如相银杏、猜糖、吹叫儿、打娇惜、千千车、轮盘儿,每一事率数十人,各专藉以为衣食之地,皆他处之所无也。

诸色伎艺人

御前应制：

姜梅山_{特立。观察使}、周葵窗_{端臣}、曹松山_遵、陈藏一郁、徐良、陈爱山、程奎、耿待聘。

御前画院：

马和之、苏汉臣、李安中、陈善、林春、吴炳、夏圭、李迪、马远、马璘、萧照。

棋待诏：

郑日新_{越童}、吴俊臣_{安吉吴}、施茂_{施猢狲}、朱镇、童先、杜黄象、徐彬象、林茂象、礼重象、尚端象、沈姑姑象，_{女流}、金四官人象、上官夫大夫象、王安哥象、李黑子象。

书会：

李霜涯_{作赚绝伦}、李大官人_{谭词}、叶庚、周竹窗、平江周二郎_{猢狲}、贾廿二郎。

演史：

乔万卷、许贡士、张解元、周八官人、檀溪子、陈进士、陈一飞、陈三官人、林宣教、徐宣教、李郎中、武书生、刘进士、巩八官人、徐继先、穆书生、戴书生、王贡士、王贡元、李黑子、陆进士、丘机山、张小娘子、宋小娘子、陈小娘子。

说经诨经：

长啸和尚、彭道名法和、陆妙慧女流、余信庵、周太辩和尚、陆妙静女流、达理和尚、啸庵、隐秀、混俗、许安然、有缘和尚、借庵、保庵、戴悦庵、息庵、戴忻庵。

小说：

蔡和、李公佐、张小四郎、朱修德寿宫、孙奇德寿宫、任辩御前、施珪御前、叶茂御前、方瑞御前、刘和御前、王辩铁衣亲兵、盛显、王琦、陈良辅、王班直洪、翟四郎升、粥张二、许济、张黑剔、俞住庵、色头陈彬、秦州张显、酒李一郎国林、乔宜、王四郎明、王十郎国林、王六郎师古、胡十五郎彬、故衣毛三、仓张三、枣儿徐荣、徐保义、汪保义、张拍、张训、沈佺、沈喝、湖水周、爊肝朱、掇绦张茂、王三教、徐茂象牙孩儿、王主管、翁彦、嵇元、陈可庵、林茂、夏达、明东、王寿、白思义、史惠英女流。

影戏：

贾震、贾雄、尚保义、三贾贾伟、贾仪、贾佑、三伏伏大、伏二、伏三、沈显、陈松、马俊、马进、王三郎升、朱祐、蔡咨、张七、周端、郭真、李二娘队戏、王润卿女流、黑妈妈。

唱赚：

濮三郎、扇李二郎、郭四郎、孙端、叶端、牛端、华琳、黄文质、盛二郎、顾和蜡烛、马升、熊春、梅四、汪六、沈二、王六、许曾三、邵六伟、小王三、媳妇徐、沈七、谢一珪。

小唱：

萧婆婆韩太师府、贺寿、陈尾犯、画鱼周、陆恩显都管、笙张、周颐斋执礼、忤都事、丁八。

丁未年拨入勾栏弟子嘌唱赚色：

施二娘、时春春、时佳佳、何总怜、童二、严偏头、向大鼻、葛四、徐胜胜、耿四、牛安安、余元元、钱寅奴、朱伴伴大虎头。

鼓板：

段防御舍生、张眼光、张开、张驴儿谓之三张、陈宜娘笛、陈喜生拍、周双顶、潘小双、莫及笛、陈喜拍、来七笛、董大有、金四札子皮、朱关生。

杂剧：

赵太、慢星子女流、王侯喜、宋邦宁、唐都管世荣、三何晏喜、晏清、晏然、锄头段、唧伶头、诸国朝、宋清朝、王太铁笠、郝成小锹、宋吉、宋国珍、赵恩、王太、吴师贤、朱太猪儿头、王见喜、铁太、冯舜朝、王珍美、吴国贤、郑太、惠恩泽、时和、颜喜、萧金莲、一窟王、时丰稔、时国昌、金宝、赵祥、吴国昌、王吉、王双莲女流、沈小乔、杜太、蒋俊。

杂扮纽元子：

铁刷汤、江鱼头、兔儿头、菖蒲头、眼里乔、胡蜀葵、迎春茧、卓郎妇、笑靥儿、科头粉、韵梅头、小菖蒲、金鱼儿、银鱼儿、胡小俏、周乔、郑小俏、鱼得水旦、王道泰、王寿香旦、厉太、顾小乔、陈橘皮、小橘皮、菜市乔旦、自来俏旦。

弹唱因缘：

童道、费道、蒋居安、陈端、李道、沈道、顾善友、甘道、俞道、徐康孙、张道。

唱京词：

蒋郎妇、孟客、吴郎妇、马客。

诸宫调传奇：

高郎妇、黄淑卿、王双莲、袁太道。

唱耍令：

大祸胎、小祸胎、李俊、香陈渊、大小王、熊二、路淑卿、陈昌、叶道道情、王保、王定、陆槐、郭忠、牛昌、郭双莲、陈新、徐喜、吴昌、赵防御双目无。御前。

唱拨不断：

张胡子、黄三。

说诨话：

蛮张四郎。

商谜：

胡六郎、魏大林、张振、周月岩江西人、蛮明和尚、东吴秀才、陈赟、张月斋、捷机和尚、魏智海、小胡六、马定斋、王心斋。

覆射：

女郎中。

学乡谈：

方斋郎。

舞绾百戏：

张遇喜、刘仁贵、宋十将、常十将、错安头、欢喜头、柴小升哥、林赛哥、张名贵、花念一郎、花中宝。

神鬼：

谢兴哥、花春、王铁一郎、王铁三郎。

撮弄杂艺：

林遇仙、赵十一郎、赵家喜、浑身手、张赛哥、王小仙、姚遇仙、赵念五郎、赵世昌、赵世祥、耍大头踢弄、金宝、施半仙、金逢仙、林遇仙、小关西、陆寿、包显、女姑姑、施小仙。

泥丸：

王小仙、施半仙、章小仙、袁丞局。

头钱：

包显、包喜、包和、黄林。

踢弄：

吴金脚、耍大头、吴鹞子。

傀儡悬丝、杖头、药发、肉傀儡、水傀儡：

陈中喜、陈中贵、卢金线、郑荣喜、张金线、张小仆射杖头、刘小仆射水傀儡、张逢喜肉傀儡、刘贵、张逢贵肉傀儡。

顶撞踏索：

李赛强、一块金、李真贵、间生强。

清乐：

黄显贵、没眼动乐。

角抵：

王侥大、张关索、撞倒山、刘子路、卢大郎、铁板沓、赛先生、金重旺、赛板沓、曹铁凛、赛侥大、赛关索、周黑大、张侥大、刘春哥、曹铁拳、王急快、严关索、韩铜柱、韩铁僧、王赛哥、一拔条、温州子、韩归僧、黑八郎、郑排、昌化子、小住哥、周僧儿、广大头、金寿哥、严铁条、武当山、盖来住、董急快、董侥大、周板沓、郑三住、周重旺、小关索、小黑犬、阮舍哥、传卖鲜、郑白大。

乔相扑：

元鱼头、鹤儿头、鸳鸯头、一条黑、一条白、斗门乔、白玉贵、何白鱼、夜明珠。

女颭：

韩春春、绣勒帛、锦勒帛、赛貌多、侥六娘、后辈侥、女急快。

使棒：

朱来儿、乔使棒高三官人。

打硬：

孙七郎、酒李一郎说话。

举重：

天武张击石球、花马儿掇石墩、郭介、端亲、王尹生、陆寿。

打弹：

俞麻线二人、杨宝、姚四、白肠吴四、蛮王、林四九娘女流。

蹴球：

黄如意、范老儿、小孙、张明、蔡润。

射弩儿：

周长造弩、康沈造箭、杳大、林四九娘女流、黄一秀。

散耍：

杨宝、陆行、庄秀才、沈喜、姚菊。

装秀才：

花花帽孙秀、陈斋郎。

吟叫：

姜阿得、锤胜、吴百四、潘盖寿、苏阿黑、余庆。

合笙：

双秀才。

沙书：

余道、姚遇仙、李三郎改画。

教走兽：

冯喜人、李三教熊。

教飞禽虫蚁：

赵十一郎、赵十七郎、猢狲王。

弄水：

哑八、谢棒杀、画牛儿、僧儿。

放风筝：

周三、吕偏头。

烟火：

陈太保、夏岛子。

说药：

杨郎中、徐郎中、乔七官人。

捕蛇：

戴官人。

七圣法：

杜七圣。

消息：

陆眼子、高道。

卷
七

乾淳奉亲

乾淳奉亲

　　此书丛脞无足言，然间有典章一二可观，故好事者或取之，然遗阙故不少也。近见陈源家所藏《德寿宫起居注》及吴居父、甘昇所编《逢辰》等录，虽皆琐碎散漫，参考旁证，自可互相发挥。又皆乾、淳奉亲之事，其一时承颜养志之娱、燕闲文物之盛，使观之者锡类之心，油然而生，其于世教民彝，岂小补哉！因辑为一卷，以为此书之重。

　　然余所得而闻者，不过此数事耳。若二十八年之久，余虽不得尽知而尽纪之，然即其所知，其所不知盖亦可以想见矣。因益所未备，通为十卷，杂然书之。既不能有所次第，亦不暇文其言词，贵乎纪实，且使世俗易知云尔。

　　乾道三年三月初十日，南内遣阁长至德寿宫，奏知："连日天气甚好，欲一二日间，恭邀车驾幸聚景园看花，取自圣意，选定一日。"太上云："传语官家，备见圣孝，但频频出去，不惟费用，又且劳动多少人。本宫后园，亦有几株好花，不若来日请官家过来闲看。"遂遣提举官同到南内奏过，遵依讫。

次日，进早膳后，车驾与皇后、太子过宫，起居二殿讫，先至灿锦亭，进茶，宣召吴郡王、曾两府已下六员侍宴，同至后苑看花。两廊并是小内侍及幕士，效学西湖，铺放珠翠、花朵、玩具、匹帛，及花篮、闹竿、市食等，许从内人关扑；次至球场，看小内侍抛彩球、蹴秋千；又至射厅，看百戏，依例宣赐；回至清妍亭，看荼蘼，就登御舟，绕堤闲游。亦有小舟数十只，供应杂艺、嘌唱、鼓板、蔬果，与湖中一般。

太上倚阑闲看，适有双燕掠水飞过，得旨，令曾觌赋之。遂进《阮郎归》云：

> 柳阴庭院占风光。呢喃春昼长。碧波新涨小池塘。双双蹴水忙。　　萍散漫，絮飞扬。轻盈体态狂。为怜流水落花香。衔将归画梁。

既登舟，知阁张抡进《柳梢青》云：

> 柳色初浓，余寒似水，纤雨如尘。一阵东风，縠纹微皱，碧沼鳞鳞。　　仙娥花月精神。奏凤管、

鸾弦斗新。万岁声中，九霞杯内，长醉芳春。

曾觌和进云：

桃靥红匀，梨腮粉薄，鸳径无尘。凤阁凌虚，
龙池澄碧，芳意鳞鳞。　清时酒圣花神。看内苑、
风光又新。一部仙韶，九重鸾仗，天上长春。

各有宣赐。

次至静乐堂，看牡丹。进酒三盏，太后邀太皇、
官家，同到刘婉容位奉华堂听摘阮。奏曲罢，婉容进
茶讫，遂奏太后云：本位近教得二女童名琼华、绿华，
并能琴阮、下棋、写字、画竹、背诵古文，欲得就纳
与官家则剧。遂令各呈伎艺，并进自制阮谱三十曲。
太后遂宣赐婉容宣和殿玉轴沉香槽三峡流泉正阮一
面、白玉九芝道冠、北珠缘领道氅、银绢三百匹两、
会子三万贯。是日三殿并醉。酉牌还内。

自此官里知太上圣意，不欲频出劳人，遂奏知太
上，命修内司日下于北内后苑，建造冷泉堂，叠巧石
为飞来峰，开展大池，引注湖水，景物并如西湖。其
西又建大楼，取苏轼诗句，名之曰"聚远"，并是今
上御名恭书。又御制堂记，太上赋诗，今上恭和，刻

石堂上。是岁翰苑进端午帖子云：

> 聚远楼前面面风，冷泉堂下水溶溶。
>
> 人间炎热何由到，真是瑶台第一重。

又曰：

> 飞来峰下水泉清，台沼经营不日成。
>
> 境趣自超尘世外，何须方士觅蓬瀛。

皆纪实也。

淳熙三年五月二十一日，天申圣节。先十日，驾诣德寿宫进香，并进奉银五万两、绢五千匹、钱五万贯、度牒一百道，用绿油匣二百个，上贴签云："臣某御名谨进。"令幕士安顿寝殿前，候阁长到宫，移入殿上，并铺放七宝金银器皿等。十二日，皇后到宫进香。排日皇太子、皇太子妃并大内职典等进香。

至日卯时，车驾率皇后、太子、太子妃、文武百僚，并诣宫上寿。车驾至小次降辇，太上遣本宫提举传旨减拜行礼，上回奏云："上感圣恩，容臣依礼上寿。"太上再命减十拜。俟太上升殿，皇帝起居拜舞如仪，并率皇太子百官奉上御酒，乐作，卫士山呼，驾兴，入幄次小歇。乐人再排立，殿上降帘，太上再坐，太后率皇后、太子妃上寿，六宫次第起居，礼毕退。

上侍太上过寝殿，进早膳。太上令宣唤吴郡王等官前来伴话，上侍太上同往射厅，看百戏，依例宣赐。再入幄次小歇。上遣阁长奏知太上："午时二刻，恭请赴坐。"

至期，车驾并赴德寿殿排当。自皇帝已下，并簪花侍宴。至第三盏，太上遣内侍请官家免花帽儿、束带，并卸上盖衣，官里回奏："上感圣恩。"并免皇后头冠。皇太子穿执，并谢恩讫。太上泛赐皇太子累金嵌宝盘盏、紫罗、紫纱，南北内互赐承应人目子钱，主管禁卫官率禁卫等人，于殿门外谢恩。又入幄次小歇。

约二刻，再请太上往至乐堂再坐，教坊大使申正德进新制《万岁兴龙曲》乐破、对舞，各赐银绢有差。又移宴清华，看蟠松，宫嫔五十人皆仙妆，奏清乐，进酒，并衒前呈新艺。

约至五盏，太上赐官里御书《急就章》并《金刚经》，官家却进御书真草《千字文》，太上看了甚喜，云："大哥近日笔力甚进。"上起谢，同皇太子步至蟠松下，看御书诗，再入坐。

太上宣索翡翠鹦鹉杯，官里与皇后亲捧杯进酒。太上曰："此是宣和间外国进到，可以屑金，就以为赐。"

上谢恩。时太上、官家并已七八分醉，遂再服上盖，率皇后、太子谢恩。宣平辇近里升辇，太上宣谕知省云："官家已醉，可一路小心照管。"知省等领圣旨还内。

来早，上遣知省至宫，恭问二圣起居，并奏欲亲到宫谢恩。太上就令提举往问兴居，并免到宫行礼。

八月二十一日，寿圣皇太后生辰。先十日，车驾过宫，先至太上处起居，方至本殿进香。次皇后、皇太子、太子妃、庄文太子妃张娘娘已下，并进香起居。上至太上内书院进泛索，遂奏安止还内。十二日，婉容到宫，至西便门廊下，先至太上处奏起居，次入本殿进香，值雨，免下阶起居，大内进香。十三日，知省及大官到宫进香，阁长就管押进奉银绢度牒等、并七宝银金器皿比天申节减半、并珠子十号，并于后殿铺放。十六日，本殿提举率本宫官属进香，并设放寿星及神仙意思书画等物，隔帘奏嗻，免起居，退。次日，皇太后宅亲属到宫进香，并本宫人吏后苑官属作苑使臣等，并节次进香。

二十一日卯时，皇后先到宫，候驾到。至太上前殿起居，次至本宫殿。官家第一班，皇后第二班，太子并太子妃第三班，共上寿讫。太后宅亲属上寿，并同天申节仪。太上邀官里至清心堂，进泛索，值雨，不呈百戏，依例支赐。

午初二刻，奏办就本殿大堂面北坐，官家花帽儿上盖，皇后三钗头冠，并赐簪花。至五盏，并免大衣服，官里便背儿赴坐。第七盏，小刘婉容进自制《十色菊·千秋岁》曲破，内人琼琼、柔柔对舞。上于阁子库取赐五两数珠子一号、细色北段各十匹。太后又赐七宝花十枝、珠翠芙蓉缘领一副。又移坐灵芝殿有木犀处，进酒，次到至乐堂再坐，至更后还内。

十月二十二日，今上皇帝会庆圣节。至日，车驾过宫，太上升殿，起居讫。簪花拜舞，进寿酒讫。太上回赐寿酒。次至太后殿行礼详见第一卷。从太上至后苑梅坡，看早梅。又至浣溪亭，看小春海棠。午初，至载忻堂排当，官家换素帽儿，太后赐官里女乐二十人，上再拜谢恩，并教坊都管王喜等，进新制《会庆万年·薄媚》曲破，对舞。并赐银绢。

太上以白玉桃杯赐上御酒云："学取老爹年纪，早早还京。"上饮酒，再拜谢恩。三盏后，官家换背儿，免拜；皇后换团冠背儿；太子免系裹，再坐。本宫御侍六人，并升郡夫人，就赐诰，谢恩，并照例支散目子钱。

太上又赐官里玉酒器十件、累珠嵌宝器皿一千两、克丝作金龙装花软套阁子一副。侍宴官吴郡王已下，各赐金盘盏、匹段并蔷薇露酒、香茶等。是日官里大醉，申后，宣逍遥子入便门，升辇还内。

淳熙五年二月初一日，上过德寿宫起居，太上留坐冷泉堂，进泛索讫。至石桥亭子上看古梅，太上曰："苔梅有二种，一种宜兴张公洞者，苔藓甚厚，花极香；一种出越上，苔如绿丝，长尺余。今岁二种同时着花，不可不少留一观。"上谢曰："恭领圣旨。"

上皇因言多日不见史浩，命内侍宣召。既至，起居讫，赐坐。并召居广、郑藻。初筵，教坊奏乐呈伎，酒三行，太上宣索市食，如李婆婆杂菜羹、贺四酪面、脏三猪胰胡饼、戈家甜食等数种。太上笑谓史浩曰："此皆京师旧人，各厚赐之。"史起谢。又移宴静乐堂，尽遣乐工，全用内人动乐。且用盘架品味百余种，酒行无算。又宣索黄玉紫心葵花大盏，太上亲自宣劝，史捧觞为两宫寿。时君臣皆已沾醉，小内侍密语史相公云："少酌。"上闻之，曰："满酌不妨，当为老先生一醉。"太上极喜，赐史少保玉带一条、冰片脑子一金合、紫泥罗二十匹、御书四轴。史相谢恩而退。

淳熙六年三月十五日，车驾过宫，恭请太上、太后幸聚景园。次日，皇后先到宫起居，入幕次，换头面，候车驾至，供泛索讫，从太上、太后至聚景园。太上、太后至会芳殿降辇，上及皇后至翠光降辇，并入幄次小歇。上邀两殿至瑶津少坐，进泛索。太上、太后并乘步辇，官里乘马，遍游园中。再至瑶津西轩，入御筵，至第三盏，都管使臣刘景长，供进新制《泛兰舟》曲破，吴兴祐舞。各赐银绢。

上亲捧玉酒船上寿酒，酒满玉船，船中人物多能举动如活。太上喜见颜色，散两宫内官酒食，并承应人目子钱。遂至锦壁赏大花，三面漫坡，牡丹约千余丛，各有牙牌金字，上张大样碧油绢幕，又别剪好色样一千朵，安顿花架，并是水晶、玻璃、天青汝窑、金瓶，就中间沉香卓儿一只，安顿白玉碾花商尊，约高二尺、径二尺三寸，独插照殿红十五枝。进酒三杯，应随驾官人内官，并赐两面翠叶滴金牡丹一枝、翠叶牡丹、沉香柄金彩御书扇各一把。是日，知阁张抡进《壶中天慢》云：

> 洞天深处赏娇红，轻玉高张云幕。国艳天香相竞秀，琼苑风光如昨。露洗妖妍，风传馥郁，云雨巫山约。春浓如酒，五云台榭楼阁。　　圣代道洽功成，一尘不动，四境无鸣柝。屡有丰年天助顺，基业增隆山岳。两世明君，千秋万岁，

永享升平乐。东皇呈瑞，更无一片花落。

太上喜，赐金杯盘法锦等物此词或谓是康伯可所赋，张抡以为己作。又进酒两盏，至清辉少歇，至翠光登御舟，入里湖，出断桥，又至珍珠园。太上命尽买湖中龟鱼放生，并宣唤在湖卖买等人。内侍用小彩旗招引，各有支赐，时有卖鱼羹人宋五嫂，对御自称东京人氏，随驾到此。太上特宣上船起居，念其年老，赐金钱十文、银钱一百文、绢十匹，仍令后苑供应泛索。

时从驾官丞相赵雄、枢密使王淮、参政钱良臣，并在显应观西斋堂侍班，各赐酒食、翠花、扇子。至申时，御舟梢泊花光亭，至会芳少歇，时太上已醉，官里亲扶上船，并乘轿儿还内。都人倾城尽出观瞻，赞叹圣孝。

九月十五日，明堂大礼。十三日，值雨，未时，奏请宿斋，北内送天花蘑菇、蜜煎山药、枣儿、乳糖、巧炊、火烧、角儿等。十四日早，车驾诣景灵宫，回太庙宿斋，雨终日不止。

午后，太上遣提举至太庙，传语官家："连日祀事不易，所有十六日诣宫饮福，以阴雨泥泞劳顿，可免到宫行礼。天气阴寒，请官家善进御膳，频添御服。"

圣旨遣阁长回奏："上感圣恩，至日若登楼肆赦时，依旧诣宫行礼。若值雨不登门时，续当奏闻。"至晚雨不止，宣谕大礼使赵雄："来早更不乘辂，止用逍遥辇诣文德殿致斋，一应仪仗排立，并行放免。从驾官并常服以从。"并遣御药奏闻北内："来日为值雨，更不乘辂。谨遵圣旨，更不过宫行饮福礼。"太上令传语官家："既不乘辂，此间也不出去看也。"大礼使赵雄虽已得旨，犹不许放散。上闻之曰："来早若不晴时，有何面目？"雄闻之曰："纵使不晴，得罪不过罢相耳。"坚执不肯放散。

至黄昏后，雨止月明。上大喜，遣内侍李思恭宣谕大礼使，仍旧乘辂。再遣御药奏闻北内："以天晴，仍旧乘辂。候登门肆赦讫，诣宫行饮福礼。"十五日晴色甚佳，车驾自太庙乘辂还内，日映御袍，天颜甚喜。都民皆赞叹圣德。至巳时，太上直阁子官往斋殿，传语官家："且喜晴明，可见诚心感格。"赐御用匹段、玉鞍辔、七宝篦刀子事件、素食果子等，仍谕："连日劳顿，免行饮福礼。"今上就遣知省回奏："上感圣恩，天气转晴，皆太上皇帝圣心感格，容肆赦讫，诣宫行礼，并谢圣恩。"

十六日，登门肆赦毕，车驾诣宫小次降辇，提举传太上皇圣旨，特减八拜，仍免至寿圣处饮福。行礼毕，略至绛华堂，进泛索。知阁张抡进《临江仙》词云：

闻道彤庭森宝仗，霜风逐雨驱云。六龙扶辇下青冥。香随鸾扇远，日映赭袍明。　帘卷天街人顶戴，满城喜气氤氲。等闲散作八荒春。欲知天意好，昨夜月华新。

淳熙七年十二月二十八日，南内遣御药并后苑官管押进奉两宫守岁合食、则剧、金银钱、消夜、岁轴、果儿、锦历、钟馗、爆仗、羔儿法酒、春牛、花朵等，就奏知太上皇帝："元日欲先诣宫朝贺，然后还内，引见大金人使。"太上不许，传语官家："至日可先引见人使讫，却行到宫。"

淳熙八年正月元日，上坐紫宸殿，引见人使讫，即率皇后、皇太子、太子妃至德寿宫，行朝贺礼详见第一卷，并进呈画本人使面貌、姓名及馆伴问答。

是岁太上圣寿七十有五，旧岁欲再行庆寿礼。太上不许，至是乃密进黄金酒器二千两，上侍太上，于楞木堂香阁内说话。宣押棋待诏并小说人孙奇等十四人，下棋两局，各赐银绢，供泛索讫。官家恭请太上、太后来日就南内排当。

初二日，进早膳讫，遣皇太子到宫，恭请两殿，并只用轿儿，禁卫簇拥入内，官家亲至殿门恭迎，亲扶太上降辇，至损斋进茶；次至清燕殿闲看书画玩器；约午时初，后苑恭进酥酒、十色熬煮；午正二刻，就凌虚排当；三盏，至萼绿华堂看梅。上进银三万两、会子十万贯，太上云："宫中无用钱处，不须得。"上再三奏请，止受三分之一。

未初，雪大下，正是腊前。太上甚喜，官家云："今年正欠些雪，可谓及时。"太上云："雪却甚好，但恐长安有贫者。"上奏云："已令有司比去年倍数支散矣。"太上亦命提举官："于本宫支拨官会，照朝廷数目，发下临安府，支散贫民一次。"又移至明远楼，张灯进酒。节使吴琚进喜雪《水龙吟》词云：

> 紫皇高宴萧台，双成戏击琼包碎。何人为把，银河水剪，甲兵都洗。玉样乾坤，八荒同色，了无尘翳。喜冰消太液，暖融鸹鹊，端门晓、班初退。
>
> 圣主忧民深意。转鸿钧、满天和气。太平有象，三宫二圣，万年千岁。双玉杯深，五云楼迥，不妨频醉。细看来、不是飞花，片片是、丰年瑞。

上大喜，赐镀金酒器二百两、细色段匹、复古殿香、

188

羔儿酒等。太后命本宫歌板色歌此曲进酒，太上尽醉。至更后，宣轿儿入便门，上亲扶太上上辇还宫。

淳熙九年八月十五日，驾过德寿宫起居，太上留坐至乐堂，进早膳毕，命小内侍进彩竿垂钓。上皇曰："今日中秋，天气甚清，夜间必有好月色，可少留看月了去。"上恭领圣旨，索车儿同过射厅射弓，观御马院使臣打球，进市食，看水傀儡。晚宴香远堂，堂东有万岁桥，长六丈余，并用吴璘进到玉石，磬成四畔，雕镂栏槛，莹彻可爱。桥中心作四面亭，用新罗白罗木盖造，极为雅洁，大池十余亩，皆是千叶白莲，凡御榻、御屏、酒器、香奁、器用，并用水晶。南岸列女童五十人，奏清乐；北岸芙蓉冈一带，并是教坊工，近二百人。待月初上，箫韶齐举，缥缈相应，如在霄汉。既入座，乐少止，太上召小刘贵妃，独吹白玉笙《霓裳》中序，上自起执玉杯，奉两殿酒，并以累金嵌宝注碗、杯盘等赐贵妃。侍宴官开府曾觌，恭上《壶中天慢》一首云：

> 素飙飔碧，看天衢稳送、一轮明月。翠水瀛壶人不到，比似世间秋别。玉手瑶笙，一时同色，小按霓裳叠。天津桥上，有人偷记新阕。　　当日谁幻银桥，阿瞒儿戏，一笑成痴绝。肯信群仙

高宴处，移下水晶宫阙。云海尘清，山河影满，

桂冷吹香雪。何劳玉斧，金瓯千古无缺。

上皇曰："从来月词，不曾用金瓯事，可谓新奇。"赐金束带、紫番罗、水晶注碗一副，上亦赐宝盏、古香。至一更五点还内。是夜隔江西兴，亦闻天乐之声。

淳熙十年八月十八日，上诣德寿宫，恭请两殿往浙江亭观潮。进早膳讫，御辇檐儿及内人车马，并出候潮门。先命修内司于浙江亭两旁，抓缚席屋五十间，至是并用彩缬幕帘。得旨，从驾百官，各赐酒食，并免侍班，从便观看。

先是澉浦金山都统司水军五千人抵江下，至是又命殿司新刺防江水军、临安府水军，并行阅试。军船摆布西兴、龙山两岸近千只。管军官于江面分布五阵，乘骑、弄旗、标枪、舞刀，如履平地。点放五色烟炮满江，及烟收炮息，则诸船尽藏，不见一只。奉圣旨，自管军官已下，并行支犒一次。

自龙山已下，贵邸豪民彩幕，凡二十余里，车马骈阗，几无行路。西兴一带，亦皆抓缚幕次，彩绣照江，有如铺锦。市井弄水人有如僧儿、留住等，凡百余人，皆手持十幅彩旗，踏浪争雄，直至海门迎潮。又有踏

混木、水傀儡、水百戏、撮弄等，各呈伎艺，并有支赐。

太上喜见颜色，曰："钱塘形胜，东南所无。"上起奏曰："钱塘江潮，亦天下所无有也。"太上宣谕侍宴官，令各赋《酹江月》一曲，至晚进呈。太上以吴琚为第一，其词云：

> 玉虹遥挂，望青山隐隐，一眉如抹。忽觉天风吹海立，好似春霆初发。白马凌空，琼鳌驾水，日夜朝天阙。飞龙舞凤，郁葱环拱吴越。　　此境天下应无，东南形胜，伟观真奇绝。好似吴儿飞彩帜，蹴起一江秋雪。黄屋天临，水犀云拥，看击中流楫。晚来波静，海门飞上明月。

两宫并有宣赐，至月上还内。

淳熙十一年六月初一日，车驾过宫，太上命提举传旨："盛暑请官家免拜。"至内殿起居，太上令小内侍扶掖免拜，谢恩，太后处亦免拜。太上邀官里便背儿，至冷泉堂，进早膳讫。

太上宣谕云："今岁比常年热甚。"上起答云："伏中正要如此。"太上云："今日且留在此纳凉，到晚去。或三省有紧切文字，不妨就幄次进呈。"上领圣旨，遂同至飞来峰，看放水帘。时荷花盛开，太上指池心云：

"此种五花同干，近伯圭自湖州进来，前此未见也。"

堂前假山、修竹、古松，不见日色，并无暑气。后苑小厮儿三十人，打息气，唱道情。太上云："此是张抡所撰鼓子词。"后苑进沆瀣浆、雪浸白酒。上起奏曰："此物恐不宜多吃。"太上曰："不妨，反觉爽快。"上曰："毕竟伤脾。"太上首肯，因闲说："宣和间，公公每遇三伏，多在碧玉壶及风泉馆、万荷庄等处纳凉，此处凉甚。每次侍宴，虽极暑中，亦着纳袄儿也。"

命小内侍宣张婉容，至清心堂抚琴，并令棋童下棋，及令内侍投壶赌赛利物则剧。官家进水晶提壶连索儿，可盛白酒二斗，白玉双莲杯盘、碾玉香脱儿一套六个，大金盆一面，盛七宝水戏，并宣押赵喜等教舞水族，又进太皇后白玉香珀扇柄儿四把、龙涎香数珠佩带五十副、真珠、香囊等物。直至酉初还内。

卷八

车驾幸学

　　先期三日，仪鸾司及内侍省官，至国子监相视八厢，亦至学中搜检。次日，诸斋生员尽行搬出学外安泊，各斋门并用黄封，学官预拟御课题咸淳丁卯出《辟雍扬缉熙赋》，用黄罗装背，大册面签云"太学某斋生臣姓某供"，以大黄罗袱护之，置于各斋之前，以备驾至点索。

　　崇化堂后，即圣驾歇泊之所，皆设御屏、黄罗帏设、供御物等。凡敕入宫门号，止于国子监外门；敕入殿门号，止于国子监内门；敕入禁卫号，止于崇化堂天井，谓之"隔门"。除司业、祭酒外，其余学官、前廊、长谕，并带黄号，于隔门外席地坐，赐酒食三品，以俟迎驾。

　　驾至纯礼坊，随驾乐部，参军色念致语，杂剧色念口号、起引子，导驾至大成殿棂星门。礼部太常寺官、国子监三学官及三学前廊、长谕，率诸生迎驾起居。

　　上乘辇入门，至大成殿门，降辇，有旨免鸣鞭，以昭至敬。阁门太常礼直官前导入御幄，太常卿跪奏称：

"太常卿臣某言，请皇帝行酌献之礼。"上出御幄，升殿，诣文宣王位前，三上香，跪受爵，三祭酒，奠酌两拜，在位皆两拜。降阶，归幄，太常卿奏"礼毕"，陪位官并退。

上乘辇鸣鞭，入崇化堂。降辇，入幄更衣上所至皆设御幄。礼官、国子监官、三学官、三学生，并于堂下分东西立。次引执经官、讲书官于堂下东壁面西立。宰臣执政已下北向立。阁门奏"班齐"。

上服帽、红上盖、玉束带、丝鞋，出崇化堂坐，宰臣已下，宣名奏圣躬万福。御药传旨宣升堂，各两拜赞，赐坐。分东西阶升堂，席后立。次引执经官、讲书官奏万福官该宣名者即宣名，两拜。次引国子监、三学官并三学生，奏万福，两拜。分引升两廊，席后立。内官进书案听宣，以经授执经官，进于案上，讲筵内承受对展经册入，内官进牙界方，舍人赞赐坐，宰相已下及两廊学官生员应喏讫，各就坐听讲。

讲书官进读经义，执经官执牙篦执读，入内官收撤经书，再以讲义授讲官。讲书官指讲讫，入内官撤书。堂上、两廊官并起分行，宰臣已下降阶，讲书官当御前躬身致词，北向立，两拜。御药降阶宣答云："有制：谒款将圣，肃尊视学之仪；讲绎中庸，爰命敷经之彦。

195

茂明彝训，允当朕心。"再两拜。

御药传旨宣坐，赐茶讫，舍人赞："躬身不拜，各就坐。"分引升堂，席后立，两拜，各就坐。翰林司供御茶讫，宰臣已下并两廊官赞吃茶讫，宰臣已下降阶，北向立。御药传旨不拜，引两廊官北向，各再拜讫，出。

皇帝起，易服幞头、上盖、玉带、丝鞋，乘辇鸣鞭出学。百官诸生迎驾如前，随驾乐部参军色迎驾念致语，杂剧色念口号，曲子起《寿同天》引子，导驾还宫。

在学前廊并该恩出官诸生，各有免解恩例，余并推恩有差。

北使到阙

北使到阙，先遣伴使赐御筵于赤岸之班荆馆，中使传宣抚问，赐龙茶一斤、银合三十两。

次日，至北郭税亭茶酒，上马，入余杭门，至都亭驿，中使传宣赐龙茶、银合如前，又赐被褥、银沙锣等。

明日，临安府书送酒食，阁门官说朝见仪，投朝见榜子。

又明日，入见于紫宸殿。见毕，赴客省茶酒，遂赐宴于垂拱殿。酒五行，从官已上与坐。

是日，赐茶酒名果，又赐使、副衣各七事、幞头、牙笏、二十两金带一条，并金鱼袋靴一双、马一匹、鞍辔一副，共折银五十两，银沙锣五十两、色绫绢一百五十匹，余并赐衣带银帛有差。

明日，赐牲饩，折博生罗十匹、绫十匹、绢布各二匹。朝见之二日，与伴使偕往天竺寺烧香，赐沉香三十两，并斋筵、乳糖、酒果。次至冷泉亭、呼猿洞游赏。

次日，又赐内中酒果、风药、花饧，赴守岁夜筵，用傀儡。

元正，朝贺礼毕，遣大臣就驿，赐御筵，中使传宣劝酒五行。

三日，客省签赐酒食，禁中赐酒果，遂赴浙江亭观潮，酒七行。

四日，赴玉津园燕射，命善射者假官伴之，赐弓矢、酒行。乐作，伴射与大使射弓，馆伴与副使射弩，酒五行。

五日，大燕集英殿，尚书、郎官、监察御史已上并与，学士院撰致语。

六日，装班朝辞退，赐袭衣、金带三十两、银沙锣五十两、红锦二色、绫二匹、小绫十色、绢三十匹、杂色绢一百匹，余各有差。临安府书送赠仪，复遣执政就驿赐燕，晚赴解换夜筵，伴使始与亲劝酬，且以衣物为侑，谓之"私觌"。

次日，赐龙凤茶、金银合，乘马出北关，登舟。

又次日，遣近臣赐御筵。

自到阙至朝辞，密赐大使银一千四百两，副使八百八十两，衣各三袭，金带各三条；都管、上节各银四十两、衣二袭，中、下节各银三十两、衣一袭、涂金带副之。

宫中诞育仪例略

宫中凡阁分有娠，将及七月，本位医官申内东门司及本位提举官奏闻，门司特奏，再令医官指定降诞月分讫，门司奏排办产阁，及照先朝旧例，三分减一，于内藏库取赐银绢等物如后：

罗二百匹、绢四千六百七十四匹钉设产阁三朝、一腊、二腊、三腊、满月、百晬、头晬、金二十四两八钱七分四厘裹木篦、竿杈、针眼、铃镯、镀盆、银四千四百四十两、银钱三贯足、大银盆一面、醴醁沉香酒五十三石二斗八升、装画扇子一座、装画油盆八面、簇花生色袋身单一副、催生海马皮二张、檀香匣盛硾铜剃刀二把金镀银锁钥全、彩画油栲栳簸箕各一、彩画油砖八口、彩画油瓶二、新罗漆马衔铁一副、装画胎衣瓶、铁秤锤五个、铁钩五十条、眠羊卧鹿二合各十五事、金银果子五百个、影金贴罗散花儿二千五百、锦沿席一、绿席毡蒲合褥子各二、码硇缬绢一匹、大毡四领、干蓐草一束、杂用盆十五个、暖水釜五个、绿油柳木槌十个、生菜一合、生艾一斤、生母姜二斤、黑豆一斗栲栳全、无灰酒二瓶、米醋二瓶、纽地黄汁布二条、滤药布二条金漆箱儿全、香墨十铤钿漆影金匣、鸡子五十个金漆箱儿、小石子五十颗竹作笼、竹柴五十把、红布袋二盛马桶末用、带泥藕十挺、生芋子一合彩画、银杏一合五十斤内装画一千个、嘉庆子五十斤内装画七百个、菱米五十斤内装画七百个、荔枝五十斤、胡桃二千个装画、圆眼五十斤装画、莲肉五十斤、枣儿五十斤、柿心五十斤、栗子五十斤、梁子十合、吃食十合蒸羊一口、生羊剪花八节、羊六色子、枣大包子、枣浮图儿、豌豆枣塔儿、炊饼、糕、糖饼、髓饼。

仍令太医局差产科大小方脉医官宿直，供画产图方位、饮食禁忌、合用药材、催生物件，合本位踏逐老娘、伴人、乳妇、抱女、洗泽人等，申学士院，撰述净胎发、祝寿文，排办产阁了毕，犒赐修内司、会通门官本司人吏、库子医官、仪鸾司等人，银绢官会有差。

候降诞日，本位官即便申内东门司转奏：降诞、三日、一腊、两腊、四节次拆产阁，三腊、满月、二次、百晬、头晬，已上十次，支赐银绢，仍添本位听宣内人请给十分。

已上并系常例，此外特恩临时取旨，不在此限。外廷仪礼，不在此内。

册皇后仪

先一日，宣押翰林学士锁院草册后制词，赐学士润笔金二百两。次日，百官听宣布，皇后三辞免，不允。差官奏告天地、宗庙、社稷、诸陵，太史局择日，先期命有司陈设。

至日早，文武百僚集于大庆殿门外，节次赞引执事官入，立班定。皇帝自内服幞头、红袍、玉带、靴入幄，更服通天冠、绛纱袍，礼部侍郎奏中严外办。

礼仪使俛伏跪称："礼仪使臣某言，请皇帝发册。"余与德寿宫上册宝礼仪并同。侍中诣御坐前，躬承旨讫，降东阶立，称有制，皆再拜。太傅、太保躬身，侍中宣制曰："册妃某氏，立为皇后。命公等持节展礼。"太傅、太保再拜。参政帅掌节者脱节衣，诣太傅位；掌节者以节授参政；参政奉节西向，以节授太傅；太傅受讫，以节授掌节者。次中书令以册授太傅，太傅受讫，置于案。次侍中转宝授太保，并如前仪。复位，并再拜。持节者前导，册、宝进行，太傅押册，太保押宝《正安乐》

作，由中道出文德殿东偏门乐止，掌节者加节衣，至穆清殿外幄次，初册宝出门，礼仪使至御座前跪奏："礼仪使臣某言，礼毕。"

内侍承旨索扇，扇合，帘降，鸣鞭，协律郎举麾，鼓柷《乾安乐》作。皇帝降坐，入东房，戛敔乐止。侍中版奏解严。

是日，穆清殿设乐架、黄麾仗，皇后常服，乘金龙肩舆，至穆清殿后西閤，内命妇等应陪列者奉从至閤内，侍中版奏中严外办。

应行事执事官，各就门外位立定，持节者立于左，内命妇各就位。皇后首饰、袆衣，内侍引司言，司言引尚宫，尚宫引皇后出閤，协律郎举麾《坤安乐》作，由西房至殿上，南向立定乐止。礼直官引太傅、太保就内给事前西向，跪称："册使太傅某、副使太保某，奉制授皇后前备物、典册。"俯伏，兴退，复位。内给事诣皇后前跪奏如前，次太傅以册授内侍，内侍受册，举册官奠册，举册举案，俱诣内谒者监位，以册授内谒者监，受册奠讫。次太保转宝授内谒者监如前仪，掌节者脱节衣，以节授掌节。内侍前导册、宝进行入殿门，内谒者监、都大主管后从，以次入殿庭《宜安乐》作，至位乐止。

尚宫引皇后自东阶至殿下中褥位北向《承安乐》作，至位乐止。举册宝官并案进于皇后之右少前，西向跪奠讫。内侍称有制，后再拜。读册官跪宣册文，后又再拜。次内谒者监奉册授皇后，皇后受讫，以授司言。次奉宝授皇后，皇后受讫乐止，皇后再拜，退。内侍以谢皇太后笺授皇后，皇后置于案，再拜，内侍奉表以出。次进谢皇帝表如前。内侍奏礼毕。

次尚宫引皇后升堂《和安乐》作，司宝奉宝，至于坐前乐止。司宾引内命妇次就位，班首初行《惠安乐》作，至位乐止。命妇皆再拜。司赞引班首升阶《惠安乐》作，乐止，进当皇后北向致词称赞，降自西阶《惠安乐》作，至位乐止。内外命妇皆再拜。司言称"令旨"，命妇皆再拜。宣令旨讫，又皆再拜。司宾以次引命妇还宫《惠安乐》作，出门乐止。次内侍引外命妇出《咸安乐》作，至阶上乐止。北向致词《咸安乐》作，降阶乐止。外命妇皆再拜，又宣答如前。内侍奉礼毕，皇后降坐《徽安乐》作，皇后归阁《泰安乐》作，至阁乐止。受贺毕，皇后更常服升坐，命外命妇如宫中仪，会毕再拜，以次出。

皇后归谒家庙用咸淳全后例

太史局预择日，降旨，命礼寺参酌礼典所属排办。

至日，皇后出宫，至祥曦殿。上升龙檐，出和宁门，至皇后家庙。本府干办使臣等并穿秉，兵士并衫帽，于大门外香案前排立，俟仪卫至，各两拜。本府亲属于门内，妇人于厅下侧立，俟龙檐升厅至堂门降檐，入幄次少歇。

次本府亲属并立幄前兴居，退，诣家庙，以俟陪立。次本阁官奏请皇后服团冠、背儿，乘小车入，诣家庙内侍传呼乐官，乐作，西阶降车乐止。皇后升堂西向立乐作，两拜，陪位官各两拜，读祝文，两拜，陪坐各两拜，如上仪乐作、乐止如上。

皇后还位，再拜，陪位官各两拜。皇后降东侧阶升车乐止，又诣后堂炷香如前仪，次赴赐筵。皇后坐于堂中，南向，堂前施帘，亲属并常服，诣厅下，南向谢恩，俟皇后升堂，诣帘前两拜，妇人于帘内两拜，亲属并系鞋立定以俟，就坐，供进酒食，如家人礼。

至第五盏，各于席前立俟，皇后降坐少歇。再坐，并如前仪。又至第九盏，酒毕，并靴、笏各两拜，赐筵、赐物，次于厅前排立，谢恩，各两拜。

俟皇后出幄，乘龙檐，亲属北向两拜，退，皇后还内，诣御前谢恩。进纳御前，及送诸阁分夫人、御侍韶部、职事内人，及诸位次内人本殿内人，并细色匹帛、盘盏、细果、海鲜、时新吃食，及支给内侍省大官已下及本殿官吏银绢有差。

次日，内降指挥，皇后封赠三代，亲属并行推恩。

早泛索：

皇后：下饭七件、菜蔬五件、茶果十合、小碟儿五件。

亲属：各早食十味。

赐筵：

皇后：绣高饤十、时果十碟、脯腊十碟、细京果十碟、细蜜煎十碟、看菜十碟。

亲属：京果四十垒、脯腊三百碟、时果干果共五百碟。

初坐：

下酒吃食九盏、上细看食十件、果子意思十件。

歇坐：

皇后：下酒吃食十盏、果子十件、时果十件。

宣赐折食钱：

大官四员、阁长已下十三员、皇后阁内人、押班等二十五人、本殿随从官、仪鸾司官、御酒库官、御辇院官、御厨官、翰林司官、祗候库官、讲殿幕士、乐官。

赐筵乐次：

家庙酌献三盏，诸部合《长生乐》引子。

赐筵初坐：

《蕙兰芳》引子。

第一盏：觱篥起《玉漏迟慢》，笛起《侧犯》，笛起《真珠髻》，觱篥起《柳穿莺》，合《喜庆》曲破，对舞。

第二盏：觱篥起《圣寿永》歌曲子，琵琶起《倾杯乐》。

第三盏：琵琶起《忆吹箫》，觱篥起《献仙音》。

第四盏：琵琶独弹《寿千春》，笛起《芳草渡》，念致语、口号，勾杂剧色时和等，做《尧舜禹汤》，断送《万岁声》，合意思副末念雨露恩浓金穴贵，风光远胜马侯家。

第五盏：觱篥起《卖花声》，笛起《鱼水同欢》。

歇坐：

第一盏：觱篥合小唱《帘外花》。

第二盏：琵琶独弹《寿无疆》。

第三盏：筝、琶、方响合《双双燕神曲》。

第四盏：唱赚。

第五盏：鼓板、觱篥合小唱《舞杨花》。

再坐：

第六盏：笙起《寿南山》，方响起《安平乐》。

第七盏：筝弹《会群仙》，笙起《吴音子》，勾杂剧吴国宝等做《年年好》断送《四时欢》，合意思副末念香生花富贵，绿嫩草精神。

第八盏：笛起《花犯》，觱篥起《金盏倒垂莲》。

第九盏：诸部合《喜新春》慢曲犯。

宫乐官五十八人，各帽子、紫衫、腰带。

都管一人，幞头、公服、腰带、系鞋、执杖子。

乐官犒设：

内藏库支赐银、皇后殿外库支赐钱酒、本府支犒钱酒。

皇后散付本府亲属、宅眷、干办使臣已下：

金合、金瓶、金盘盏、金环、金镯、金钗、金钱共金五百两、银盘盏共二千两、细色段匹、翠领、翠花、翠冠、翠扇、翠篦环、银钱、画扇、龙涎香、刺绣领、画领、生色罗。

皇子行冠礼仪略

　　太史择日，降旨，令太常寺参酌旧礼，有司具办仪物。

　　至日质明，百僚立班，皇帝即御座，礼直官、通事舍人、太常博士引掌冠、赞冠者入就位掌冠以太常卿，赞冠以阁门官。初入门《祇安乐》作，至位乐止。典仪赞"再拜"，在位皆再拜，跪。左辅诣御坐前承制，降自东阶，诣掌冠者前，称"有制"，典仪赞"再拜"，在位皆再拜讫。左辅宣制曰："皇子冠，命卿等行礼。"掌冠、赞冠者再拜，左辅复位。

　　王府官人诣皇子东房，礼直官、通事舍人、太常博士引皇子内侍二人夹侍，王府官后从自后并准此。皇子初行《恭安乐》作，即席，南向坐乐止。礼直官等引掌冠、赞诣罍洗乐作，搢笏、盥手、帨手讫，执笏升乐止。执折上巾者升，掌冠者降一等受之，右执项左执前进皇子席前，北向跪冠《修安乐》作，掌冠者兴，席南北面立，赞者进席前，北面跪正冠，兴，立于掌冠者后。皇子兴，

209

内侍跪进服，服讫乐止，掌冠者揖皇子复坐。赞冠者跪取爵，内侍以酒注于爵，掌冠受爵，跪进皇子席前，北向立，祝曰："酒醴和旨，笾豆静嘉。授尔元服，兄弟具来。永言保之，降福孔皆。"皇子搢笏跪受爵《翼安乐》作，饮讫，奠爵。执笏太官令奉馔，设于皇子席前，皇子搢笏食讫乐止。执笏太官令撤馔，礼直官等复引掌冠、赞冠降诣罍洗乐作，搢笏、盥手，执笏升乐止。赞冠者进席前，北向跪，脱折上巾，置于匮，兴；内侍跪受服，兴，置于席。

　　执七梁冠者升，掌冠者降二等受之。右执项左执前进皇子席前，北向跪冠《进安乐》作，掌冠者兴，席南北面立，赞者进席前，北面跪，簪结纮，兴，立于掌冠者之后。皇子兴，内侍跪进服，服讫乐止，赞冠者揖皇子复坐。赞冠者跪取爵，内侍以酒注爵，掌冠者跪受，进爵皇子席前，北向立，祝曰："宾赞既戒，肴核惟旅。申加厥服，礼仪有序。允观尔诚，受天之祜。"皇子搢笏跪受爵《辅安乐》作，饮讫，奠爵，执笏太官令进馔、撤馔并如前。赞冠者进席前，北向跪，脱七梁冠，置于匮，兴；内侍跪受服，兴，置于席。

　　执九旒冕者升，掌冠者降三等受之，右执项左执前进皇子席前，北向跪冠《广安乐》作，掌冠者兴，赞冠者进席前，北面跪，簪结纮，兴，立，皇子兴，内侍进服，服讫乐止，皇子复坐。赞冠者再进酒如前，祝曰："旨酒既清，嘉荐令芳。三加尔服，眉寿无疆。永承天庥，俾炽而昌。"皇子跪受爵《咸安乐》作，太官令奉馔如前。

皇子降自东阶，诣朵殿东房，易朝服，降立于横街南王府官阶下，西向。皇子初行乐作，至位乐止。礼直官等引掌冠者诣皇子位，少进，字之曰："岁日云吉，威仪孔时，昭告厥字，君子攸宜，顺尔成德，永言保之。奉敕字某。"皇子再拜，舞蹈，再拜，奏"圣躬万福"，又再拜。左辅诣御座前承旨，降阶，诣皇子前宣曰："有敕。"皇子再拜，左辅宣敕戒曰："好礼乐善，服儒讲艺。蕃我皇室，友于兄弟。不溢不骄，惟以守之。"皇子再拜，余如皇太子仪。

次日，文武百僚诣东上阁门，拜表称贺。

卷
九

高宗幸张府节次略

高宗幸张府节次略

绍兴二十一年十月，高宗幸清河郡王第，供进御筵节次如后：

安民靖难功臣、太傅、静江宁武靖海军节度使、醴泉观使、清河郡王、臣张俊进奉：

绣花高饤一行八果垒：香圆、真柑、石榴、橙子、鹅梨、乳梨、榠楂、花木瓜。

乐仙干果子叉袋儿一行：荔枝、圆眼、香莲、榧子、榛子、松子、银杏、梨肉、枣圈、莲子肉、林檎旋、大蒸枣。

镂金香药一行：脑子花儿、甘草花儿、朱砂圆子、木香、丁香、水龙脑、史君子、缩砂花儿、官桂花儿、白术人参、橄榄花儿。

雕花蜜煎一行：雕花梅球儿、红消花、雕花笋、蜜冬瓜鱼儿、雕花红团花、木瓜大段花、雕花金橘、青梅荷叶儿、雕花姜、蜜笋花儿、雕花橙子、木瓜方花儿。

砌香咸酸一行：香药木瓜、椒梅、香药藤花、砌香樱桃、紫苏奈香、砌香葡萄、砌香萱花柳儿、甘草花儿、姜丝梅、梅肉饼儿、水红姜、杂丝梅饼儿。

脯腊一行：肉线条子、皂角铤子、云梦犯儿、虾腊、肉腊、奶房、旋鲊、金山咸豉、酒腊肉、肉瓜齑。

垂手八盘子：拣蜂儿、番葡萄、香莲事件念珠、巴榄子、大金橘、新椰子象牙板、小橄榄、榆柑子。

再坐：

切时果一行：春藕、鹅梨饼子、甘蔗、乳梨月儿、红柿子、切橙子、切绿橘、生藕铤子。

时新果子一行：金橘、蔵杨梅、新罗葛、切蜜蕈、切脆橙、榆柑子、新椰子、切宜母子、藕铤儿、甘蔗奈香、新柑子、梨五花子。

雕花蜜煎一行同前。

砌香咸酸一行同前。

珑缠果子一行：荔枝甘露饼、荔枝蓼花、荔枝好郎君、珑缠桃条、酥胡桃、缠枣圈、缠梨肉、香莲事件、香药葡萄、缠松子、糖霜玉蜂儿、白缠桃条。

脯腊一行同前。

下酒十五盏：

第一盏：花炊鹌子、荔枝白腰子。

第二盏：妳房签、三脆羹。

第三盏：羊舌签、萌芽肚胘。

第四盏：肫掌签、鹌子羹。

第五盏：肚胘脍、鸳鸯煠肚。

第六盏：沙鱼脍、炒沙鱼衬汤。

第七盏：鳝鱼炒鲎、鹅肫掌汤齑。

第八盏：螃蟹酿橙、妳房玉蕊羹。

第九盏：鲜虾蹄子脍、南炒鳝。

第十盏：洗手蟹、鲝鱼假蛤蜊。

第十一盏：五珍脍、螃蟹清羹。

第十二盏：鹌子水晶脍、猪肚假江鳐。

第十三盏：虾橙脍、虾鱼汤齑。

第十四盏：水母脍、二色茧儿羹。

第十五盏：蛤蜊生、血粉羹。

插食：

炒白腰子、炙肚胘、炙鹌子脯、润鸡、润兔、炙炊饼、炙炊饼臠骨。

劝酒果子库十番：砌香果子、雕花蜜煎、时新果子、独装巴榄子、咸酸蜜煎、装大金橘小橄榄、独装新椰子、

216

四时果四色、对装拣松番葡萄、对装春藕陈公梨。

厨劝酒十味：江蟯煠肚、江蟯生、蝤蛑签、姜醋生螺、香螺煠肚、姜醋假公权、煨牡蛎、牡蛎煠肚、假公权煠肚、蟑蚷煠肚。

准备上细垒四卓。

又次细垒二卓内蜜煎、咸酸、时新、脯腊等件。

对食十盏二十分：莲花鸭签、茧儿羹、三珍脍、南炒鳝、水母脍、鹌子羹、鲜鱼脍、三脆羹、洗手蟹、煠肚胘。

对展每分时果子盘儿：知省、御带、御药、直殿官、门司。

晚食五十分各件：二色茧儿、肚子羹、笑靥儿、小头羹饭、脯腊鸡、脯鸭。

直殿官大碟下酒：鸭签、水母脍、鲜虾蹄子羹、糟蟹、野鸭、红生水晶脍、鲜鱼脍、七宝脍、洗手蟹、五珍脍、蛤蜊羹。

直殿官合子食：脯鸡、油饱儿、野鸭、二色姜豉、杂熝、八糙鸡、炼鱼、麻脯鸡脏、炙焦、片羊头、菜羹一葫芦。

直殿官果子：时果十隔碟。

准备：薛方瓠羹。

备办外官食次：

第一等并簇送：

太师尚书左仆射同中书门下平章事秦桧：

烧羊一口、滴粥、烧饼、食十味、大碗百味羹、糕儿盘劝、簇五十馒头血羹、烧羊头双下、杂簇从食五十事、肚羹、羊舌托胎羹、双下大膊子、三脆羹、铺羊粉饭、大簇钉、鲊糕鹌子、蜜煎三十碟、时果一合切榨十碟、酒三十瓶。

少保观文殿大学士秦熺：

烧羊一口、滴粥、烧饼、食十味、蜜煎一合、时果一合切榨、酒十瓶。

第二等：

参知政事余若水、签书枢密巫伋、少师恭国公殿帅杨存中、太尉两府吴益、普安郡王、恩平郡王：

各食十味、蜜煎一合、切榨一合、烧羊一盘、酒六瓶。

第三等：

侍从七员：

左朝散郎礼部侍郎兼权吏部尚书：陈诚之

左中大夫刑部侍郎兼权吏部侍郎：韩仲通

右承议郎权吏部侍郎：李如岗

右奉议郎起居舍人：汤思退

右朝散大夫太府卿兼户部侍郎：徐宗说

右宣教郎枢密院检详诸房文字兼兵部侍郎：陈相

右宣教郎中书门下省检正诸房公事兼给事中：陈夔

管军二员：

马军太尉成闵、步军太尉赵密。

知阁六员：

保信军节度使领阁门使兼客省四方馆事提点皇城司：郑藻

昭化军承宣使领阁门使兼客省四方馆事提点皇城司：钱

成州团练使领阁门事兼客省四方馆事提点皇城司：赵恺

贵州团练使领阁门事兼客省四方馆事提点皇城司：宋

武节大夫吉州刺史领阁门事兼客省四方馆事提点皇城司：孟

武节大夫惠州刺史领阁门事兼客省四方馆事提点

皇城司：苏

　　御带四员：

　　降授郢州防御使带御器械：潘瑞卿

　　忠州防御使带御器械：石清

　　武功大夫遥郡防御使带御器械：冀彦明

　　武功大夫兼阁门宣赞舍人带御器械：李彦实

　　宗室三员：

　　安庆军承宣使同知大宗正事：士街

　　建州观察使：士剧

　　琼州观察使：居广

　　外官六员：

　　建宁军节度使提举万寿观：韦谦

　　崇庆军节度使提举万寿观：韦

　　庆远军节度使提举万寿观：吴盖

　　崇信军承宣使提举佑神观：刘光烈

　　永宁军承宣使提举佑神观：朱孝庄

　　武庆军承宣使提举佑神观：王安道

　　各食七味、蜜煎一合、时果一合、酒五瓶。

　　第四等：

　　环卫官九员：

右监门卫大将军贵州刺史：居闲

右监门卫大将军福州防御使：士辐

右监门卫大将军荣州团练使：士邳

右监门卫大将军贵州团练使：士歆

右监门卫大将军宣州刺史：士铢

右监门卫大将军宣州刺史：士赫

右监门卫大将军吉州刺史：士陪

右监门卫大将军吉州刺史：士暗

右监门卫大将军吉州刺史：士闸

宣赞舍人十八人：

王汉臣、陈清、郭蔓之、王正月、许彦洪、郑应之、裴良弼、陈迪、李大有、王邦昌、张彦圭、梁份、郑立之、李邦杰、蔡舜臣、谷珸、王德霖、张安世。

阁门祗候二十人：

李丙、李唐谊、郑明、范涉、周谭、张令绰、张拱、杨价、贾公正、陈仲通、刘尧咨、张耘、何忱、李倜、王谦、董原、刘伉、刘康祖、何超祖、朱邦达。

看班祗候八人：

梁振之、王谊、董珩、司马纯、潘思夔、张赫、冯倚、刘尧卿。

提点兼祗应行首五人：

李观、边思聪、逯镐、郑孝礼、常士廉。

三省枢密房副承旨逐房副承旨六人：

刘兴仁、刘兴贤、韩师文、武铸、边俊民、严经安。

随驾诸局干办监官等十八人：

成州团练使干办皇城司：冯持

右武郎干办皇城司：刘允升

保义郎干办御厨：潘邦

保义郎干办御厨：冯藻

保义郎干办翰林司：王喜

修武郎干办仪鸾司：郭公既

保义郎干办祗候司：黎安国

武翼郎阁门宣赞舍人兼翰林干办御辇院：邵璇

忠翊郎干办左右骐骥院：班彦通

武忠郎干办左右骐骥院：张淳

承信郎阁门祗候兼干办左右骐骥院：裴良从

武功大夫干办行在左藏库：石瑜

右朝散大夫干办行在左藏库：刘份

武功大夫干办行在左藏库：吴铸

忠翊郎阁门祗候兼干办行在左藏库：赵节

承节郎阁门祗候兼干办行在左藏库：刘勰

忠翊郎主管军头司兼祗应：杜渊

保义郎主管军头司兼祗应：徐宗彦

各食五味、时果一盒、酒二瓶。

第五等：

阁门承受十人、知班十五人、御史台十六人：

各食三味、酒一瓶。

听叫唤中官等五十分：

各食五味、斩羊一斤、馒头五十个、角子一个、铺姜粉散、下饭咸豉、各酒一瓶。

进奉盘合：

宝器：

御药带一条、玉池面带一条、玉狮蛮乐仙带一条、玉鹘兔带三条、玉璧环二、玉素钟子一、玉花高足钟子一、玉枝梗瓜杯一、玉瓜杯一、玉东西杯一、玉香鼎二盖全、玉盆儿一、玉橡头碟儿一、玉古剑璏等十七件、玉圆临安样碟儿一、玉靶独带刀子二、玉并三靶刀子四、玉犀牛合簪儿一、金器一千两、珠子十二号共六万九千五百九颗、珠子念珠一串一百九颗、马价珠金相束带一条、翠毛二百合、白玻璨圆盘子一、玻璨花瓶七、玻璨碗四、玛瑙碗大小共二十件。

古器：

龙文鼎一、商彝二、高足商彝一、商父彝一、周盘一、周敦二、周举罍一、有盖兽耳周罍一。

汝窑：

酒瓶一对、洗一、香炉一、香合一、香球一、盏四只、盂子二、出香一对、大奁一、小奁一。

合仗：

螺钿合一十具织金锦褥子全、犀毗合一十具织金锦褥子全。

书画：

有御宝十轴：

曹霸《五花骢》、冯瑾《霁烟长景》、易元吉《写生花》、黄居宝《雀竹》、吴道子《天王》、张萱《唐后行从》、边鸾《萱草山鹪》、黄筌《萱草山鹪》、宗妇曹氏《蓼岸》、杜庭睦《明皇斫鲙》。

无宝有御书九轴：

赵昌《踯躅鹌鹑》、梅行思《踯躅母鸡》、杜霄《扑蝶》、巨然《岚锁翠峰》、徐熙《牡丹》、易元吉《写生枇杷》、董源《夏山早行》二轴、伪主李煜《林泉渡水人物》。

无宝无御书二轴：

荆浩《山水》、吴元俞《紫气星》。

匹帛：

捻金锦五十匹、素绿锦一百五十匹、木绵二百匹、生花番罗二百匹、暗花婆罗二百匹、拐蒲绫二百匹。

进奉犒设：

随驾官知省御带御药门司直殿官：

紫罗五百匹、杂色缬罗五百匹、马下目子钱一万贯文。

禁卫一行祗应人等：

钱二万贯文、炊饼二万个、熟猪肉三千斤、燂爆三十合、酒二千瓶。

本家亲属推恩：

弟拱卫大夫：张保

男右奉议郎直敷文阁主管台州崇道观赐紫金鱼袋：张子颜

男右宣教郎直敷文阁主管台州崇道观赐紫金鱼袋：张子正

孙承事郎籍田令赐紫金鱼袋：张宗元

侄龙神卫四厢都指挥使清海军承宣使添差两浙西

路马步军副总管：张子盖

　　侄右朝请大夫直徽猷阁主管佑神观赐紫金鱼袋：
张子仪

　　侄承奉郎张子安、侄忠翊郎张子文、侄孙保义郎
张宗旦、侄孙保义郎张宗亮、侄孙登仕郎张宗说、侄
孙成忠郎张宗益、侄孙登仕郎张宗颖。

　　妻秦国夫人魏氏、妾咸宁郡夫人章氏、妾和宁郡
夫人杨氏、妾硕人潘氏、妾硕人沈氏、妾硕人曹氏、
妾硕人周氏、弟妇太硕人王氏、弟妇恭人任氏、第二
女孺人张氏、第三女孺人张氏、第四女孺人张氏、男
子颜妇王氏、男子正妇王氏、孙宗元妇王氏、侄子盖
妇硕人赵氏、侄子仪妇宜人郭氏。

　　绍兴二十一年十一月日。

　　和州防御使干办府事兼提点兼排办一行事务张
贵具。

卷十

官本杂剧段数・张约斋赏心乐事并序・约斋桂隐百课

官本杂剧段数

　　争曲六幺、扯拦六幺三哮、教声六幺、鞭帽六幺、衣笼六幺、厨子六幺、孤夺旦六幺、王子高六幺、崔护六幺、骰子六幺、照道六幺、莺莺六幺、大宴六幺、驴精六幺、女生外向六幺、慕道六幺、三偌慕道六幺、双拦哮六幺、赶厥夹六幺、羹汤六幺。

　　索拜瀛府、厚熟瀛府、哭骰子瀛府、醉院君瀛府、懊骨头瀛府、赌钱望瀛府。

　　四僧梁州、三索梁州、诗曲梁州、头钱梁州、食店梁州、法事馒头梁州、四哮梁州。

　　领伊州、铁指甲伊州、闹五百伊州、裴少俊伊州、食店伊州。

　　桶担新水、双哮新水、烧花新水。

　　简帖薄媚、请客薄媚、错取薄媚、传神薄媚、九妆薄媚、本事现薄媚、打调薄媚、拜褥薄媚、郑生遇龙女薄媚。

　　土地大明乐、打球大明乐、三爷老大明乐。

列女降黄龙、双旦降黄龙、柳玭上官降黄龙。

赶厥胡渭州、单番将胡渭州、银器胡渭州、看灯胡渭州三厥。

入寺降黄龙、榆标降黄龙。

打地铺逍遥乐、病郑逍遥乐、崔护逍遥乐、瀤涵逍遥乐。

单打石州、和尚那石州、赶厥石州。

塑金刚大圣乐、单打大圣乐、柳毅大圣乐。

霸王中和乐、马头中和乐、大打调中和乐。

喝贴万年欢、托合万年欢。

逛鼓儿熙州、骆驼熙州、二郎熙州。

大打调道人欢、会子道人欢、双拍道人欢、越娘道人欢。

打勘长寿仙、偌卖旦长寿仙、分头子长寿仙。

棋盘法曲、孤和法曲、藏瓶儿法曲、车儿法曲。

病爷老剑器、霸王剑器。

黄杰进延寿乐、义养娘延寿乐。

扯篮儿贺皇恩、催妆贺皇恩三偌。

封陟中和乐。

唐辅采莲、双哮采莲、病和采莲。

诸宫调霸王、诸宫调卦册儿。

相如文君、崔智韬艾虎儿、王宗道休妻、李勉负心、四郑舞杨花、四偌皇州、槛偌保金枝磕瓦、浮沤傅永成双、浮沤暮云归、老孤嘉庆乐、两相宜万年欢、进笔庆云乐、裴航相遇乐。

能知他泛清波、三钓鱼泛清波。

五柳菊花新、梦巫山彩云归、青阳观碑彩云归、四小将整乾坤、四季夹竹桃花、禾打千秋乐、牛五郎罢金征。

新水爨、三十拍爨、天下太平爨、百花爨、三十六拍爨、四子打三教爨、孝经借衣爨、大孝经孙爨、喜朝天爨、说月爨、风花雪月爨、醉青楼爨、宴瑶池爨、钱手帕爨小字太平歌、诗书礼乐爨、醉花阴爨、钱爨、鹡鸰爨、借听爨、大彻底错爨、黄河赋爨、睡爨、门儿爨、上借门儿爨、抹紫粉爨、夜半乐爨、火发爨、借衫爨、烧饼爨、调燕爨、棹孤舟爨、木兰花爨、月当厅爨、醉还醒爨、闹夹棒爨、扑胡蝶爨、闹八妆爨、钟馗爨、铜博爨、恋双双爨、恼子爨、像生爨、金莲子爨。

思乡早行孤、睡孤、迓鼓孤、论禅孤、讳药孤、大暮故孤、小暮故孤、老孤遣旦、孤惨、双孤惨骨突肉、三孤惨、四孤醉留客、四孤夜宴、四孤好、四孤披头、四孤擂。

病孤三乡题、王魁三乡题、强偌三乡题、文武问命、两同心卦铺儿、一井金卦铺儿、满皇州卦铺儿、变猫卦铺儿、白苎卦铺儿、探春卦铺儿、庆时丰卦铺儿、三哮卦铺儿、三哮揭榜、三哮上小楼、三哮文字儿、三哮好女儿、三哮一担脚、褴哮合房、褴哮店休旦、褴哮负酸、秀才下酸擂、急慢酸、眼药酸、食药酸、风流药、黄元儿、论淡、医淡、医马、调笑驴儿、雌虎崔智韬、解熊、鹘打兔变二郎、二郎神变二郎神、毁庙、入庙霸王儿。

单调霸王儿、单调宿、单背影、单顶戴、单唐突、单折洗、单兜、单搭手。

双搭手、双厥送、双厥投拜、双打球、双顶戴、双园子、双索帽、双三教、双虞侯、双养娘、双快、双捉、双禁师、双罗罗啄木儿、赖房钱啄木儿、围城啄木儿、大双头莲、小双头莲、大双惨、小双惨、小双索、双排军、醉排军、双卖旦。

三入舍、三出舍、三笑月中行、三登乐院公狗儿、三教安公子、三社争赛、三顶戴、三偌一赁驴、三盲一偌、三教闹著棋、三借窑货儿、三献身、三教化、三京下书、三短鞭、打三教庵宇、普天乐打三教、满皇州打三教、领三教、三姐醉还醒、三姊黄莺儿、卖花黄莺儿。

大四小将、四小将、四国朝、四脱空、四教化、泥孤。

张约斋赏心乐事并序

余扫轨林扃，不知衰老。节物迁变，花鸟泉石，领会无余。每适意时，相羊小园，殆觉风景与人为一。间引客携觞，或幅巾曳杖，啸歌往来，澹然忘归。因排比十有二月燕游次序，名之曰《四并集》，授小庵主人，以备遗忘，非有故，当力行之。

然为具真率，毋至劳费及暴殄沉湎，则天之所以与我者，为无负无忝。昔贤有云："不为俗情所染，方能说法度人。"盖光明藏中，孰非游戏，若心常清净，离诸取著，于有差别境中，而能常入无差别定，则淫房酒肆，遍历道场，鼓乐音声，皆谈般若，倘情生智隔，境逐源移，如鸟黏黐，动伤躯命，又乌知所谓说法度人者哉。

圣朝中兴七十余载，故家风流，沦落几尽。有闻前辈典型，识南湖之清狂者，必长哦曰："人生不满百，常怀千岁忧。昼短苦夜长，何不秉烛游。"一旦相逢，不为生客。

嘉泰元年岁次辛酉十有二月，约斋居士书。

正月孟春：

岁节家宴、立春日迎春春盘、人日煎饼会、玉照堂赏梅、天街观灯、诸馆赏灯、丛奎阁赏山茶、湖山寻梅、揽月桥看新柳、安闲堂扫雪。

二月仲春：

现乐堂赏瑞香、社日社饭、玉照堂西赏缃梅、南湖挑菜、玉照堂东赏红梅、餐霞轩看樱桃花、杏花庄赏杏花、群仙绘幅楼前打球、南湖泛舟、绮互亭赏千叶茶花、马塍看花。

三月季春：

生朝家宴、曲水修禊、花院观月季、花院观桃柳、寒食祭先扫松、清明踏青郊行、苍寒堂西赏绯碧桃、满霜亭北观棣棠、碧宇观笋、斗春堂赏牡丹芍药、芳草亭观草、宜雨亭赏千叶海棠、花苑蹴秋千、宜雨亭北观黄蔷薇、花院赏紫牡丹、艳香馆观林檎花、现乐堂观大花、花院尝煮酒、瀛峦胜处赏山茶、经寮斗新茶、群仙绘幅楼下赏芍药。

四月孟夏：

初八日亦庵早斋随诣南湖放生食糕糜、芳草亭赏斗草、芙蓉池赏新荷、蕊珠洞赏荼蘼、满霜亭观橘花、玉照堂赏青梅、艳香馆赏长春花、安闲堂观紫笑、群仙绘幅楼前观玫瑰、诗禅堂观盘子山丹、餐霞轩赏樱桃、南湖观杂花、鸥渚亭观五色莺粟花。

五月仲夏：

清夏堂观鱼、听莺亭摘瓜、安闲堂解粽、重午节泛蒲家宴、烟波观碧芦、夏至日鹅炙、绮互亭观大笑花、南湖观萱草、鸥渚亭观五色蜀葵、水北书院采蘋、清夏堂赏杨梅、丛奎阁前赏榴花、艳香馆赏蜜林擒、摘星轩赏枇杷。

六月季夏：

西湖泛舟、现乐堂尝花白酒、楼下避暑、苍寒堂后碧莲、碧宇竹林避暑、南湖湖心亭纳凉、芙蓉池赏荷花、约斋赏夏菊、霞川食桃、清夏堂赏新荔枝。

七月孟秋：

丛奎阁上乞巧家宴、餐霞轩观五色凤儿、立秋日秋叶宴、玉照堂赏玉簪、西湖荷花泛舟、南湖观稼、应铉斋东赏葡萄、霞川观云、珍林剥枣。

八月仲秋：

湖山寻桂、现乐堂赏秋菊、社日糕会、众妙峰赏木樨、中秋摘星楼赏月家宴、霞川观野菊、绮互亭赏千叶木樨、浙江亭观潮、群仙绘幅楼观月、桂隐攀桂、杏花庄观鸡冠黄葵。

九月季秋：

重九家宴、九日登高把萸、把菊亭采菊、苏堤上玩芙蓉、珍林尝时果、景金轩赏金橘、满霜亭尝巨螯香橙、杏花庄篘新酒、芙蓉池尝五色拒霜。

十月孟冬：

旦日开炉家宴、立冬日家宴、现乐堂暖炉、满霜亭赏蚤霜、烟波观买市、赏小春花、杏花庄挑荠、诗禅堂试香、绘幅楼庆暖阁。

十一月仲冬：

摘星轩观枇杷花、冬至节家宴绘幅楼食馄饨、味空亭赏蜡梅、孤山探梅、苍寒堂赏南天竺、花院赏水仙、绘幅楼前赏雪、绘幅楼削雪煎茶。

十二月季冬：

绮互亭赏檀香蜡梅、天街阅市、南湖赏雪、家宴试灯、湖山探梅、花院观兰花、瀛峦胜处赏雪、二十四夜饧果食、玉照堂赏梅、除夜守岁家宴、起建新岁集福功德。

约斋桂隐百课

　　淳熙丁未秋，余舍所居为梵刹。爰命桂隐堂馆桥池诸名，各赋小诗，总八十余首。

　　逮庆元庚申，历十有四年之久，匠生于心，指随景变，移徙更葺，规橅始全。因删易增补，得诗凡数百。

　　纲举而言之：东寺为报上严先之地；西宅为安身携幼之所；南湖则管领风月；北园则娱燕宾亲；亦庵晨居植福，以资净业也；约斋昼处观书，以助老学也。至于畅怀林泉，登赏吟啸，则又有众妙峰山，包罗幽旷，介于前六者之间。区区安恬嗜静之志，造物亦不相负矣。

　　或问余曰："造物不负子，子亦忍负造物哉？释名宦之拘囚，享天真之乐适，要当于筋骸未衰时。今子三仕中朝，颠华齿坠，涉笔才十二旬，如之何则可。"余应之曰："仕虽多，不使胜闲日，余之愿也，余之幸也，敢不勉旃。"

　　　　　　　　　　壬戌岁中夏，张镃功父书

东寺敕额广寿慧云：

大雄尊阁千佛铁像、静高堂寝室、真如轩种竹。

西宅：

丛奎阁安奉被赐四朝宸翰、德勋堂祖庙。以高宗御书二字名、儒闻堂前堂。用告词字取名、现乐堂中堂。用朱岩壑语、安闲堂后堂、绮互亭有四小轩、瀛峦胜处东北小堂前后山水、柳塘花院、应铉斋筮得鼎卦，故名、振藻取告词中字名、宴颐轩、尚友轩、赏真亭山水。

亦庵：

法宝千塔铁铸千塔，藏经千卷、如愿道场药师佛坛、传衣庵、写经寮书华严等大乘诸经。

约斋：

泰定轩。

南湖：

阆春堂牡丹芍药、烟波观、天镜亭水心、御风桥十间、鸥渚亭、把菊亭、泛月阙水门、星槎船名。

北园：

群仙绘幅楼前后十一间，下临丹桂五六十株，尽见江湖诸
山、桂隐诸处总名今揭楼下、**清夏堂**面南临池、**玉照堂**梅花
四百株、**苍寒堂**青松二百株、**艳香馆**杂春花二百株、**碧宇**修
竹十亩、**水北书院**对山临溪、**界华精舍**梦中得名、**抚鹤亭**
近松株、**芳草亭**临池、**味空亭**蜡梅、**垂云石**高二丈广十四尺、
揽月桥、**飞雪桥**在默林中、**蕊珠洞**荼蘼二十五株、**芙蓉池**
红莲十亩，四面种芙蓉、**珍林**杂果小园、**涉趣门**总门入松径、
安乐泉竹间井、**杏花庄**村酒店、**鹊泉**井名。

众妙峰山：

诗禅堂、黄宁洞天、景白轩置香山画像并文集、文
光轩临池、绿昼轩木樨临侧、书叶轩柿二十株、俯巢轩高
桧旁、无所要轩、长不昧轩、摘星轩、餐霞轩樱桃三十
余株、读易轩、咏老轩道德经、凝薰堂、楚佩亭兰、宜
雨亭千叶海棠二十株夹流水、满霜亭橘五十余株、听莺亭柳
边竹外、千岁庵仁皇飞白字、恬虚庵、凭晖亭、弄芝亭、
都微别馆诵度人经处，经乃徽宗御书、水湍桥、漪岚洞、
施无畏洞观音铜像、澄霄台面东、登啸台、金竹岩、古
雪岩、隐书岩石函仙书在岩穴中，可望不可取、新岩、叠翠
亭茂林中容十许人坐、钓矶、菖蒲涧上有小石桥、中池养金

鱼在山涧中、珠旒瀑、藏丹谷、煎茶磴。

右各有诗在集中，此不繁录。

图书在版编目(CIP)数据

都城风物/(元)骆天骧等撰. —北京:中华书局,2020.9
ISBN 978-7-101-14709-4

Ⅰ.都…　Ⅱ.骆…　Ⅲ.都城(遗址)-介绍-中国　Ⅳ.K928.5

中国版本图书馆 CIP 数据核字(2020)第 152743 号

书　　名	都城风物(全四册)
撰　　者	〔元〕骆天骧　〔北魏〕杨衒之　〔北宋〕孟元老
	〔南宋〕周　密
出版发行	中华书局
	(北京市丰台区太平桥西里 38 号　100073)
	http://www.zhbc.com.cn
	E-mail:zhbc@zhbc.com.cn
印　　刷	北京瑞古冠中印刷厂
版　　次	2020 年 9 月北京第 1 版
	2020 年 9 月北京第 1 次印刷
规　　格	开本/850×1092 毫米　1/32
	印张 28¼　插页 8　字数 200 千字
印　　数	1-8000 册
国际书号	ISBN 978-7-101-14709-4
定　　价	78.00 元